江西理工大学优秀博士论文文库出版基金资助

江西理工大学博士启动基金项目（编号：3401223405）资助

从志愿失灵到新治理

——萨拉蒙的非营利组织理论

耿长娟 著

中国社会科学出版社

图书在版编目（CIP）数据

从志愿失灵到新治理：萨拉蒙的非营利组织理论／耿长娟著．
—北京：中国社会科学出版社，2019.6
ISBN 978 – 7 – 5203 – 4541 – 5

Ⅰ.①从…　Ⅱ.①耿…　Ⅲ.①非营利组织—研究
Ⅳ.①C912. 21

中国版本图书馆 CIP 数据核字（2019）第 100397 号

出 版 人　赵剑英
责任编辑　孔继萍
责任校对　张依婧
责任印制　郝美娜

出　　　版　中国社会科学出版社
社　　　址　北京鼓楼西大街甲 158 号
邮　　　编　100720
网　　　址　http://www.csspw.cn
发 行 部　010 – 84083685
门 市 部　010 – 84029450
经　　　销　新华书店及其他书店

印刷装订　环球东方(北京)印务有限公司
版　　　次　2019 年 6 月第 1 版
印　　　次　2019 年 6 月第 1 次印刷

开　　　本　710×1000　1/16
印　　　张　16
字　　　数　245 千字
定　　　价　88.00 元

摘　要

　　自 20 世纪 30 年代后，资本主义经济危机使福利经济学家意识到了"市场失灵"，随后西方福利国家得以迅速发展。如今现代西方国家的公共财政支出和政府规模都明显增长。公共财政赤字问题困扰着西方政府，同时也对经济造成了极大破坏，引起了通货膨胀。政府机构的不断膨胀，导致政府机构僵化，效率低下，也使得官僚主义之风盛行。精简政府机构随之成了各国政府关注的问题，但是最终也未能逃脱"精简—膨胀—再精简"的怪圈。西方各国的滞胀困境也使人们意识到"政府失灵"时代的来临。于是在 80 年代，政府改革再次掀起浪潮。同时伴随着全球化的出现和通信设施的普及，全球化民主浪潮也席卷而来。世界各国政府的行政改革也在如火如荼地进行着。同时，也出现了很多市场和政府所不能独自解决的问题，如自然资源短缺、生态环境破坏、贫富差距扩大等一系列社会问题，这些问题均引起人们的普遍关注。在这一背景下，非营利组织作为一种重要的社会力量，在全球范围内得到了迅猛发展。在学术界关于公民社会和非营利组织的理论也层出不穷，赞扬与批评的声音此起彼伏。

　　正是在上述背景下，莱斯特·M. 萨拉蒙开始关注非营利组织，并成为当代著名的、最具影响力的非营利组织研究者之一。本书的论题是萨拉蒙的非营利组织理论，之所以选择萨拉蒙的思想作为研究对象，不仅是萨拉蒙对非营利组织做了系统阐述，还因为他对非营利组织自身的反思和对传统理论的超越与创新。本书采用文献研究的方法，全面系统地介绍了萨拉蒙的思想理论内容，并揭示了萨拉蒙思想的内在逻辑。同时，采用比较分析的研究方法，并从历史主义视角出发，把萨拉蒙的思想放到西方特殊的学术背景与思想传统中去解释其理论的缘起与影响，力图从总体上把握萨拉蒙的非营利组织理论，深入分析萨拉蒙的创新性观点与不足之处。另外，采用将理论与实际相结合的方法，把中国作为一个案例，用萨拉蒙的理论思想来透析中国的非营利组织发展状况，并提出一些启示性建议。

本书除导言部分之外，分为六大部分，主要内容如下：

导言部分阐明了本书的研究背景、研究目的与意义、研究方法和创新点。近年来，现代社会的变化为非营利组织的发展创造了条件和契机，同时也带来了挑战。"全球性结社革命"已经到来，各种关于非营利组织的理论也应运而生，其中萨拉蒙的思想颇具影响力。导言部分通过文献研究法回顾国内外学者对萨拉蒙思想的研究现状与研究缺憾，最终确定本书的研究问题、论述路径与结构安排。

第一章介绍了萨拉蒙的生平、著作和主要思想。首先对萨拉蒙的生平，即成长经历、学术生涯、关键性转折点和工作经历作了简单介绍。之后，阐述萨拉蒙的主要论著，并简要说明主要著作的中心思想和内容。最后，要简要地梳理萨拉蒙的主要思想，并分析各个理论之间的内在逻辑关系等。

第二章探讨了萨拉蒙非营利组织理论形成的背景。任何一种思想都不是凭空创造的，因此本章节主要从两个方面来分析萨拉蒙非营利组织理论的形成。首先，介绍萨拉蒙理论形成的社会背景，如全球化背景下出现的治理危机和当代非营利组织的迅速发展等。其次，探讨萨拉蒙理论形成的思想背景，包括公民社会理论、当代非营利组织理论和其他的当代社会理论等，从而分析他的非营利组织理论在西方政治学理论中的地位。

第三章论述了萨拉蒙对非营利组织的解读。首先，组织概念，即萨拉蒙的非营利组织的结构—运作式定义模式和非营利组织国际分类体系。其次，组织起源，萨拉蒙在解析传统起源论的基础上提出了自己的社会起源说。再次，组织功能，即萨拉蒙对非营利组织功能的分析。最后，组织计量，即介绍了萨拉蒙对非营利组织的计量和操作化过程，并与安海尔的公民社会指数进行了比较分析。

第四章阐述了萨拉蒙对非营利组织的反思。首先介绍了非营利组织在实践中的挑战。萨拉蒙看到了非营利组织在当代社会中的发展趋势，解释了非营利组织发展背后的时代原因，也认识到了非营利组织在发展过程中所面临的挑战。基于这种认识，萨拉蒙打破了有关非营利组织的神话，拨开了套在非营利组织头上的"光环"，提出了"第三种失灵"，即志愿失灵理论。

第五章分析了萨拉蒙对非营利组织理论的超越与新发展。萨拉蒙提出了非营利组织理论后，并没有就此而终止学术探索，而是对他自己的思想进行了再创新。首先，萨拉蒙从国家与社会关系的视角，提出了一种新型的伙伴关系。政府与非营利组织之间的合作是一种最合适的关系模式，也是西方发达国家中的常态模式。其次，萨拉蒙从工具主义视角出发，发展了一种系统的政府工具理论，将传统理论的研究主题从项目与组织主体转移到了对公共项目所需要的工具上来，为转变政府职能和提高公共服务绩效提供了一种新的解决路径。再次，从治理视角为出发点，萨拉蒙重新梳理了自己的思想理论，提出了一种新的治理理论即"新治理"理论。

第六章是结论与启示。一方面，评析了萨拉蒙非营利组织理论的贡献与不足。本书认为萨拉蒙的思想从"志愿失灵"到"新治理"呈现出了一个内在逻辑性，从中可以透视出当代非营利组织理论的发展特征与趋势。另一方面，阐释了萨拉蒙的理论对中国非营利组织发展的启示，并为建构中国的公共治理模式提出了一些建议。

关键词：萨拉蒙；非营利组织；志愿失灵；新治理

Abstract

Since the capitalist economic crisis in the 1930s made the welfare econo-
mists aware of the 'Market Failure', the western welfare states have boomed
quickly. In the modern western countries the public financial expenditure and
the size of the government have significantly grown. The fiscal deficit has been
puzzling the western governments, and have threatened the economic develop-
ment and caused the economic inflation. With the size of government swelling,
the government agencies are rigescent, inefficient and bureaucratic. Then the
downsizing became the concerns of the western government, however, they still
could not escape from the vicious circle, which is 'symplification-expansion-re-
symplification-reexpansion'. The stagflation predicament makes people aware
that the era of "Government Failure" is coming. Since the 1980s the governmen-
tal reform has swept across the world. With the emergence of globalization and
the popularization of communication facilities, the wave of global democracy al-
so swept and the administrative reform are also in full swing around the
world. Meanwhile, a amount of problems that the market and government are
not able to solve alone, such as the shortage of natural resources, ecological
destruction, the widening of wealth gap, etc., have caused widespread con-
cern. Then the nonprofit organizations as an important social force have boomed
over the world. In the academia the theories on civil society and nonprofit organi-
zation are increasing, which includes the voice of praise and criticism.

Under the above context, Lester M. Salamon begun to focus on the nonpro-
fit organization, and becomes a famous and the most influential researchers on

the nonprofit organization in the contemporary era. The research topic of the thesis is about Salamon's Nonprofit Organization theory. The reasons why Salamon's theory is chosen as the research topic are not only that Salamon explains the Nonprofit Organization Theory systematically, but also because Salamon has rethought on the nonprofit organizations and has re-innovated the previous theories. It uses the literature search to illustrate Salamon's thoughts systematically, from which itreveals the internal logic of his theory. Then it uses the comparative method and also the historical method to illustrate the origin and impact of Salamon's theory in the particular western academic background and theoretical tradition, which may help analyze Salamon's theory deeply and evaluate the contributions and limitations. In addition, the thesis uses the method of integrating theory and practice to take China as a case study and to use Salamon's theory to analyze the development of Chinese nonprofit organizations, and then to put forwards some suggestions to Chinese nonprofit organizations.

In addition to the Introduction, the thesis composed of six chapters. The main contents are as follows:

The Introduction part illustrates the research background, purpose and significance, research methodology and its innovations. In recent years the social changes have provided the conditions and opportunities and also brought the challenges to the nonprofit organizations. The "Global Associational Revolution" has come, and different theories of the nonprofit organization have emerged, in which Salamon's theory is quite influential. The Introduction part uses the methods of literature search to see the research status and their defects of the previous researches on Salamon's thoughts, and then explains the research question, analytical path and the structure of the thesis.

The first chapter introduces the life, works and main thoughts of Salamon. First of all, it is his life, which introduces briefly Salamon's growth experiences, academic career, the key turning point, and work experience. Then it introduces Salamon's main works, and also describes their central ideas and contents. Finally, it gets Salamon's thoughts into shape and also explores the internal logical relations between different theories.

The second chapter discusses the background of the formation of Salamon's Nonprofit Organization Theory. No idea is created in a vacuum, and therefore this chapter explores the formation of Salamon's thoughts from two aspects. On one hand, the social background has exerted influence on the formation of Salamon's theory, which includes the governance crisis in the context of globalization and the rapid development of the contemporary nonprofit organization. On the other hand, it explores what kind of traditional theories may also impact the formation of his theory, such as Civil Society theory, Modern Nonprofit Organization Theory, and other modern social theories, etc, and then analyzes the status of Salamon's Nonprofit Organization Theory in the western political theory.

The third chapter explains Salamon's interpretation to the nonprofit organization. First, it is the concept of organization, which means Salamon's Structure/ Operational definition model and the international classification of nonprofit organization. Second, it is the origin of organization. Salamon presents his Social Origin Theory based onthe analysis of the traditional origin theories. Third, it is the function of organization, which demonstrates Salamon's analysis to the function of nonprofit organization. Fourth, it is the measurement of organization, which shows how the nonprofit organization and its legal context are measured and operationalized by Salamon, and then compares his index with Anheier' Civil Society Index.

The fourth chapter demonstrates the rethink of Salamon on nonprofit organization. First of all, Salamon realizes the challenges of the nonprofit organization facing in practice. Salamon has seen the development trend of nonprofit organization in the contemporary times, and also explained the impulse of the "global associational revolution", but he also recognized the challenges that the nonprofit organization are facing in the process of development. Based on this understanding, Salamon broke the myth of the nonprofit organization, and push away the "Helo" set in the head of the nonprofit organization. In the end, he proposed the Third Failure, that is, the Voluntary Failure Theory.

The fifth chapter analyzes Salamon's transcendence and new developments to the theory of nonprofit organization. Since Salamon put forwards the nonprofit organization theory, he has not terminated the academic exploration but re-innovated his thoughts. Firstly, from the perspective of state and society relationship, Salamon proposed a new model of partnership. Cooperation between the government and the nonprofit organization is the most appropriate model of the relationship and also is the common model in the western developed countries. Secondly, from the tools perspective, Salamon proposed a new theory of Government Tools, which transfers the research focus of the traditional theory from project and organization to the tools needed by the public projects and also offers a new path to transform the function of the government and improve the performance of public services. Thirdly, from the governance perspective, Salamon re-organized his ideas and theories, and proposed a new theory called the "New Governance".

Chapter sixth is the Conclusion and Inspiration. On the one hand, it analyzes the contributions and limitations of Salamon's Nonprofit Organization Theory. The thesis gets a conclusion that Salamon's thoughts showa intern logic from 'Voluntary Failure' to 'New Governance', and we can see the features and trends of the development of the contemporary nonprofit organization theory from Salmaon's thoughts. On the other hand, it illustrates the inspiration of Salamon's theory to the development of Chinese nonprofit organizations, and also gives some suggestions to build the public governance model in China.

Keywords: Salamon; Nonprofit Organization; Voluntary Failure; New Governance

目　　录

导　　论

一　研究背景、目的与意义

（一）研究背景

冷战结束以后，人类社会进入全球化时代，科技发展迅速。伴随着全球化的出现和通信、互联网等的应用及普及，全球化民主浪潮也席卷而来。世界各国政府的行政改革也在如火如荼地进行着。同时，也出现了很多市场和政府所不能独自解决的问题，如自然资源短缺、生态环境破坏、贫富差距扩大等一系列社会问题，均引起人们的普遍关注。在这一背景下，非营利组织作为一种重要的社会力量，在全球范围内得到了迅猛发展。

自改革开放以来，中国的社会主义市场经济体制日益完善，政治体制改革也在逐步推进。同样中国社会也面对着前所未有的新挑战，例如贫富差距、效率与平等、环境的可持续性发展等问题都有可能会影响到社会的稳定发展。单纯依赖国家或者市场都无法解决所有的问题，中国的社会现实呼吁一个比较成熟和充满活力的公民社会。同时，当今世界正进入一个全球化背景下的风险社会，自然灾害或者重大事故等危机事件随时随地可能发生。在非常态下，社会与国家如何迅速有效地处置危机事件，将损害减少至最低程度，如何调动有效的人力、物力资源并尽快地确保人员的安全等，这对于当今中国社会是一个挑战，更是一个目标。2008年5月四川汶川特大地震发生后，来自国内外的大量公益性团体和慈善组织迅速投入到救灾和重建的战斗中，如提供食物、解救伤员等。一些有影响力和有号召力的基金会也纷纷出来举行募捐：相当多的捐款和捐助物资通过非营利组织四通八达的网络发放到各地。一度沉默或者鲜为人知的非营利组织和志愿性部门等都活跃于救灾现场，释放了公民社会的强大能量，并成为人们关注的热门话题。不过，我们需要注意的是，这次抗震救灾只不过提供了一个展现非营利组织能力和发展的机会，实际上这些组织并不是一夜之间突然发展起来的，它们早在汶川大地震发生之前就已经存在并在社会中发挥了重要作用。

随着公共部门改革、"结社性"革命运动在全球范围内如火如荼地进行，中国的社团、基金会和其他志愿性组织也得到了迅速发展。这些非营利组织积极地参与社会服务的供给，为缓解贫富差距问题、保护环境、提高民众的权利意识等方面做出了很大贡献。目前，非营利组织在中国社会中的角色日益重要。

（二）研究目的

在中国，非营利组织在提供社会服务、保护环境、促进民主和保护个人权利等方面，都已表现出了很大的积极作用。随着中国经济的开放与发展以及政府行政体制的改革，非营利组织的角色和地位也变得日益重要。因此，为了促进中国公民社会的发展，建构适合中国国情的非营利组织和政府的关系，并与世界国际性非营利组织挂钩和共同发展，了解西方非营利组织理论的已有研究成果以及世界其他国家非营利组织的发展状况和活动领域，就显得十分紧急和必要。

本书的论题是莱斯特·M. 萨拉蒙（Lester M. Salamon, 1943—）的非营利组织理论。之所以选择萨拉蒙作为研究对象，不仅因为他是当代著名的、最具影响力的非营利组织研究者之一，而且还因为萨拉蒙对传统国家主义和市场主义所存在的问题及所面临的挑战的认识以及对此而提出的新思路，对于非营利组织的起源与角色、志愿失灵理论、国家与社会关系类型、"新治理"理论等方面的讨论所产生的重要影响与意义。

萨拉蒙的思想涉猎广泛，从概念、分类、指数化到国际比较等方面，对非营利组织做了系统研究。他的思想具有跨学科性，他不仅仅在政治学领域有所建树，同时他的"新治理"理论、政府工具理论也对公共管理学产生了深远的影响；他的思想很具有前沿性，以"社会起源"理论为前提，重新解读了非营利组织的特征和概念，并提出了志愿失灵理论和"新治理"理论等,重新梳理了政府与非营利组织的关系类型;他的思想还具有很强的系统性,他并不单纯拘泥于一味地批评,更重要的是他还为解决公共管理问题提出了一种出路,对实现"新治理"范式的工具与形式做了探讨,提出了政府工具理论和政府与社会关系的类型学理论。萨拉蒙基于霍普金斯比较项目,对40多个国家的非营利组织进行了国际性的比较,跨越了欧洲、美洲、非洲、澳洲、亚洲以及中东地区,涉及地域之广泛,是前所未有的。正如萨拉蒙所言,"非营利部门在当代社会的社会图景中是一片'遗失的陆地'。霍普金斯项目通过填补这一知识空缺从而取得了重大进步。霍普金斯项目所搜集的数据与以往研究有很大的不同,因为我们用了详细的比较分析的方法,关注广泛的跨国部分,利用统一定义,坚持统一的方法论。这从描述性研究到解释性研究的转变成为可能,同时决定为什么非营利部门在不同的地方采取的形式有所不同"①。比较项目搜集了大量数据,对各种非营利组织理论和假设做了实证性检验,挑战了过去仅限于理论层面的假设和猜测。萨拉蒙的理论体系、研究方法已经过多年摸索并逐渐成熟而形成体系,目前为国际社会广泛接受,中国开展非营利组织研究,与国际研究相接轨,有必要对这个体系有较深入的了解。

(三) 研究意义

1. 理论意义

萨拉蒙的理论具有重要的理论意义,不仅引导了西方学界理论的发展,而且将指引中国非营利组织的理论研究。传统理论认为,非营利组织的产生基于市场失灵和政府失灵的存在,而萨拉蒙却提出了政府的产生是基于非营利组织失灵的存在,而不是相反。而且萨拉蒙对于非营利组织所具有的失灵现象的研究,能够使人们清晰地认知非营利组织的优劣。"例如,我们需要置疑一种流行的假设:发展中国家民主转型时期的

---

① Lester M. Salamon, S. Wojciech Sokolowski, Helmut K. Anheier (2000), *Social Origins of Civil Society: An Overview. Working Papers of the Johns Hopkins Comparative Nonprofit Sector Project*, No. 38. Baltimore: The Johns Hopkins Center for Civil Society Studies.

非营利组织在公民社会与民主化方面具有积极的作用。"① 萨拉蒙所提出的"新治理"理论开创了后公共管理主义理论的一种新范式，并重新塑造了政府的角色与功能，强调公共行为角色的多元化；而他的政府工具理论则是在"新治理"理论框架下强调公共行为工具的选择和应用，从而形成有效的社会管理新模式。

萨拉蒙对全球非营利组织的实证研究中，汇总了具有代表意义的世界各国的数据，翔实、规范、多样、可比。所提供的数据均包括多种不同统计方式下的情景，如包括志愿者与不包括志愿者在内的情况，将宗教组织活动纳入与不将宗教组织活动纳入时的情况等，以便人们可以最大限度地利用这些成果，与其他各种不同研究相接轨。

萨拉蒙的思想除了研究方法论上的创新性，还有一个很大的特色，就是挑战了很多传统理论与假设，如志愿精神与一个国家的制度化、组织化程度成反比的观点；对公民社会的重新定义，认为公民社会除了传统理论中的非营利组织主体，更是一种"关系"；对非营利组织与国家的合作关系的认识，合作程度越高，非营利组织规模越大的假设；志愿组织自身的缺陷与不足；公民社会指数体系；传统理论认为，关怀习惯与非营利组织的规模和可见性是成反比的，但是萨拉蒙认为二者并无直接关系，而是与其他因素相关的，如法律环境、社会分层化程度、社会和政治控制的中心化程度等。

2. 实践意义

自20世纪90年代以来，中国的非营利组织也逐步发展成为一支重要的力量，其作用逐渐得到了社会各界的认识。尤其是目前我国正处在前所未有的改革当中，市场经济体制的完善、政治体制的改革、社会结构的转型，都要求一个健全的公民社会的支持，从而使市场经济和民主政治能够有效运行。因此大力发展非营利组织，就显得十分必要。相应地，中国非营利组织的理论研究也处于一个快速成长的阶段，发展空间还很大。但与国际非营利组织理论的发展历史相比较，无论是研究范围还是

---

① 虞维华：《从"志愿失灵"到危机：萨拉蒙非营利组织研究疏议》，《行政论坛》2006年第2期。

研究方法，中国非营利组织理论的发展还是相对落后的，不太成熟的。深入分析和探讨西方非营利组织的理论发展、政府治理模式和工具的理论，对于发展中国非营利组织与促进政府改革都具有重要的意义。了解萨拉蒙对于公民社会、非营利组织等的研究，对中国公民社会和非营利组织的研究以及与国际接轨有着重要的意义。

二　文献综述

20 世纪 80 年代以来，各种有关非营利组织理论的研究文献可谓浩如烟海，但是萨拉蒙的思想却以系统的理论逻辑而独树一帜，对于世界范围的公民社会研究和治理理论的发展颇具影响力。因此，对于萨拉蒙思想的研究也是接踵而至，批评与赞扬的声音此起彼伏。

（一）国外文献

萨拉蒙的研究引起了来自许多国家的学者的广泛关注。一方面，西方学者认可萨拉蒙对非营利组织理论发展的贡献，详细概述了他的主要思想，如结构—运作式定义模式、社会起源理论、志愿失灵理论等，并在此基础上做了理论层面的深入性分析。另一方面，许多学者在萨拉蒙理论的基础上又做了经验层面的检验与延伸。同时，还有一些学者在萨拉蒙思想的基础上，拓展了非营利组织理论和公民社会理论领域中新的研究主题。具体如下。

第一，对萨拉蒙的非营利组织定义与分类等基础性概念的研究。萨拉蒙对非营利组织的定义与分类等基础性概念解释受到了各国学者的广泛关注。主要学者有美国印第安纳大学的理查·史坦伯（Richard Steinberg）、美国凯斯西储大学的丹尼斯·R. 杨（Dennis R. Young）、伊娃·库提（Eva Kuti）。

理查·史坦伯与丹尼斯·R. 杨研究了萨拉蒙的非营利组织概念。他们认为学术界并没有对"公民社会"形成一个统一的称谓和定义，所以非营利组织与志愿性部门、第三部门、公民社会部门等概念均被用来指涉活动在市场和国家领域之外的公民社会领域中的各类组织。也很少有学者去深入探讨这些不同称谓的具体联系。史坦伯和杨认为萨拉蒙的非营利组织概念对非营利组织国际比较研究做出了卓越贡献。这是"该领域在历史上第一次能够在跨国中利用统一的概念来测量和记录第三部门的规模与范围"①。但是，他们认为萨拉蒙用一个统一的非营利组织定义来解释他所引用的所有理论，就产生了一个问题，即并不是所有的理论都可以用他的非营利组织定义来进行解释。例如在一些国家，那些进行利润分配的消费者合作社、合作农场或者互助社等可以满足高要求的人群，从而能够补充政府所提供的公共物品。但根据萨拉蒙社会起源定义中的"非利润分配"特征，很多此类组织由于具有非正式和营利性的特征而被排除在非营利组织之外。因此，如果一个国家中的互助社比较普遍的话，根据萨拉蒙的定义和标准，这一国家的非营利组织的规模就会比实际中小很多。

苏珊娜·莫里斯②认为，萨拉蒙关于非营利组织的结构—运作式定义模式的提出具有很重要的意义。但是，莫里斯对于这个模式的普遍适用性提出了质疑，如果结构—运作式定义能够有效地容纳不同经济和社会环境中的非营利组织，那么这一定义模式也能用来分析早期的组织类型。莫里斯用19世纪英国的主要卫生保健和社会住房供给的历史性案例分析方法，说明了这一定义模式并不能涵盖较早时期的体制类型，并不会产生有效的部门分类。那些提供卫生福利和社会性住房的机构在19世纪的英国是被作为社会福利机构的。但是萨拉蒙的定义模式却不包括这些结构。所以结构—运作式定义模式排除了非营利组织中很重要的一部分即非法定的、非利润最大化的供给者，它也排除了互助型组织，而这类互助型组织被普遍认为对公民社会的发展具有很重要的意义，也一直都是公民社会的重要组成部分。莫里斯认为结构—运作式定义限制了萨拉蒙主持的霍普金斯项目最终完成"建构那些促进或者阻碍非营利组织发展的因素"目标的能力。首先，测量方法存在问题。萨拉蒙等人利用结构—运作式定义模式顺利地收集了各国非营利组织的数据，但是这一定

---

① Richard Steinberg, Dennis R. Young (1998), A Comment on Salamon and Anheier's "Social Origins of Civil Society", *Voluntas: International Journal of Voluntary and Nonprofit Organizations*, Vol. 9, No. 3, p. 249.

② Susannah Morris (2000) Defining the Non-profit Sector: Some Lessons from History. Civil Society Working Paper 3.

义模式在测试各种竞争性理论的时候出现了问题。例如，这种定义模式并没有把 19 世纪英国的提供福利保健和社会性住房的机构容纳进来，这就得出"当时非营利部门规模相对较小，非营利部门不能有效满足福利和住房需求"的结论，紧接着又得出"国家供给的发展弥补了这一空缺"的结论，从而顺理成章地解释了萨拉蒙的"志愿部门失灵"理论。而这一特定假设和推理又是以"当时非营利部门规模相对较小"为前提的。莫里斯与史坦伯、杨得出了同一个看法，即能够有效测试一种理论的定义模式不一定能够测试所有的理论。其次，萨拉蒙假设的非营利组织发展模式存在问题。萨拉蒙的结构—运作式定义没有用"公共目的"来界定非营利组织，而是选择了"非分配利润"作为区分营利组织和非营利组织的标准。这其实是将公共利益与私人收益假设为一种反比关系。苏珊娜指出，19 世纪英国的社会福利性住房机构并不支持这一假设。同时结构—运作式定义还排除了互助型组织，而这些机构与其他类型的公民社会组织一样，都为社会民主化和培育社会资本等做了贡献。

　　伊娃·库提①认为大部分非营利组织理论比较关注非营利组织的服务性功能，而忽略了它们的再分配角色。例如市场失灵理论、政府失灵理论、契约失灵理论和供给理论大都是在美国产生的，并都只关注服务供给方面，而在再分配方面是欠缺的。也只有萨拉蒙的志愿失灵理论中的"慈善的特殊主义"方面提到了非营利组织的再分配问题。库提还指出，对于社会不公平的公共政策反应主要有两种形式：（1）欧洲的福利国家模式，即政府控制下的福利再分配；（2）美国的非营利模式，即主要由政府支持的私人组织提供服务，萨拉蒙的理论就比较支持美国的非营利模式。

　　第二，对萨拉蒙非营利组织的社会起源理论的研究，也引发了许多学者的评论。主要学者有露埃拉·摩尔（Louella Moore），美国印第安纳大学的理查·史坦伯、美国凯斯西储大学丹尼斯·R. 杨、挪威奥斯陆大学的查尔斯·R. 拉金（Charles C. Ragin）。

　　理查·史坦伯和丹尼斯·R. 杨也对萨拉蒙的社会起源论做了解释。

----

① Eva Kuti (1990) The Possible Role of the Non-profit Sector in Hungary. Voluntas: *International al Journal of Voluntary and Nonprofit Organizations*, Vol. 1, No. 1.

首先，他们对萨拉蒙根据异质性理论、信任理论和供给理论等所引出来的假设进行了重新推理和评析。例如史坦伯和杨指出，班奈尔（Ben-Ner）和范·胡密森（Van Hoomissen）根据信任理论（萨拉蒙社会起源理论解释所批评的理论之一）发展出了一个"主从控制组织"理论。这一理论有两种类型的组织，即非营利组织和消费者合作社。由于萨拉蒙的非营利组织分类体系仅包括了前一类型，这样萨拉蒙根据他的定义来评估信任理论的话，就会出现很多意想不到的错误。其次，萨拉蒙的社会起源理论与其他理论并不完全是相互对立的，有时是互补的，它们可以共同解释一个理论或者现象。萨拉蒙认为根据异质性理论可以推导出"政府社会福利支出和非营利部门是一种消极关系"的假设，根据相互依赖理论可以推导出"政府社会福利支出和非营利部门是一种积极关系"的假设，然后根据政府社会福利支出的系数来测试哪一理论与实际情况相符合。但是史坦伯和杨认为，这一推论是一种错误性的二分法。因为韦斯布罗德明确表示，他试图解决的是公共与私人所资助的集体物品的差异，而不是公共与私人所提供的集体物品的差异。相互依赖理论恰好弥补了韦斯布罗德的异质性理论中的这一遗憾，所以并不是萨拉蒙所认为的相互依赖理论是异质性理论的一种替代形式。再次，史坦伯和杨认为，萨拉蒙的社会起源理论根基于正在崛起的各个社会阶级，但是萨拉蒙的测试却是不完善的，因为萨拉蒙"依赖于其对国家的分类标准，即自由主义模式、社团主义模式、国家主义模式和社会民主主义模式，而不是用直接测试阶级崛起的方式，来预测各个部门的相应比例"[1]。最后，查理·史坦伯和杨指出，各种原始理论与萨拉蒙由此推导出的假设的不一致性，需要进一步的数据来证明。

查尔斯·R. 拉金[2]指出，萨拉蒙对"社会起源"理论的介绍与先进工业社会中历史背景因素对非营利组织影响的解释，无论是对理论发展

[1] Richard Steinberg, Dennis R. Young（1998）A Comment on Salamon and Anheier's "Social Origins of Civil Society". Voluntas: *International Journal of Voluntary and Nonprofit Organizations*, Vol. 9, No. 3, p. 258.

[2] Charles C. Ragin（1998）Comments on "Social Origins of Civil Society". *Voluntas: International Journal of Voluntary and Nonprofit Organizations*, Vol. 9, No. 3, p. 249.

还是对经验研究都具有重要意义。同时，萨拉蒙在分析跨国非营利组织的规模、结构、资金来源等时，也提供了一个相当详细的量化分析。但是萨拉蒙的研究也并没有跳出一直困扰此类研究的窠臼，即数据规模小、测量不佳、理论空泛以及跨部门的数据优势等。为了减少此类问题对研究的困扰，拉金除了建议萨拉蒙在阐释社会起源理论解释力的时候应该加入关于具体部门的定性分析外，还提出了四个方面的建议：（1）分解非营利组织的概念，以解决来自右派与左派双方的批判；（2）采用一个多维度的方法来评估非营利组织，以应付其巨大的异质性；（3）对非线性关系给予更多的关注；（4）铸造一个更广泛的理论网，以便建立一个具有说服力的社会根源理论。

第三，对萨拉蒙的志愿失灵理论的研究。主要人物有美国学者保罗·斯特里滕（Paul Streeten）和堪萨斯大学的凯莉·洛克斯（Kelly LeRoux），澳大利亚新英格兰大学的布赖恩·多莱里（Brian Dollery）、乔·沃利斯（Joe Wallis）、查尔斯·H. 汉密尔顿（Charles H. Hamilton）等。

斯特里滕认为，非营利组织在向发展中国家和地区开展活动和提供服务时，存在着一些问题，如更倾向于服务特殊的利益而不是到最贫穷的地方服务，更倾向于自上而下的管理模式，组织计划缺乏创新意识和可持续性，在个别情况下还对人类和平构成了威胁。[①]

凯莉·洛克斯分析了萨拉蒙的志愿失灵理论的表现形式，并以萨拉蒙志愿失灵理论中的"志愿失灵的家长式作风"作为关注点，推导出了三个假设：（1）比较依赖私人慈善捐赠的非营利组织采用参与式治理的可能性小；（2）比较依赖政府资助的非营利组织采用参与式治理的可能性比较大；（3）种族代表性不匹配的非营利组织采用参与式治理的可能性比较小。他还用萨拉蒙的理论分析了美国密歇根的非营利社会服务组织。结果显示，政府资助可以通过制造顾客反馈和决策参与等途径来促进非营利组织的顾客导向，但是依赖私人捐赠作为主要收入也并不总是会降低非营利组织的顾客导向。因此，证实了萨拉蒙认为政府资助可以

---

① ［美］保罗·斯特里滕：《非政府组织和发展》，载何增科《公民社会与第三部门》，社会科学文献出版社 2000 年版。

促进参与式治理的理论，也就是说，政府资助可以弥补志愿失灵理论的家长式作用。但是并没有证实志愿失灵理论中私人捐赠会产生家长式作风的结论。所以，非营利组织能够通过参与方式为顾客提供表达和学习的机会。虽然有人认为第三方公共服务供给模式可能会威胁民主治理模式，但是它同时也为加强治理提供了机遇。

布赖恩·多莱里和乔·沃利斯①检验了萨拉蒙志愿失灵理论的四个表现形式在澳大利亚的情况，即慈善不足、慈善特殊主义、慈善的家长式作风和慈善的业余主义。这些失灵表现在澳大利亚的志愿部门中也不是无法克服的，而且这些志愿部门呈现出了其他形式的失灵现象。查尔斯·H. 汉密尔顿指出，萨拉蒙的志愿失灵理论并不清晰，对业余主义与慈善不足问题等界定都比较模糊，而且非营利组织的志愿失灵现象在许多其他组织中也会存在。②

第四，对萨拉蒙的"第三方政府"模式与"新治理"理论的研究。主要学者有美国堪萨斯大学的凯莉·洛克斯、澳大利亚新英格兰大学的布赖恩·多莱里、乔·沃利斯、查尔斯·H. 汉密尔顿、美国乔治梅森大学的彼得·J. 勃特克（Peter J. Boettke）、北密歇根大学的大卫·L. 普雷契特科（David L. Prychitko）、丽莎·布劳姆格林·宾厄姆（Lisa Blomgren Bingham）、蒂娜·纳巴茨（Tina Nabatchi）、罗斯玛丽·欧列瑞（Rosemary O'Leary）等。

凯莉·洛克斯认为，虽然萨拉蒙的理论框架并不是完美无缺的，但是萨拉蒙提出的"合作模式却是解释现代福利国家的演变中美国非营利社会服务部门发展的最流行和被接受的理论。他的理论提供了一个丰富的理论框架，用来验证政府资助对非营利部门行为和组织治理的影响"③。

---

① Brian Dollery, Joe Wallis (2001) Economic Approaches to the Voluntary Sector: A Note on Voluntary Failure and Human Service Delivery. Working Paper Series in Economics.

② Charles H. Hamilton (2004) Of Voluntary Failure and Change toward a New Theory of Voluntary-Government Relationsin Modem Soeiety. The Philanthropic Enterprise, Working Paper 10.

③ Kelly LeRoux (2009) Paternalistic or Participatory Governance? Examining Opportunities for Client Participation in Nonprofit Social Service Organizations. *Public Administration Review*, No. 69.

布赖恩·多莱里和乔·沃利斯①认为，越来越多的发达国家开始依赖非营利组织来提供社会服务，例如英国布莱尔政府积极支持教会学校，以改善公共教育系统。澳大利亚也开始青睐非营利组织提供社会服务。这一发展趋势，一方面是由于现有机制无法有效地满足民众需求，另一方面许多经济学家和政策学者都认识到了市场失灵和政府失灵的存在。同时，对于非营利组织的特征和能力还认识不够。因此，在阐述经济学理论的需求供给理论基础上，布赖恩和乔两位学者以澳大利亚的社会服务供给为例子，又验证了萨拉蒙的志愿失灵理论对澳大利亚非营利组织的优缺点的解释力。按照志愿部门的需求理论，非营利组织能够改善市场失灵和政府失灵，同时供给理论也证实了利他主义思想能够鼓励人们为提供志愿部门的目标而努力。然而，供给理论也说明了志愿部门同样容易受到非市场失灵和志愿性失灵的干扰。但是萨拉蒙却认为，政府和非营利组织的合作伙伴关系能够解决志愿部门失灵所产生的一些问题。

彼得·J. 勃特克和大卫·L. 普雷契特科②指出，萨拉蒙不仅关注非营利组织对于现代福利国家的支持和帮助，更重要的是萨拉蒙还注重国家对非营利组织的支持。萨拉蒙的"新治理"理论被认为与后共产主义学识属于同一类属，都为社会和经济计划中的"强国家"行动提供新的基础。勃特克和普雷契特科认为，许多后共产主义分析，例如以约瑟夫·斯蒂格利茨为代表，不强调自由开放市场的重要性，而是将目光转向了以市场为基础的福利国家。萨拉蒙的"新治理"理论与这种后共产主义为国家辩护的思想如出一辙，都依赖于经济性的批判。萨拉蒙认为，"新治理"范式的产生与演变被许多学者忽视和误解，是因为经济理论的缺陷。勃特克和普雷契特科以奥地利学派的经济视角来评析萨拉蒙范式的一致性问题，并分析了韦斯布罗德的市场/政府失灵理论、萨拉蒙的志愿失灵理论以及萨拉蒙对于韦斯布罗德理论的批判。勃特克和普雷契特

---

① Brian Dollery, Joe Wallis (2001) Economic Approaches to the Voluntary Sector: A Note on Voluntary Failure and Human Service Delivery. Working Paper Series in Economics.

② Peter J. Boettke and David L. Prychitko (2004) Is an independent nonprofit sector prone to failure? Towards an Austrian School interpretation of nonprofit and voluntary action. *Conversations on Philanthrophy 1*, pp. 1 – 40.

科认为，萨拉蒙范式的核心是效率与无效率两个概念。萨拉蒙没有建立一个有效的非营利组织失灵概念以及国家的有效性角色。虽然萨拉蒙强调国家与非营利组织的积极性关系，但是他并没有形成一个一致性的与积极性的理论框架或者说"范式"去解释他的理论期望和现实可能性之间的一致性。勃特克和普雷契特科认为，不仅萨拉蒙的理论存在缺陷，那些影响萨拉蒙思想的经济学理论也存在缺陷。韦斯布罗德和萨拉蒙等都借鉴了新古典经济学中的福利理论。另外萨拉蒙的志愿失灵理论更多是依赖数据来证明，而不是理论层面的解释。传统理论不能解释福利国家和非营利组织的经验性关系。也就是说，非营利组织经常参与服务的供给，并得到国家通过津贴和其他方式的资助，而这一合作模式在韦斯布罗德理论中却是不正常的。萨拉蒙则指出，这种合作模式深深扎根于历史中，并有很强的理论逻辑。萨拉蒙把公共物品的非营利性生产作为对政府合法性功能的扩展性解释，其实是对于经济理论的一种误解。如果说政府与非营利组织二者之间的合作能够改善非营利组织的产出，从而能够克服志愿失灵，那么就需要有一致性的标准去解释市场失灵和政府失灵。但是萨拉蒙并没有发展出此类概念，而是依赖大量的经验数据去论证他的推论——"新治理"理论是对市场、政府和志愿性失灵的合理性安排。同时，萨拉蒙接受了市场失灵和社会最优化概念，并称"新治理"模式能够促使营利性部门和非营利组织达到最优化结果。但是萨拉蒙并没有清晰地界定"最优化"和"失灵"的概念。"如果他心目中有一个帕累托最优标准，但是他并没有努力去证明现代福利国家对于非营利服务的资助已经促使我们的系统更加接近社会最优化结果。"[1]他的经验性研究也没有证实，政府与第三方的合作可以达致社会最优化结果，志愿失灵理论也不能说明非营利组织不能够达致社会最优化结果。另外，他的研究也没有说明非营利组织和国家合作如何实现帕累托最优。

---

[1] Peter J. Boettke and David L. Prychitko (2004) Is an independent nonprofit sector prone to failure? Towards an Austrian School interpretation of nonprofit and voluntary action. *Conversations on Philanthrophy 1*, pp. 1 – 40.

　　宾厄姆、纳巴茨与欧列瑞①认为，以往的治理理论强调公共、私人和非营利组织网络以及治理工具和方式的重要性。丽莎等人描述了萨拉蒙的新治理理论，指出萨拉蒙认为新治理中的公共管理还需求特定的技能，如谈判、说服、合作和赋能（enablement skills）等，其中赋能又包括这些激活、协作和调制技能等。"激活就是获得网络参与。协作就是劝说参与者合作。调制就是提供足够的激励促使合作行为。"② 在以往治理论学者的基础上，丽莎等提出了"人"如工具制造者和执行者和参与政府工作的"程序"等在治理过程中的作用。

　　（二）国内文献

　　目前国内对于萨拉蒙的研究主要体现在对萨拉蒙原作的翻译和介绍萨拉蒙思想的文章，尚无系统的专著来论述他的思想与理论。

　　1. 翻译作品

　　迄今为止，翻译成中文的萨拉蒙的著作共有四种。2002 年贾西津和魏玉翻译了 1999 年由萨拉蒙与安海尔合著的《全球公民社会：非营利部门视界》（*Global Civil Society*：*Dimensions of the Nonprofit Sector*），由约翰·霍普金斯公民社会研究中心刊行。《全球公民社会》是约翰·霍普金斯非营利部门比较项目研究成果的部分内容，约 35 万字。这个项目由美国约翰·霍普金斯公民社会研究中心委托莱斯特·M. 萨拉蒙等人，对全球分布在西欧、中欧、亚洲、北美洲和拉丁美洲的 22 个国家的非营利组织进行了调查研究分析，完成了系统的资料收集，如非营利组织的规模、结构、收入以及在各国的差异等。虽然在各个国家中非营利组织千差万别，但是它们却具有一些共同的特征，从而可以称作一类社会"部门"，例如这些实体都是在国家机构体系之外运作的组织，它们不分配利润，公民自由地加入或者不是为了追求利益而加入。

　　2007 年陈一梅等翻译了萨拉蒙与索可洛斯基等人在 2004 年合著的《全球公民社会：非营利部门国际指数》第二卷 （*Global Civil Society*：*Di-*

---

　　① Lisa Blomgren Bingham, Tina Nabatchi, Rosemary O'Leary（2005）The New Governance：Practices and Processes for Stakeholder and Citizen Participation in the Work of Government. *Public Administration Review*, Vol. 65, No. 5.

　　② Ibid. .

mensions of the Nonprofit Sector，Vol. 2），该书于 2004 年由 Kumarian 出版社出版。陈一梅等指出，在该书中，霍普金斯比较项目继续全面阐述了更多国家中的非营利组织发展情况。一共涉及 36 个国家，并对其中的 14 个国家做了深入研究。同时还加入了一些新的材料与内容，并发展出了一套非营利组织指数体系。《全球公民社会：非营利部门国际指数》受到了各界的广泛好评。例如"美国哈佛大学豪瑟非营利组织中心斯瑞拉塔·白利华拉（Srilatha Batliwala）研究员是这样评价的：该书为迎接今天发展中国家非营利部门面临的挑战做出了重要贡献；世界银行主管可持续发展部的副行长伊恩·约翰逊（Ian Johnson）认为：公民社会部门在全球社会和经济发展中起着越来越核心的作用，该书为这一现象提供了新的实证证据；全球赈灾会的凯瑟琳·沃夫德（Kathryn Wolford）会长评价该书就公民社会部门的范围、影响和动态收集了越来越多的数据，实务家和决策均可从中受益。深入了解该部门是加强其可视度、呼声和影响的强有力的工具。全美洲基金会大卫·瓦伦祖拉（David Valenzuela）会长则认为：公民社会在当今发展中国家里动员了巨大的社会能量。该书可以说是了解公民社会组织的最有用的路线图。国家民间组织管理局李勇副局长则指出：《全球公民社会》一书中关于国际非营利组织分类法对建立中国特色的民间组织统计设计指标深受启发。清华大学公共管理学院 NGO 研究所王名教授是这样认为的：在这样的历史机遇期，萨拉蒙教授及其合作者们做展现全球公民社会的真实图景及其在比较分析框架下指数化的逻辑，所给予我们的启发和借鉴无疑将是多方面和意义深远的"[①]。

2008 年田凯翻译了萨拉蒙于 1995 年出版的《公共服务中的伙伴——现代福利国家中政府与非营利组织的关系》[②]（*Partner in Public Service*：

---

① 转引自黄浩明《一个中国学人眼中的萨拉蒙教授和他的新著》，《中国非营利评论》2007 年第 1 期。

② ［美］莱斯特·M. 萨拉蒙：《公共服务中的伙伴——现代福利国家中政府与非营利组织的关系》，田凯译，商务印书馆 2008 年版。

Government-Nonprofit Relations in the Modern Welfare State)①，在 1995 年由约翰·霍普金斯大学出版社出版。该书于 1996 年获得非营利和志愿行为研究协会的杰出图书奖，目前已经成为欧美大学研究生非营利组织课程的重要参考文献。萨拉蒙通过详细的经验研究的方法建构了一些新的理论，即志愿失灵理论和"新治理"理论。同时这些理论假设都是经过问卷调查和数据资料支持的，并不仅仅是纯粹理论层面的假设。该书汇集了萨拉蒙在过去 12 年中所写的主要论文，探讨了"第三方政府"的概念，以及政府与非营利组织关系的范围和性质。不仅论述了非营利组织的规模，还分析了非营利组织与政府的关系模式，展望了非营利组织的发展趋势等问题。

2010 年王浦劬翻译了他与萨拉蒙等共同撰写的《政府向社会组织购买公共服务研究：中国与全球经验分析》②。该书获得了国家民政部 2009 年"中国社会组织建设与管理"理论研究部级课题一等奖。该书由中美学者联合主编，是由世界银行和民政部合作支持的研究课题的成果。该书根据中国公共管理的现实需要和实践，以中国和全球的经验与案例分析相结合，深入研究了政府向社会组织购买公共服务的一系列理论和实践问题，具有重大的理论和现实意义。该书基于具体的实例介绍了政府向社会组织购买公共服务的情况，分析了政府、市场与非营利组织在服务供应方面的合作，从理论层面与实践层面对中国如何改进公共服务供给问题提出了参考和建议，具有很重要的意义。

翻译成中文的萨拉蒙的文章目前有四篇。1998 年李亚平和于海在编著《第三域的兴起》③ 中收录了萨拉蒙的文章《非营利领域及其存在的原因》和《美国混合经济福利模式中的政府作用》。该书提出了一个重要概念，即第三域。所谓"第三域"，就是相对于国家领域和市场领域之外的领域，或者称为"志愿域"，该领域体现了互助和志愿的原则和特征。

———————————

① Benjamin Gidron, Ralph M. Kramer, Lester M. Salamon, *Government and the Third Sector*: *Emerging Relationships in Welfare States*. San Francisco: Jossey-Bass Publishers, 1992.

② 王浦劬、[美]莱斯特·M. 萨拉蒙等:《政府向社会组织购买公共服务研究：中国与全球经验分析》，北京大学出版社 2010 年版。

③ 李亚平、于海编:《第三域的兴起》，复旦大学出版社 1998 年版。

萨拉蒙论述和介绍了志愿组织的历史背景、发展问题及与其他领域主体的关系等。以美国为例子，说明了政府依赖大学、研究机构、志愿性团体等非营利组织提供社会服务的现象。第三域理论，对于认识我国转型期的非营利组织的成长与发展及对社会结构变迁的深远影响同样具有重要的借鉴作用。2000年何增科的著作《公民社会与第三部门》中收录了萨拉蒙的《非营利部门的兴起》以及萨拉蒙与安海尔合作的文章《公民社会部门》①。萨拉蒙在文章中指出，在国际层面研究非营利性部门的时候，有四个重要发现，一是虽然福利国家出现了，但是公民社会部门依然是主要的经济和社会力量；二是广泛的存在；三是公民社会部门在世界各地采取了相当不同的形式；四是私人捐赠在公民社会部门中的作用是有限的。根据这四个发现，萨拉蒙认为非营利组织在世界各个社会中的存在比我们想象的要普遍很多。虽然说世界环境有利于非营利组织的发展，但是在不同的社会和政治环境中非营利组织的发展还是有很大差别的。以往的传统理论对非营利组织存在的解释力度是值得怀疑的。因此萨拉蒙指出，需要一种新的范式，来解释非营利组织的发展。

2002年萨拉蒙的论文《非营利部门的崛起》② 由谭静编译，并在《马克思主义与现实》上发表。该文首先介绍了"全球性结社革命"的发展状况，指出有组织的志愿性活动正在全球范围内展开，各类志愿性组织和非营利组织也在世界各国建立。然后解释了非营利组织此时此刻崛起的原因，主要是因为四次危机和两次革命性变化引起的。四次危机主要是指现代福利国家的危机、发展危机、环境危机和社会主义危机。两次革命性是在70年代和80年代期间发生的戏剧般的通讯革命和在60年代和70年代早期发生的全球性的可观的经济增长和由此带来的中产阶级革命。同时，萨拉蒙在认识到非营利组织积极作用的同时，又告诫人们要破除对非营利组织的迷信。最后，萨拉蒙就非营利组织的发展及其与政府的关系提出了一些建议。

---

① ［美］莱斯特·M.萨拉蒙、赫尔穆特·安海尔：《公民社会部门》，周红云译，何增科《公民社会与第三部门》，社会科学文献出版社2000年版。

② ［美］莱斯特·M.萨拉蒙：《非营利部门的崛起》，谭静译，《马克思主义与现实》2002年第3期。

2009 年由李靖翻译的萨拉蒙的论文《新政府治理与公共行为的工具：对中国的启示》①，在《中国行政管理》发表。该文认为过去政府改革运动所着力解决的核心问题是如何重塑公共机构以提供绩效。新公共管理理论引入私有化原则，强调合同外包与竞争上岗等措施，致力于将政府发展为"舵手"。但是萨拉蒙认为，新公共管理主义给出的答案却是错误的，原因是现代政府本身已经体现了这些原则。萨拉蒙认为，目前最紧迫的问题不是如何改善政府结构，而是学会如何理解并管理在许多国家已经被重塑的政府，以及已经发展起来的各种复杂关系。萨拉蒙提出了"新政府治理"范式，以解决"第三方政府"所带来的问题。最后，又指出了对中国非营利组织发展的启示，虽然中国与美国等国家的社会发展情况差异很大，但是"新治理"理论对促进中国非营利组织的发展和提高中国公共服务的质量等方面还是有一些指导性作用的。

2. 研究论文

在国内，目前研究萨拉蒙思想的文章主要是一般论文，还没有相关的博士学位论文来系统介绍萨拉蒙的非营利组织理论。

第一，许多学者在对非营利组织进行理论层面阐述的时候，大多都简要复述了萨拉蒙的非营利组织概念。或者是，在萨拉蒙定义的基础上再加入新的特征，例如安云凤在《非政府组织及其伦理功能》中解释非营利组织的特征时，又加了一个"公益性"。另外，康晓光与冯利等在《中国第三部门观察报告（2011）》中基于萨拉蒙的非营利组织定义对中国的非营利组织进行了简要阐述。

第二，对志愿失灵理论的介绍。主要学者有虞维华、胡德平、蓝涛、顾敏燕与贾西津等。

虞维华以非营利组织的财政来源与新功能为基础，对萨拉蒙的志愿失灵理论进行了简单梳理，并解释了萨拉蒙对于非营利组织失灵的论证逻辑，以及非营利组织自身存在的危机等问题。虞维华认为，萨拉蒙的"志愿失灵理论"存在着缺陷。不过，作者指出西方福利国家对于非营利

---

① ［美］莱斯特·M. 萨拉蒙：《新政府治理与公共行为的工具：对中国的启示》，李靖译，《中国行政管理》2009 年第 11 期。

组织的影响大致可分为三个阶段，即"在福利政策实施的初期，'从摇篮到坟墓的社会福利'使非营利组织几乎无用武之地；在福利政策由于财政压力而难以为继政府因而被迫'回撤'（retrenchment）的时候，非营利组织又赢得了生存与发展的巨大空间；与此同时，政府财政支持的削减又迫使非营利组织出现了结构性的变化与市场化即营利化的发展趋势，这些趋势直接导致了非营利组织的深刻危机"①。虞维华认为，按照萨拉蒙的观点，在西方福利政策实施的时候，非营利组织的作用并没有得到压抑，反而是大量的非营利组织成为西方政府福利的直接工具。虞维华还提出了萨拉蒙的志愿失灵理论的应用价值，以及对于中国非营利组织研究与管理的借鉴意义。主要有五个方面：（1）破除对于非营利组织的理想化的期待（如公民社会、民主化、多元化等），而代之以理性化的态度，需要对非营利组织及其工作人员的自利性倾向有足够清醒的认识；（2）关注非营利组织的财务状况；（3）关注我国非营利组织的营利化即市场化或商业化倾向；（4）警惕非营利组织的腐败行为；（5）关注非营利组织的社会责任问题。可以说，虞维华对于萨拉蒙的志愿失灵理论的阐释是较为全面的，但是他的阐述并不足够深入，也并没有把志愿失灵放到萨拉蒙的整个思维逻辑框架中来解释，而且有些观点与萨拉蒙的实证分析有不一致的地方。

胡德平的论文《志愿失灵：组织理论视角的分析与治理》，从组织理论角度出发，指出志愿失灵的原因是多方面的，如组织自身的先天不足与后天不利，组织结构的官僚特征，组织领导能力不高等。因此，作者强调从组织自身出发来解决志愿组织的失灵问题。

蓝涛的《志愿者组织的志愿失灵研究——以深圳市义工联合会为例》②是一篇硕士学位论文。该文对萨拉蒙的志愿失灵理论做了简单论述，认为萨拉蒙最先提出了"志愿失灵"概念。然后以深圳市义工联合会为案例，用萨拉蒙的志愿失灵理论分析了联合会志愿失灵的状况及

---

① 虞维华：《从"志愿失灵"到危机：萨拉蒙非营利组织研究疏议》，《行政论坛》2006年第2期。

② 蓝涛：《志愿者组织的志愿失灵研究——以深圳市义工联合会为例》，硕士学位论文，南京大学，2011年。

原因。

顾敏燕的《上海志愿服务中的志愿失灵研究》① 也是一篇硕士学位论文。作者指出志愿失灵是与政府失灵、市场失灵相对应的概念，这一概念最早由美国学者萨拉蒙提出。它是指在现实的志愿实践中，志愿主义和公益道德主义的理念，往往会出现不足或逐渐流失，从而无法单靠自己的力量来推进慈善和公益事业②，并阐述了不同理论视角对志愿失灵的解读。"5·12"汶川大地震后，大量非营利组织和志愿者来到四川，积极参与到救灾行动中。该论文以上海所提供的救灾服务为例子，探讨了非营利组织中所存在的失灵现象，如管理混乱、激励措施缺乏、志愿的业余性与缺乏持续性等问题。然后基于其他国家和地区的志愿服务经验，为改善中国的非营利组织提出了建议。

贾西津的《国际比较视野中的非营利部门——〈全球公民社会：非营利部门视界〉评介》③，是一篇书评。该文章在简要介绍了萨拉蒙主持的霍普金斯项目中的四个贡献：（1）构建了一个符合国际实践的非营利组织的操作性定义；（2）总结出一套规范的非营利组织活动的分类体系；（3）从国际视野展示了非营利组织的力量；（4）对全球范围内非营利组织进行比较研究，并描绘出一个全球非营利组织的整体图景。同时也指出了该著作存在的问题，如质量差异、数据缺失等问题。

第三，对萨拉蒙的"新治理"思想的介绍，学者主要有王伟昌、陈振明和卢霞等。

王伟昌在《"新治理"范式与政府工具研究》④ 中分析了萨拉蒙的"新治理"理论以及相应的政府工具理论。他认为，政府工具理论强调对政府工具的选择和应用，并在此基础上发展出了一种新的治理范式。而"新治理"范式比较强的组织间的网络合作，强调在发挥市场与政府作用的同时，还需要激发公民社会主体的积极性，各个主体通过工具的选择

① 顾敏燕：《上海志愿服务中的志愿失灵研究》，硕士学位论文，复旦大学，2009 年。
② 同上。
③ 贾西津：《国际比较视野中的非营利部门——〈全球公民社会：非营利部门视界〉评介》，《管理世界》2002 年第 11 期。
④ 王伟昌：《"新治理"范式与政府工具研究》，《福建行政学院学报》2008 年第 3 期。

而形成一种新的管理模式。

陈振明在《政府工具研究与政府管理方式改进——论作为公共管理学新分支的政府工具研究的兴起、主题和意义》① 中分析了当代政府工具的发展。其中将萨拉蒙的政府工具理论放在政府工具研究的主题之一即"政府工具的分类"中来探讨，并对萨拉蒙的政府工具的具体分类进行了介绍。从政府工具、物品/行动、工具与供给系统四个层面介绍了萨拉蒙理论中提到的常用公共行动工具及其特征。陈振明与薛澜在《中国公共管理理论研究的重点领域和主题》② 一文中也提及了萨拉蒙对非营利组织崛起问题的探讨和他的政府工具理论著作。陈振明在著作《政府工具导论》中以萨拉蒙的政府工具理论为例子，评介了政府工具的分析框架。他指出，"萨拉蒙构建的工具理论研究框架，不仅从各个维度全面地研究了政府工具的属性与特点，而且运用各个国家的大量实践事例来分析工具运用中的运行机制及其所产生的问题，以及面对多样化的目标，工具的优缺点等，一方面从工具角度更好地分析了政府运作的新治理模式，也为新模式下政府的实际运作提供了可资借鉴的'工具箱'；另一方面为工具的理论研究提供了一个更为系统和完整的研究框架，把政府工具的理论研究又向前推进了一步"③。

卢霞以萨拉蒙的著作《政府工具——新治理指南》为基础，对于萨拉蒙的政府工具理论做了介绍和简要分析。④ 首先，介绍萨拉蒙的政府工具内容。政府工具主要有直接行政、社会管制、经济管制、合同、拨款、直接付款、贷款保证、保险、税式支出、费用和用者付费、债务法、政府公司、凭单制等。萨拉蒙对每种工具的运作特性、选择依据、有效运作等都分别做了详细的分析。其次，还介绍了萨拉蒙评判各类工具效果的标准，即有效性、效率、公平性、可管理性、合法性和政治可行性。

---

① 陈振明：《政府工具研究与政府管理方式改进——论作为公共管理学新分支的政府工具研究的兴起、主题和意义》，《中国行政管理》2004 年第 6 期。

② 陈振明、薛澜：《中国公共管理理论研究的重点领域和主题》，《中国社会科学》2007 年第 3 期。

③ 陈振明：《政府工具导论》，北京大学出版社 2009 年版，第 31 页。

④ 卢霞：《政府工具研究的新进展——对萨拉蒙〈政府工具——新治理指南〉的评介》，《福建行政学院福建经济管理干部学院学报》2005 年第 2 期。

再次，介绍了萨拉蒙评估工具的多种价值角度，即强制性程度、直接性程度、自治性程度和可见性程度四个分析维度。

第四，萨拉蒙的非营利组织指数在国内也受到了关注。主要学者徐宇珊、陈坚、蓝煜昕和胡辉华等。

徐宇珊在《霍普金斯全球公民社会指数（GCSI）述评》中[1]，除对于全球公民社会指数（GCSI）进行介绍外，还指出了全球公民社会指数（GCSI）在中国的实用性问题。如该指标将大量未登记的非正式组织也纳入其中，对于研究中国的非营利组织具有重要的意义，相对也适用于中国的实际情况。但同时，该指数中的许多指标与人员数量挂钩，容易忽略人员庞大背后的实际功能问题。徐宇珊的《莱斯特·M.萨拉蒙、S.沃加斯·索科洛斯基：〈全球公民社会：非营利部门国际指数〉》[2] 将萨拉蒙的非营利组织指数与其他指数体系如安海尔的公民社会指数进行了比较。徐宇珊也指出了该项研究的不足，这些比较对象中竟然没有将中国列入其中。同时，该项研究成果仅处于描述性统计阶段，尚未发挥出它应有的影响力，目前还在较低层次上被学者引用。

陈坚也对萨拉蒙主持的研究项目、安海尔教授主持的 CIVICUS-CSI 研究项目以及中国学者王绍光主持的中国第三部门国际比较研究项目的公民社会评价指标体系进行了比较分析，指出了不同体系的共同点与差异性，同时对这一评价指标体系在中国的适用性提出了建议。"我国的公民社会组织具有一些有别于国际公民社会的个体性特征，特别是萨拉蒙提出的公民社会五维度特征对中国的吻合程度有待商榷。"[3] 陈坚认为从公民社会组织发展出发，应该将萨拉蒙关于非营利组织的定义放宽。在各类指标体系中，陈坚也指出我国公民社会发展处于初级阶段，层次性不高，因此指标的设立应以"求生存、谋发展"为基础，建议提高非营利组织社会服务功能的考评，并在考评指标中加入公民发展水平与经济发

---

① 徐宇珊：《霍普金斯全球公民社会指数（GCSI）述评》，《学会》2006 年第 3 期。

② 徐宇珊、莱斯特·M.萨拉蒙、S.沃加斯·索科洛斯基：《全球公民社会：非营利部门国际指数》，《公共管理评论（第七卷）》2008 年第 1 期。

③ 陈坚：《公民社会评价指标体系之比较及基于中国情况的思考》，《中国非营利评论》2008 年第 1 期。

展水平的相对量。①

萨拉蒙主持的霍普金斯项目对 34 个国家的数据进行了相关分析，指出了一个国家的非营利组织发展与它们所处的法律环境有很高的相关性。蓝煜昕在《对中国非营利法律环境指数的探讨》② 中用霍普金斯项目的法律环境指数体系测量了中国非营利组织的法律环境，并对测量结果进行了系统分析，指出中国的法律环境在霍普金斯项目法律环境指数中的位置，是有很大的创新与实践意义的。同时还提出了萨拉蒙的非营利组织的法律环境指数中所存在的一些不足，并解释了与中国非营利组织有关的法律与制度所存在的问题。

黄浩明的《一个中国学人眼中的萨拉蒙教授和他的新著》③ 是一篇随笔，描述了《全球公民社会》一书的创新性与历史意义，尤其是公民社会指标体系的价值意义。不过他又认为，萨拉蒙的《全球公民社会》也是存在一些问题的。首先，非营利组织的私立性标准本身不是十分清楚。其次，国际非营利组织分类法中第十一类的内容存在问题，如商业和专业联合会与工会从严格的意义上来说，并不符合萨拉蒙对非营利组织进行分类的标准，即按照领域进行的分类。再次，对志愿者或志愿组织的认定不是十分清楚。最后，在国际性比较中，忽略了中国与俄罗斯两个国家的非营利组织发展状况。

（三）研究现状述评

从国外与国内的文献综述中，可以看出萨拉蒙的思想已经逐渐受到了世界各国学者的广泛关注，其思想价值和意义也得到了认可。但是萨拉蒙思想的研究状况存在很大差异，不仅表现在研究性论文的数量差异上，更重要的是研究深度与范围的差别。

在西方学界，学者们不仅对萨拉蒙的思想做了阐释和评析，进行了

---

① 陈坚：《公民社会评价指标体系之比较及基于中国情况的思考》，《中国非营利评论》2008 年第 1 期。

② Yuxin Lan（2010）A Discussion of an Index of China's Nonprofit Legal Environment. *The China Nonprofit Review* 2.

③ 黄浩明：《一个中国学人眼中的萨拉蒙教授和他的新著》，《中国非营利评论》2007 年第 1 期。

案例验证，还根据其思想做了延伸性和探索性发展。一方面，从总体上来看，西方学者对萨拉蒙的研究比较系统和全面，涵盖了萨拉蒙的所有理论，如结构—运作式定义的普遍性、社会起源理论的解释力、志愿失灵理论的适用性以及"新治理"理论的有效性等。而且许多学者更多的是以萨拉蒙思想的基础性理论为出发点，通过理论层面的推论来肯定或者否定萨拉蒙的整个理论的，这体现了学者们的理论深刻性；也有一些学者通过实证性方法如案例研究来解释萨拉蒙理论的适用度。另一方面，西方学者还没有对萨拉蒙非营利组织指数的有效性有过太多关注。学者们提出的问题一般比较细致和具体化，这当然也反映了西方社会科学研究方法与国内的差异，但是也尚未对萨拉蒙的理论做系统的梳理与解释，或者进行比较性探索。

就中国的研究状况看来，目前学界已经充分认识到了萨拉蒙思想的重要性与价值，许多学者在分析非营利组织的概念时都会简要介绍萨拉蒙对非营利组织的界定，不过从总体上来看，对萨拉蒙理论的研究还处于初级阶段。中国的研究现状可以概括为以下几个方面。

第一，目前对萨拉蒙的理论著作的翻译成果还比较少。实际上萨拉蒙的个人论著很多，涉及面也比较广。例如，由萨拉蒙主持的霍普金斯项目自 20 世纪 90 年代早期实施以来，项目研究成果已达 52 本著作、200 多篇论文以及工作文件，等等。与萨拉蒙的研究成果数量相比，国内所翻译的著作是比较少的。

第二，对萨拉蒙理论的研究不够深入，还处于介绍性的阶段。目前国内学者对萨拉蒙思想的研究虽有一些探索性的论文，总体来看大多数学者都只是对萨拉蒙的理论进行简要介绍，或者一些学者为了研究的方便或者论证需要而直接引用了萨拉蒙关于非营利组织的定义。"萨拉蒙关于非营利组织的研究受到了我国学术界的高度重视，并引起了积极的反应。但是，我国目前尚未对其基本概念和主要问题进行深入细致的分析。"[①]

第三，对于萨拉蒙的思想研究不够系统。目前没有学者从西方政治

---

① ［美］莱斯特·M. 萨拉蒙：《新政府治理与公共行为的工具：对中国的启示》，李靖译，《中国行政管理》2009 年第 11 期。

思想的传统中来解释萨拉蒙理论的思想渊源与发展，也没有从历史与社会现实的背景中来看萨拉蒙理论形成的原因与意义。由于缺乏从总体上把握与探讨萨拉蒙思想的学术性成果，这就难免给人留下只言片语的印象，甚至让人偏信或者错误理解萨拉蒙的思想。比如，对于萨拉蒙的非营利组织概念的直接引用比较多，对志愿失灵理论与"新治理"理论的介绍相对则比较少，并完全忽略了萨拉蒙的社会起源理论，目前国内学者还没有一篇学术文章对此进行专门探讨。

第四，忽略了萨拉蒙思想发展的内在逻辑。几乎每一位学者的思想都要经历一个形成、发展与成熟的过程，萨拉蒙的思想也不例外。但是目前学术界并没有用发展的眼光来解释萨拉蒙的思想，忽略了萨拉蒙思想的螺旋上升式的发展轨迹。

第五，目前还没有学者对萨拉蒙理论进行总体性的评价，对萨拉蒙理论的贡献与不足之处的研究不多。尤为重要的是，目前国内学者尚未利用萨拉蒙的理论来研究中国的非营利组织，阐明萨拉蒙非营利组织理论在中国的适合性，以及该理论对中国非营利组织发展的建设性意见与启示等。

三 研究方法

本书将采用文献研究的方法，较为全面系统地介绍萨拉蒙的思想理论内容。从历史主义的视角出发，结合比较分析的研究方法，把萨拉蒙的思想放到西方特殊的学术背景与思想传统中去解释其理论的源起与影响，力图从总体上把握萨拉蒙的非营利组织理论，深入分析萨拉蒙的创新性观点与不足之处。另外，采用理论与实际相结合的方法，用萨拉蒙的理论思想来说明、解释和分析中国的非营利组织发展状况，并提出一些启示性建议。具体如下。

1. 文献研究法

文献研究是为了对萨拉蒙的理论进行基本的了解，包括研究文献和数据文献。书中所引文献多是从图书馆、期刊、互联网等多种渠道获得的与萨拉蒙思想相关的资料，主要收集萨拉蒙对于非营利组织概念、志愿失灵和新治理理论等方面的论著。同时，理论分析对于政治思想发展是相当重要的，但是唯有将理论用于指导实践并最终推动社会的发展，才是理论研究的最终意义。本书并不局限于对萨拉蒙思想的阐述和评析，同时还利用萨拉蒙的思想对中国非营利组织的发展、概念、类型、特征和功能等情况做一个简要的概述，分析中国目前非营利组织与政府的互动关系，最后为如何在中国建立多中心的"新治理"模式提出建议。

2. 历史主义分析法

从历史主义的视角，梳理萨拉蒙各个理论自身的发展脉络与最新前沿，研究其他学者对其思想的阐释和应用，以及在萨拉蒙理论基础上的新发展等方面的思想。同时，还收集了国内外非营利组织理论发展、治理理论等相关论著，以便将萨拉蒙的思想放在一个理论历史长河中进行分析。

3. 比较分析法

用比较分析的方法，将萨拉蒙的理论放在思想渊源的历史发展中进行分析外，还将他的思想与其他相关学者的思想进行了比较研究。目前关于非营利组织的定义、类型和功能等方面的理论已经相当广泛，但是具有普遍性国际影响力的理论却不多见。因此，比较萨拉蒙理论相比于其他理论的优点与缺陷，是一项十分有意义的研究。在市场失灵和政府失灵理论基础上，萨拉蒙提出志愿失灵和政府与非营利组织的关系模式等，相比于传统的理论，又是一大进步。

四 结构安排

本书除导言部分之外，分为六大部分，主要内容如下。

导言部分阐明了本书的研究背景、研究目的与意义、研究方法和创新点。近年来，现代社会的变化为非营利组织的发展创造了条件和契机，同时也带来了挑战。"全球性结社革命"已经到来，各种关于非营利组织的理论也应运而生，其中萨拉蒙的思想颇具影响力。导言部分通过文献研究法回顾国内外学者对萨拉蒙思想的研究现状与研究缺憾，最终确定本书的研究问题、论述路径与结构安排。

第一章是萨拉蒙的生平、著作和主要思想。首先对萨拉蒙的生平，包括他的成长经历、学术生涯、关键性转折点和工作经历做了简单介绍。

之后，阐述萨拉蒙的主要论著，并简要说明主要著作的中心思想和内容。最后，要简要地梳理萨拉蒙的主要思想，并分析各个理论之间的内在逻辑关系等。

第二章是萨拉蒙非营利组织理论形成的背景分析。任何一种思想都不是凭空创造的，因此本章主要从两个方面来分析萨拉蒙非营利组织理论的形成。首先，介绍萨拉蒙理论形成的社会背景，如全球化背景下出现的治理危机和当代非营利组织的迅速发展等。其次，探讨萨拉蒙理论形成的思想背景，包括公民社会理论的历史演变、当代非营利组织理论和其他的当代社会理论等，从而分析他的非营利组织理论在西方政治学理论中的地位。

第三章是萨拉蒙对非营利组织的解读。首先，组织概念，即萨拉蒙的非营利组织的结构—运作式定义模和非营利组织的类型学。其次，组织起源，即萨拉蒙用来解释非营利组织形成与发展的社会起源理论。再次，组织功能，即萨拉蒙对非营利组织功能的分析。最后，组织计量，即介绍了萨拉蒙对非营利组织的计量和操作化过程，并与安海尔的公民社会指数进行了比较分析。

第四章是志愿失灵：萨拉蒙对非营利组织的反思。首先介绍了萨拉蒙对非营利组织在实践中的挑战的认识。萨拉蒙看到了非营利组织在当代的发展趋势，解释了非营利组织发展背后的时代原因，也认识到了非营利组织在发展过程中所面临的挑战。基于这种认识，萨拉蒙打破了有关非营利组织的神话，拨开了套在非营利组织头上的"光环"，提出了"第三种失灵"，即志愿失灵理论。

第五章是新治理：萨拉蒙对非营利组织理论的超越。萨拉蒙提出非营利组织理论后，并没有就此而终止学术探索，而是对他自己的思想进行了再创新。首先，萨拉蒙从国家与社会关系的视角，提出了一种新型的伙伴关系。政府与非营利组织之间的合作是一种最合适的关系模式，也是西方发达国家中的常态模式。其次，萨拉蒙从工具主义视角出发，发展了一种系统的政府工具理论，将传统理论的研究主题从项目与组织主体转移到了对公共项目所需要的工具上来，为转变政府职能和提高公共服务绩效提供了一种新的解决路径。最后，以治理视角为出发点，萨拉蒙重新梳理了自己的思想理论，提出了一种新的治理理论即"新治理"理论。

第六章是结论与启示。一方面，评析了萨拉蒙非营利组织理论的贡献与不足。本书认为，萨拉蒙的思想从"志愿失灵"到"新治理"呈现出一种内在逻辑性，从中可以透视出当代非营利组织理论的发展特征与趋势。另一方面，阐释了萨拉蒙的理论对中国非营利组织发展的启示，并为建构中国的公共治理模式提出了一些建议。

第一章

萨拉蒙的生平、著作和主要思想

第一节　生平

　　莱斯特·M. 萨拉蒙（Lester M. Salamon，1943 - ），于 1964 年获得普林斯顿大学经济和公共政策学士学位（B. A.，Princeton University，Economics，Public Policy），1971 年获得哈佛大学政府学（Government）博士学位。萨拉蒙是世界上政府行为和非营利组织研究最著名学者之一，是非营利组织研究的代表性人物，是对非营利组织进行经验性研究的开拓者。

　　从 1966 年到 1967 年，萨拉蒙在美国陶格鲁学院（Tougaloo College）担任指导员。1970 年到 1973 年，为美国范德堡大学（Vanderbilt University）政治科学的副教授。1973 年到 1980 年，萨拉蒙是杜克大学（Duke University）政策科学中心的副教授，城市与区域发展政策中心的主任。其中，从 1977 年到 1979 年年底，萨拉蒙还同时担任美国管理与预算局经济发展部的副主任。主要负责组织与管理研究的发展与监督，代表美国行政管理和预算局（Office of Management and Budget，OMB）主任和高级总统官员办公室去审查与商业、农业、运输业、住房与城市发展、劳动力、小企业管理局（the Small Business Administration）以及其他相关机构等方面有关的计划。

　　从 1980 年到 1986 年，萨拉蒙任华盛顿城市研究所治理与管理研究中心和非营利组织规划中心的主任。这时期萨拉蒙关注治理，公共管理，政府行动工具，公私部门在满足社会需求中的功能与角色等方面的问题。

还管理城市研究所的非营利项目，关注的内容为私有的非营利组织的结构与范围，以及政府政策的变化对非营利组织所产生的影响。关注的范围主要限于美国及美国的 16 个地区，得到了来自许多国家的社区基金会、企业、国家基金会和区域基金的资金支持。

从 1987 年到 1997 年，萨拉蒙在约翰·霍普金斯大学政策研究所担任创办主任（Founding Director），并担任艺术与科学学院教授。萨拉蒙管理政策研究与培训机构，关注政策结构变迁，城市发展，人力资源和社会保险政策，政府行动工具，美国及其他国家非营利组织的结构与功能，同时创立了霍普金斯非营利组织比较研究项目。

从 1997 年至今，萨拉蒙为美国约翰·霍普金斯大学政策研究所教授，公民社会研究中心主任，主持了霍普金斯非营利部门比较项目（Johns Hopkins Comparative Nonprofit Sector Project），用经验研究的方法对来自全球范围内 40 多个国家的非营利组织的规模、结构、筹资和功能进行了测量和研究，同时该项研究共涉及 150 多个研究学者和机构，获得了 50 个以上机构的资助，并有来自 6 个州的几百个非营利和慈善领导等的共同参与。此项目最终出版了一系列研究国际非营利组织的著作和论文，在世界非营利组织研究领域产生了很大的影响。正是由于在非营利组织研究方面的杰出贡献，萨拉蒙于 2003 年获得了非营利组织和志愿行动研究协会（NRNOVA）的终身成就奖。萨拉蒙还同时指导了约翰霍普金斯慈善伙伴计划（the Johns Hopkins Philanthropy Fellows Programs），非营利监听项目（the Nonprofit Listening Post Project），非营利就业数据项目（the Nonprofit Employment Data Project），政府行为工具项目（the Tools of Government Action Project），以及美国国家非营利项目（与 The Aspen Institute 合作）等项目。

萨拉蒙还曾经担任过如下职务：美国国家科学院环境服务的公共行政小组成员，卓越标准研究所的国家咨询委员会成员，非营利组织的专家顾问组成员，第三部门评论编辑顾问，国家公共管理学院成员，国际社会第三部门研究的委员会成员，并同时担任 *Voluntas*、《非营利与志愿性部门季刊》（*Nonprofit and Voluntary Sector Quarterly*）、《公共行政评论》（*Public Administration Review*）、《行政与社会》（*Administration and Society*）

等杂志的编辑委员会成员。从 1999 年至今为切萨皮克社区基金会（Chesapeake Community Foundation）委员会主席，1998—2004 年为非营利组织马里兰协会（Maryland Association）委员会成员，从 1999—2004 年社会科学研究理事会慈善与非营利组织项目委员会成员等。

萨拉蒙也因为卓越的研究而得到了社会的广泛认可。例如，1978 年因在《公共行政评论》发表的文章而获得美国社会公共管理的拉威恩·伯奇非尔德奖(Laverne Burchfield Award)。1996 年，萨拉蒙获得非营利和志愿行为研究协会的杰出图书奖。1999 年，萨拉蒙获得以色列第三部门研究中心（Israel Center for Third Sector Research）的杰出终身成就奖。2001 年，萨拉蒙成为非营利组织和慈善事业的维吉尼亚·霍奇金森最佳图书奖（the Virginia Hodgkinson Prize for Best Book）的获得者。2003 年11 月，萨拉蒙获得非营利组织和志愿行为研究协会［Association For Research on Nonprofit Organizations and Voluntary Action，ARNOVA)］的杰出终身成就奖。

第二节　著作

萨拉蒙的著作比较丰富。除了已经翻译为中文的四本著作，即贾西津和魏玉翻译的《全球公民社会：非营利部门视界》（1999），陈一梅等翻译的《全球公民社会：非营利部门国际指数》（2004），田凯的《公共服务中的伙伴——现代福利国家中政府与非营利组织的关系》（1995），王浦劬与萨拉蒙等人合著的《政府向社会组织购买公共服务研究：中国与全球经验分析》（2010)，萨拉蒙的主要作品还有：《货币委员会》（1975)①，《土地与族裔企业：危机与机遇》（1976)②，《福利：难以捉摸的共识》（1978)③，《第

---

① Lester M. Salamon（1975）*The Money Committees：A Study of the House Banking and Currency Committee and the Senate Banking，Housing，and Urban Affairs Committee*，New York：Grossman. (Prepared in conjunction with the Ralph Nader Congress Project) .

② Lester M. Salamon，*Land and Minority Enterprise：The Crisis and the Opportunity*，Washington：U. S. Government Printing Office，1976.

③ Lester M. Salamon，*Welfare：The Elusive Consensus-Where We Are，How We Got There，and What's Ahead*，New York：Praeger Publishers，1978.

三方政府的兴起》（1980）①，《重新思考公共管理：第三方政府和政府行
动的变化形式》（1981）②，《总统制的幻觉》（1981）③，《联邦预算与非
营利部门》（1982）④，《志愿组织和福利国家的危机》（1984）⑤，《里根
总统和美国治理》（1985）⑥，《非营利部门和新联邦预算》（1986）⑦，
《公共服务中的伙伴：政府与非营利关系的范围与理论》（1987）⑧，《超
越私有化：政府行动工具》（1989）⑨，《基金资产管理》（1989）⑩，《超
越私有化：政府的行动工具》（1989）⑪，《人力资本与美国的未来：90 年
代的经济战略》（1991）⑫，《政府和第三部门：福利国家的新兴关系》
（1992）⑬，《寻求非营利部门之一：定义问题》（1992）⑭，《寻求非营利部

---

① Lester M. Salamon（1981）Rethinking Public Management：Third-Party Government and the Changing Forms of Government Action, *Public Policy*, Vol. 29.

② Lester M. Salamon（1980）The Rise of Third-Party Government. *The Washington Post*, Op-Ed Page, June 29.

③ Lester M. Salamon, Hugh Heclo, *The Illusion of Presidential Government. Denver*：Westview Press, 1981.

④ Lester M. Salamon, Alan J. Abramson, *The Federal Budget and the Nonprofit Sector*, D. C.：The Urban Institute Press, 1982.

⑤ Lester M. Salamom（1984）Voluntary Organizations and the Crisis of the Welfare State, *New England Journal of Human Services*, Vol. IV, No. 1.

⑥ Lester M. Salamon, Michael S. Lund, *The Reagan Presidency and the Governing of America*. Washington, D. C.：The Urban Institute Press, 1985.

⑦ Lester M. Salamon, Alan J. Abramson, *The Nonprofit Sector and the New Federal Budget*. Washington, D. C.：The Urban Institute Press, 1986.

⑧ Lester M. Salamon, Partners in Public Service：*The Scope and Theory of Government-Nonprofit Relations*, in Walter Powell（Ed.）, *The Nonprofit Sector：A Research Handbook*, New Haven：Yale University Press, 1987.

⑨ Lester M. Salamon, *Beyond Privatization：The Tools of Government Action*. Washington, D. C.：The Urban Institute Press, 1989.

⑩ Lester M. Salamon, *Managing Foundation Assets*. New York：The Foundation Center, 1989.

⑪ Lester M. Salamon, Beyond Privatization：*The Tools of Government Action*. Washington, D. C.：The Urban Institute Press, 1989.

⑫ Lester M. Salamon, David Hornbeck, *Human Capital and America's Future：An Economic Strategy for the Nineties*. Baltimore：The Johns Hopkins University Press, 1991.

⑬ Benjamin Gidron, Ralph M. Kramer, and Lester M. Salamon, *Government and the Third Sector：Emerging Relationships in Welfare States*. San Francisco：Jossey-Bass Publishers, 1992.

⑭ Lester M. Salamon, Helmut K. Anheier（1992）In Search of the Nonprofit Sector I：The Question of Definitions. *Voluntas*, Vol. 3, No. 3.

门之二：分类问题》（1992）①，《公民社会的社会起源：非营利部门的跨国分析》（1996）②，《非营利组织的国际分类：第一次修订》（1996）③，《新兴的非营利部门：概述》（1996）④，《非营利组织法的国际指南》（1997）⑤，《界定非营利部门：一个跨国分析》（1997）⑥，《处于十字路口的美国非营利部门》（1997）⑦，《发展中国家的非营利部门》（1998）⑧，《美国的非营利部门：入门》（1999）⑨，《政府工具：新治理指南》（2002）⑩，《弹性部门：美国非营利部门的状态》（2003）⑪，《第三方政府：政府与非营利操作化的新形式》（2009）⑫，等等。还有许多论文和会议文章，不一一赘述。下面主要就尚未翻译成中文的、与本书研究主题相关的著作做一简要概述。

---

① Lester M. Salamon, Helmut K. Anheier（1992）In Search of the Nonprofit Sector I：The Question of Definitions. *Voluntas*, Vol. 3, No. 3.

② Lester M. Salamon, Helmut K. Anheier（1996）Social Origins of Civil Society：Explaining the Nonprofit Sector Cross-Nationally. Working Papers of the Johns Hopkins Comparative Nonprofit Sector Project, No. 22. Baltimore：The Johns Hopkins Institute for Policy Studies.

③ Lester M. Salamon, Helmut K. Anheier（1996）The International Classification of Nonprofit Organizations—Revision 1. Working Papers of the Johns Hopkins Comparative Nonprofit Sector Project, No. 19. Baltimore：The Johns Hopkins Institute for Policy Studies.

④ Lester M. Salamon, Helmut K. Anheier, The Emerging Nonprofit Sector：*An Overview*. U. K.：Manchester University Press, 1996.

⑤ Lester M. Salamon, The International Guide to Nonprofit Law. New York：John Wiley and Sons, 1997.

⑥ Lester M. Salamon, Helmut K. Anheier, Defining the Nonprofit Sector：*A Cross-National Analysis*. Manchester, New York：Manchester University Press, 1997.

⑦ Lester M. Salamon, America's Nonprofit Sector at A Crossroads. New York：The Nathan Cummings Foundation, 1997.

⑧ Lester M. Salamon, Helmut K. Anheier, *The Nonprofit Sector in the Developing World*. Manchester, U. K.：Manchester University Press, 1998.

⑨ Lester M. Salamon, *America's Nonprofit Sector*：A Primer（Second Edition）. The Foundation Center, 1999.

⑩ Lester M. Salamon, *The Tools of Government*：A Guide to the New Governance. New York：Oxford University Press, 2002.

⑪ Lester M. Salamon, *The Resilient Sector*：The State of Nonprofit America. Washington, D. C.：Brookings Institution Press, 2003.

⑫ Lester M. Salamon, Helmut K. Anheier, Stefan Toepler（2009）Third-Party Government：The New Normal in Government and Nonprofit Operations. *Encyclopedia of Civil Society*.

1989 年萨拉蒙的《超越私有化：政府的行动工具》是第一本试图通过一个共同的分析框架，来解释公共部门用来实现其目标的众多工具或者手段的书籍。过去对政府高成本和项目效益的担忧与失望，以及以唐斯和尼斯坎南为代表的公共选择学派等新经济学理论认为政府的无效率性，使政府在 20 世纪 80 年代遭到了沉重打击。但是萨拉蒙认为，其实美国政府本身就有"私有化"和去中心化的特征。虽然很多人说美国联邦政府的项目是由联邦政府来执行的，而实际情况是州和地方政府、私有部门和非营利组织也积极参与其中。政府机构已经发生了结构性的改变，也就是说，并不单纯是由于政府活动范围和规模的膨胀，更多的是因为政府用来执行活动和实现目标的工具和方式改变了，也增多了。这些工具除了政府官僚制直接提供的服务，还包括项目补贴、准则补贴、直接贷款、贷款担保、利息补助、社会规制、合同外包、税式支出、代金券、政府企业、特许权、价格支持、许可证等。每一种工具都有其自身的特点，并在项目操作中产生特殊的结果。许多公共项目管理不善所产生的众多问题，其实是工具选择造成的。基于这些方法，萨拉蒙提出"工具方法"（The Tools Approach）来分析公共政策和各种工具。该书主要分析了直接政府、津贴、贷款担保、税式支出、社会规制、政府企业六个工具方法。该书不仅寻求公共项目是如何开展的，而且还关注公共项目是如何设计的等问题。该书的影响相当广泛，而且受到了学者和政治家的好评。例如参议员戴夫·达伦伯杰认为这本书是那些想理解美国现代政府如何运作，以及该如何改进它的必读之书。国家公共行政研究院的同僚哈罗德·塞德曼认为，这本书将填补当前公共行政文献的空缺，脱离传统观念，关注联邦政府为实现其目标而采纳的各类工具，让人明白了政治性、方案性和行政性的后果，是了解 20 世纪 80 年代联邦行政机构的必备读物。ARA 服务公司董事会副主席阿兰·K. 坎贝尔认为，这是一本描述和分析政府为提供服务而使用的技术、机构和输送系统的书籍。有关政府角色和私有化的讨论越能认识到这些工具的复杂性，辩论就会越开明。所有的学生和市民都可以从中受益。

1992 年，萨拉蒙与班杰明·吉德伦（Benjamin Gidron）和拉尔夫·M. 克雷默（Ralph M. Kramer）合著《政府和第三部门：福利国家的新兴关系》。该书认为，从比较的角度看，"第三部门"相对于非营利组织更具有适用性，而且在西欧和美国应用比较普遍。该书以欧洲各国和以色列等九个国家为例子，说了国家与非营利组织的关系，解释了非营利组织相对于政府的角色和地位，揭示了公共部门与非营利组织之间的依赖性越来越强，挑战了传统理论认为政府与非营利组织之间是一种冲突关系的观点。传统模式仅仅从一个方面来考虑问题，似乎必须在国家控制与公民社会控制之间做出选择，并认为20世纪50年代后福利国家的扩张是以志愿性组织为代价的。这种思想其实就是把政府与非营利组织的关系描述为经济学家所谓的零和博弈——你死我活的一种竞争关系。实际上，非营利组织通过供给公共资助性的公共服务而提供了一个替代机制。萨拉蒙认为，当代国家中的政府与非营利组织的关系大概可以分为四个基本类型。模型的关键是人类服务的两类活动，首先是财政资助和服务授权，二是实际的提供者。四个模型分别是：政府主导型、第三部门主导型、双重模式和合作模式。在许多国家，当地政府及志愿机构之间的伙伴关系正在蓬勃发展。作者把目前对于政府与非营利组织之间相对角色的辩论转变为对现实中二者关系的实际发展情况的关注，并评估非营利组织与国家在现有社会需求方面所存在的合作可能性，以及非营利组织在多大程度上能够承担新的责任，探索在不同的国家背景下非营利组织与国家之间关系的演变。这实际上已经是我们这个时代重要的政治话语。

萨拉蒙与安海尔在1996年合著的《新兴的非营利部门：概述》中，阐述了非营利组织作为一个新兴的部门对于全世界各国经济和社会的影响力的增强。它是一部对非营利组织进行综合性国际研究的著作，为非营利组织的规模、结构、资金和角色提供了一个国际性的视野。非营利组织本身包含了大量的主体，这些组织有共同的特征：（1）正式成立；（2）组织不隶属于；（3）不以营利为目的；（4）自治；（5）一定程度上的志愿性；同时为了研究需要，又加入了两个特征；（6）非宗教性；（7）非政治性。非营利组织已经成为一支重要的经济力量，在7个国家中雇用了1180万员工，每20个就业岗位中就有一个是非营利组织提供的，每8个服务性岗位中就有一个是非营利组织提供的。该书一共描述了 12 个国家的情况（美国、英国、法国、德国、意大利、匈牙利、日本、巴西、加纳、埃及、泰国和印度），并对每个国家的实证分析进行了比较总结。在美国的非营利组织的规模是最大的，占了总雇员的 6.9%。法国、德国和英国尽管在法律传统、政府结构和对国家依赖程度上存在差异，但是这些国家中的非营利组织的规模也是相对比较大的。在匈牙利，虽然非营利组织的兴起是近些年的事情，但是目前已经超过了 2 万个组织，而且占了服务性行业中就业机会的 3.2%。非营利组织的支出主要集中在四个领域，即教育和研究、卫生、社会服务、文化和娱乐。但是每个国家的具体比例是不同的。在英国和日本，非营利活动的主要领域是教育；在德国和美国主要是卫生；法国和意大利主要是社会服务；匈牙利主要是文化和娱乐。非营利组织的收入中只有 10% 来自于私人捐赠。德国和法国的非营利组织的主要收入来自于政府的资助。总的来说，作者探索了非营利组织在全球范围内的规模、收入来源以及国家之间的差异，分析了装备精良的非营利组织是如何回应志愿主义的转变的，说明了非营利组织在未来需要解决的关键问题等。

　　萨拉蒙与其同事 1997 年在《非营利组织法的国际指南》一书中论述了非营利组织的法律问题。萨拉蒙指出，在每个国家中，治理非营利组织的法律和规则都是为了回答十个基本问题：（1）整体的法律框架，包括对结社权的保护；（2）非营利地位的资格问题；（3）内部治理；（4）非营利组织的收入和捐赠的税收待遇；（5）个人收益的限制；（6）面向公众的组织义务，如报告和其他要求；（7）商业性活动规定；（8）其他资金财政限制；（9）政治性活动规定；（10）影响该部门的关键性趋势。由于各个国家的法律和财政框架都分别反映了自己的价值和传统，因此写一本国际性的非营利组织法并不是一件容易的事情。为了建立一个统一的和清晰的方式来描述跨文化和跨历史的法律问题，就需要一批有能力的学者。该书的价值是显而易见的，不过在地理范围上也是有限的，仅包括了 22 个（发达国家中包括了美国、加拿大、英国、爱尔兰、法国、德国、意大利、荷兰、西班牙、瑞典、日本、澳大利亚和以色列；发展中国家中包括了墨西哥、巴西、南非、埃及、泰国和印度；还包括了原苏东地区的匈牙利、波兰和俄罗斯）。萨拉蒙以十个基本法律问题为框架，对每个国家中的非营利法进行了研究。

1997年萨拉蒙与安海尔合著了《界定非营利部门：一个跨国分析》。该书认为，非营利性和志愿性的组织的增长已经在世界各地得到了广泛认同。该书涉及13个国家，囊括了发达国家、发展中国家和后社会主义国家。研究表明，把社会分为公共和私营部门有点过于简单化，具有其自身特点的非营利组织已经作为一个强大的力量在全球经济中出现。这本著作的贡献，是为非营利组织提供了一个统一的定义模式和分类体系，同时也认识到非营利组织在国际范围的多样性，对各个国家的非营利组织的定义和类型分别做了阐述和说明。

1997年萨拉蒙在《处于十字路口的美国非营利部门》中指出，尽管美国的非营利组织取得了一些鼓舞人心的发展，但是目前美国非营利组织发展走到了一个十字路口。自从20世纪80年代初期开始，美国政府公共财政的缩减政策切断了非营利组织的一个十分重要的收入来源，使许多非营利组织出现了比较严重的财政问题。非营利组织为了来弥补这一收入损失，开始依赖收费和会费来维持运作。而收费和会费显然是营利性部门所一贯采取的手段，这样就使非营利组织遇到了一个重要的经济挑战。同时，非营利组织的有效性和问责制也遭到了质疑，有人批评说非营利组织专业化和官僚化的趋势过于严重。总的来说，主要有如下几个危机：财政危机、经济危机、有效性危机和合法性危机。上述这些问题都损害了公众对于非营利组织的信任，从而产生了深层次的疑问，即非营利组织所享有的税收和法律权益是否具有合法性。尽管有如此多的挑战存在，美国非营利组织还是生存下来，主要是因为一些抵消性的趋势：坚持草根基础、需求代际财富转移和发展企业慈善的新范式。萨拉蒙认为，为了应付这些挑战，美国非营利组织还需要经历一场有效的重建，从而重新恢复该部门的基本价值观，重新建立群众基础，创造一种新的角色和功能。

在1999年的第二版《美国的非营利部门：入门》中，萨拉蒙探讨了他对于非营利组织的最新研究结果。非营利组织在社会各个部门中的角色是不断变化的，如医疗保健、教育、社会服务、艺术、文化和娱乐、倡导、法律服务和国际援助等。同时第二版中增加了许多新的图表和表格，解释了每个领域的开支、发展和其他的趋势等。该书首先概述了非营利组织。在历史背景下，萨拉蒙解释了非营利组织如何根据社会需要得以产生，并根据宗旨、职能和活动等方面阐述了非营利组织的各种类型。而且还阐明了美国非营利组织的基本范围、结构、操作和作用，并放到非营利组织与政府和商界关系情景中，解释了它随着时间而发生的变化。然后又分章节分别对医疗保健、教育、社会服务、艺术、倡导、法律服务、国际援助和宗教做了描述和分析，并把非营利组织在每个领域中的角色分别与政府和营利性部门做了比较分析。

　　2002 年萨拉蒙与其他学者共同出版了《政府工具：新治理指南》一书。在很多服务已经不再由政府提供，而是由政府安排其他主体去提供的时代里，这本书第一时间为公共行政的准则和实践提供了专业性的指导。伴随着各级政府之间以及政府和私营部门之间的广泛合作，这种新的方法来解决公共问题提出了许多重要的新问题。萨拉蒙对公共行动的"工具"和"新治理"的定义做了界定。所谓"工具"即政府工具，是一种"可识别的方法，通过这种方法集体行动被结构化，去解决公共问题"[①]。该书描述了通过津贴、保险、监管等形式将各类服务和活动外包给非营利和营利性部门所存在的问题和挑战。萨拉蒙一共介绍了 20 种不同的工具：直接政府供给、政府企业和政府赞助的企业、经济调控、社会调控、政府保险、公共信息、矫正税、收费和流通许可证、合同、购买服务合同、津贴、贷款和贷款担保、税式支出、凭单、侵权责任、间接政府管理，等等。每一种"工具"都根据以下标准做了层次分明的、详细的和有价值的分析：效益、效率、公平、可管理性、合法性、政治可行性、压制程度、直接性、自动性和可见性等。萨拉蒙分别概括了各种工具的基本特征、应用形式、主要任务、政治和实质性的逻辑，以及每种工具所面临的主要的管理挑战。另外，这一工具分析方法可以驱使政府更注重工具选择和总体绩效。美国管理和预算办公室的高级分析师乔纳森·普勒尔（Jonathan Breul）认为，这本书为评估项目和服务传送

---

　　① Lester M. Salamon, Odus V. Elliot, *Tools of Government: A Guide to the New Governance*, Oxford: Oxford University Press, 2002, p. 19.

提供了有价值而又系统的方法，并能够更有效地测量政府的绩效问题。马里兰大学的教授斯科特·福斯勒（Scott Fosler）指出，由于问责制越来越过于复杂化，民众已经远离治理结构了，而这本书则为问责制的挑战带来了希望。加拿大政策研究倡议所的玛格丽特·希尔认为，它抓住了工具选择的复杂性，以及工具设计和实施中的创新性。《华盛顿邮报》作家团队的尼尔·皮尔斯认为，这本书为发展和理解新的公共和私营部门在国家安全和区域治理的安排问题提供了很好的框架。

2003 年萨拉蒙在《弹性部门：美国非营利部门的状态》一书中指出，"9·11"事件反映了美国非营利组织的优势，也反映了该部门的缺陷与弊端，一方面该部门积极回应问题，反应迅速；另一方面，该部门为了保持独立性，缺乏与其他同类组织及政府等之间的合作，而且结构本身也存在问题，同时捐赠者与非营利组织之间就如何分配资金问题产生了冲突，前者强调解决及时问题，后者认为还需要留一定资金给以后的重建等。该书的目的就是要阐释美国非营利组织的弹性问题（Resilience），就是说无论非营利组织面对挑战还是机遇，它们最终都能找到合适的方式去应对。该书首先介绍了非营利组织存在的意义和功能，主要表现为五个方面，即服务性功能、倡导性功能、表达性功能、社区建设作用和价值维护作用。然后介绍了美国非营利组织的挑战，即财政挑战、竞争挑战、有效性挑战、技术挑战、合法性挑战和人力资源挑战。接着说明了非营利组织所面临的机遇，即社会和人口变化、新的慈善、更强的可见性和政策科学、政府社会福利支出增长的恢复。书中还介绍了该部门如何应对这些挑战与机遇，评估了这些方法的效果，主要有：（1）非营利组织的规模增长；（2）服务市场化；（3）可观的公共资源；（4）慈善募捐的革新；（5）扩大商业冒险；（6）采取企业文化；（7）与商业部门的新合作；（8）建设非营利基础设施；（9）营利性竞争；（10）政治性竞争。最后，萨拉蒙又提出了有利于提升该部门能力的一些建议。

第三节　主要思想

在对萨拉蒙各种论文、论著以及其他相关文献详细研读的基础上，本书认为可以将萨拉蒙的非营利组织理论概括为如下几个方面。

一　非营利组织的结构—运作式定义模式

基于结构—运作式定义模式，萨拉蒙用五个特征来形容非营利组织，即组织性、私有性、非利润分配性、自治性与志愿性。为了实证研究的需要，在实际收集数据中又加入了"非宗教性"与"非政治性"两个标准来确定非营利组织的内涵。同时萨拉蒙还对非营利组织进行了分类，发展出了一个更具经济性与实用性的分类体系，即文化和娱乐，教育和研究，健康卫生，社会服务，环境、发展和住房，法律、倡导和政治，慈善中介与志愿促进，国际性活动，宗教，商业、专业协会和工会，以及其他未分类的组织等12个领域。萨拉蒙认为，非营利组织之所以在全世界范围内都受到重视与发展，主要还是由于非营利组织自身的影响与功能决定的。他认为可以将非营利组织功能分为五个方面，即服务性功能、创新性功能、倡导性功能、表达性和领导发展的功能以及社区建设和民主化功能。

二　非营利组织指数

为了促进公民社会的健康发展，分析和解释非营利组织的发展情况，就需要一套反映非营利组织状况的计量工具来对其进行实证性的分析。萨拉蒙主持的霍普金斯项目就是在这样一种目标下，发展出了一个非营利组织指数。非营利组织指数是对一个国家中非营利组织的一种操作化，也是从总体上对非营利组织进行描述、解释和评价的方法论框架，并反映非营利组织的健康状态，以及非营利组织与外部环境之间的关系。具体来说，非营利组织指数就是对指标体系中反映非营利组织各方面状况的指标得分的综合，以系统全面地评估非营利组织的行动和价值。

总的来说，萨拉蒙所主持的霍普金斯项目的非营利组织评价指标体系，可以从概念化（定义与分类）、操作化（维度与指标）以及整合化三个方面来具体分析。其中萨拉蒙的非营利组织指数主要涉及三个维度：（1）能力维度，包括非营利组织中人员规模、志愿者规模与水平、慈善捐款比例；（2）可持续性，表示的是资金来源的可持续性、成员覆盖面与所处法律环境等；（3）影响维度表征，非营利组织经济产出值、倡导和服务领域从业人员规模及大众参与程度。萨拉蒙的非营利组织指数是比较系统化的，例如在可持续性维度中的法律环境指标方面，萨拉蒙提出了10个基本的法律问题。而这些问题构成了一个最基本的框架，根据这个框架可以描述一个国家中非营利组织与外界环境的关系。这十大问题分别是："（1）整体法律环境，包括对结社权的保护；（2）非营利地位的资格；（3）内部治理要求；（4）组织收入和捐赠的税收待遇；（5）个人收益限制；（6）组织对公众的义务，例如报告和其他要求；（7）商业活动许可；（8）其他金融限制；（9）政治活动许可；（10）影响非营利组织的关键趋势。"[①]萨拉蒙主持的霍普金斯项目根据上述10个基本法律问题，利用新制度经济学的交易成本理论，对非营利组织的法律环境进行了评估，建立了非营利组织法律指标的指数体系。

三　非营利组织的社会起源

传统学者主要是运用经济学理论来解释非营利组织产生的原因的。比较流行的理论有伯顿·韦斯布罗德（Burton A. Weisbrod）的"政府失灵"理论和"市场失灵"理论、亨利·汉斯曼（Henry B. Hansmann）的"契约失灵"理论、罗斯·阿克曼（Rose Ackerman）的"慈善理论"，等等。虽然传统理论的假设和逻辑框架有所差异，但是大都认为非营利组织的发生晚于市场与国家，而且是为了弥补市场运作过程所不能解决的问题和政府不能提供的服务而存在的。而萨拉蒙则运用社会起源理论解释了非营利组织产生的原因。具体就是，萨拉蒙借助于巴灵顿·摩尔（Barrington Moore）和哥斯塔·埃斯平－安德森（Gøsta Esping-Andersen）的社会起源理论重新解释了非营利组织的存在问题。在这一理论中，政府不仅仅可以为非营利组织提供政治支持，而且还是非营利组织财政的潜在来源之一。

[①] Lester M. Salamon, Helmut K. Anheier (1996) Social Origins of Civil Society: Explaining the Nonprofit Sector Cross-Nationally. Working Papers of the Johns Hopkins Comparative Nonprofit Sector Project, No. 22. Baltimore: The Johns Hopkins Institute for Policy Studies, p. 1.

四　志愿失灵理论

如果说 20 世纪 30 年代资本主义经济危机使得福利经济学家意识到了"市场失灵"，20 世纪 70 年代西方各国的滞胀困境使得人们意识到"政府失灵"时代的来临，那么可以说 20 世纪 80 年代始萨拉蒙等学者则意识到了第三种失灵即"志愿失灵"现象。非营利组织由于志愿性、灵活性和非利润分配性等特征而受到人们的青睐和信任，而对非营利组织的美化转移了人们的目光，使得人们忽视了隐藏在"光环"后面的失灵问题。实际上非营利组织有时也会偏离它的公益性机制，造成资源配置的低效或者非公平性等问题，从而无法满足社会多元化的需求或者没有将服务传递给最需要的人群。如同市场与政府的失灵一样，非营利组织的失灵也是一种无法避免的内在缺陷，并伴随着非营利组织产生与发展。萨拉蒙认为目前关于非营利组织的神话主要表现为三个方面，即德行完美、志愿主义和"圣灵感孕"① 的神话。

五　"第三方政府"模式

随着人们对公共部门绩效与表现的失望，人们开始质疑公共部门的能力与动机，并重拾了对自由经济理论的信任。基于新公共管理主义的

---

① 萨拉蒙在解释关于非营利组织的第三个神话时，原文为"the myth of immaculate conception"。许多学者大多是从单个词的意思进行直译的。例如有些学者将其翻译为"完美无瑕的概念的神话"（参见 ［美］莱斯特·萨拉蒙《非营利部门的崛起》，谭静译，《马克思主义与现实》2002 年第 3 期；虞维华《从"志愿失灵"到危机：萨拉蒙非营利组织研究疏议》，《行政论坛》2006 年第 2 期）。也有学者将其翻译为"完美概念的神话"等（可参见 ［美］莱斯特·M. 萨拉蒙《公共服务中的伙伴——现代福利国家中政府与非营利组织的关系》，田凯译，商务印书馆2008 年版，第 279 页）。这些翻译都未能正确地理解萨拉蒙的这一概念。英文单词"immaculate"可以直接翻译为"完美的"或者"无瑕疵的"，英文单词"conception"可以直接翻译为"概念"，但是当这两个英文单词合用起来的时候，是一种西方神学上的用语，即"认为圣母马利亚生基督时是童贞女，是受圣灵感应而生的"，在英文中的意思是"无沾成胎说"或者"圣灵感孕说"，强调的是一种无原罪的成胎说，也可以理解为一种事物"无端形成的"或者"超自然产生的"意思。在萨拉蒙这里，这一神话强调的是非营利组织是超历史而产生的。从萨拉蒙在反驳这一神话时的论述中也可以得以验证。萨拉蒙指出，许多人认为非营利组织是一种现代概念，而他则从历史的角度说明了非营利组织并不是在现代社会中才产生的，而是在古代社会就存在。在本论文中，笔者将这一概念翻译为"圣灵感孕的神话"。

理念，世界各国开始了市场化与私有化改革的浪潮，强调重塑政府、缩减、分权、分层和去规则化，强调绩效与外包等。许多市场主体和非营利组织也都纷纷参与到了公共服务的供给中。一方面，当所有人都在鼓吹私有化改革的时候，萨拉蒙又重新审视了目前公共管理中的实际境况。萨拉蒙指出，世界上许多国家在新公共管理主义提出之前已经在公共管理中体现了这一私有化理念，产生了许多间接性的政府行为与主体，大量的第三方都承担了提供公共服务的角色，分担了一部分公共权力。因此，萨拉蒙用"第三方政府"（the third-party government）概念来描述这种新的政府组织形式与体制模式，即"依赖各式各样的第三方机构——商业银行、私立医院、社会服务机构、企业公司、高等教育机构、日托中心、其他层级的政府机构、投资机构、建筑公司等等——来提供政府资助的服务，实现公共政策目标"的体制模式。[①] 萨拉蒙的"第三方"也可称为"第三方机构"或者"第三方组织"。虽然一般都认为"第三方"是指除了政府与市场主体之外的公民社会主体，但是在萨拉蒙的理论中，"第三方"概念除了包括非营利组织外，还包括市场体制，以及其他层级的政府机制、税收系统、法院系统等。这也反映了萨拉蒙理论中的一些概念呈现出模糊不清等方面的缺点。另一方面，萨拉蒙又审视了第三方主体的能力问题，提出了第三种失灵即"志愿失灵理论"，也就是说所谓的"第三方"也是存在着失灵的。同时"第三方政府"模式本身也会带来新的挑战，包括管理的挑战、责任的挑战与合法性的挑战等。人们会质疑第三方分享公共权力的合法性问题，这对新公共管理主义是当头一棒。因此，萨拉蒙的理论是对改革大潮流的中和与反思。不过他并不反对私有化，但是他指出不应该忽略公共部门的角色和第三方的缺陷等。

六　新治理理论

萨拉蒙提出了一个新的治理范式即"新治理"（The new governance），

---

① ［美］莱斯特·M.萨拉蒙：《新政府治理与公共行为的工具：对中国的启示》，李靖译，《中国行政管理》2009年第11期。

它"是一种在'第三方政府'时代解决公共问题的新方法"①。按照萨拉蒙的解释，"新治理"主要具有两个独特的特征："第一个特征，可以从用术语'治理'（governance）代替'政府'（government）中得以体现，即是对在可预见的将来公共问题解决中可能出现的现实——也就是说，它的合作性本质（collaborative nature），在解决公共问题与追求公共目的中对除了政府之外的大量第三方的依赖"②；"第二个特征，可从术语'新'（new）中得以体现，是这样一种认知，即这些合作方法虽然很难说是新颖的如今必须从一种新的、更加连贯的方法来进行处理，并能够清晰地意识到它们所造成的严峻挑战以及它们所创造的重要机遇的认知"③。具体来说，萨拉蒙"新治理"理论的核心思想主要有：工具性、网络制、公私合作、谈判与劝服、赋能。"新治理"理论认为，公共问题的解决需要依靠各方主体，因此它不仅强调国家与社会的合作，政府与非营利组织的合作，还强调公共机构与私人机构的合作，政府与企业的合作，企业与非营利组织的合作等，以及各个资源的合作等。根据"新治理"理论，一个社会实际上是由三个部门组成的，即公共部门、市场部门与公民社会。三个部门在解决公共问题上承担着不同的角色，行为习惯与规则存在差异，各有优势与劣势。为了更有效地解决社会中出现的问题，就必须打破政府垄断性供给的局面，因为政府不再是社会服务的唯一提供者，企业、非营利组织或者说地方政府部门都应该参与进来，形成一个"官民合作"的多元形态。更重要的是，要放弃那些先确定参与主体的传统路径，认为首先需要考虑的是选择合适的工具，然后再确定参与的主体，从而模糊了政府、市场与非营利组织之间的区别。

---

① Lester M. Salamon, *The Tools of Government: A Guide to the New Governance*, New York: Oxford University Press, 2002, p. 8.

② Ibid. .

③ Ibid. .

第 二 章

萨拉蒙非营利组织理论形成的背景分析

每一种思想都有其产生和发展的社会背景与理论渊源。萨拉蒙作为一位公民社会和非营利组织领域中的知名学者，其思想也不例外。萨拉蒙非营利组织理论的思想渊源可以追溯到 20 世纪 30 年代的市场失灵，也可以延伸到 80 年代的政府失灵。在这一时期，非营利组织自身也得到了快速发展。但是，萨拉蒙意识到非营利组织的实际发展过程与这一领域的理论建构之间所存在的差距。

第一节　萨拉蒙非营利组织理论形成的社会背景

全球化和技术革命为非营利组织的发展提供了基本条件，西方福利国家的危机为非营利组织的发展提供了契机，也带来了挑战。非营利组织近年来的表现也让人们意识到它们也有自身的缺陷，尤其是目前关于非营利组织的理论还比较零散，成为了人们并未将非营利组织作为一个独立部门的理论原因。萨拉蒙的思想就是在这样一种社会背景中产生的。

一　全球化背景下的治理危机

从 20 世纪 30 年代资本主义危机让政治学家和经济学家意识到"市场失灵"开始，市场失灵促使凯恩斯主义的盛行，西方福利国家得以确立并迅速发展。各国政府开始对社会经济生活进行多方面的干预，以缓解"二战"后的经济危机与社会矛盾，提高社会公平性。一直到 80 年代之前，西方福利国家中的社会服务便开始从单纯依赖市场和私人行动的体制转向了依靠公共部门的新体制。发展至 20 世纪 80 年代，福利国家体系已经相当成熟，同时政府与非营利组织也已经建立了广泛的合作关系。然而，这一路上也并不是畅通无阻的，福利国家也是危机四起。西方政府的规模扩张，公共财政赤字也日益严重。随之，公共财政赤字对经济造成了极大破坏，引起了通货膨胀，越来越大的预算规模和财政赤字问题困扰着西方政府。政府组织的不断膨胀，导致政府机构僵化，效率低下，也使得官僚主义之风盛行。精简政府机构随之成了各国政府关注的问题，但是最终也未能逃脱"精简—膨胀—再精简"的怪圈。人们对官僚主义体制越来越失望。这一切致使许多学者开始意识到"政府失灵"时代的到来，出现了全球化范围的治理危机。但是传统的公共行政理论却无法有效地解决这一危机和难题，于是人们开始寻求一种新的理论和方法来改善公共管理。传统的公共行政理论已经无法调节新的社会现实。为迎接挑战，走出危机，自 20 世纪 80 年代西方政府发起了一场"新公共管理"的改革运动。政府改革再掀起浪潮。民众也大力支持政府瘦身运动，政府权力下放给地方政府，采纳市场化和私有化的运作模式等。新公共管理采取了以市场为基础的政府管理的新模式来取代传统的官僚制模式。总的来说，新公共管理提出了很多新的观念与主题，如公共物品、外部性、公共服务供给和经济理性人等，超越了传统的公共行政学。

同时人类社会已经进入了全球化时代，通信和互联网得到了广泛应用和普及。在全球化过程中，市场经济得到了迅速发展，加速了人口、资本、资源要素的流动。社会结构随之变化，并导致了社会阶层的多样化。中产阶级迅速增长，民众的公共权利责任意识也逐步觉醒，这样第三波民主化浪潮也席卷而来。单纯讲究经济效率已经不能满足民众的需求，平等和可持续发展成了新时代的主题。而且随着全球市场经济的发展，很多新的社会问题也大量涌现，如自然资源短缺、人口膨胀和老龄化、自然环境遭到破坏与社会贫富差距扩大等问题，事实证明这些问题都不是市场或者政府所能单独解决的。例如政府提供社会服务的绩效、促进经济发展与解决环境问题的能力等方面显得力不从心，遭到了民众的质疑。这样，人们开始关注独立于政府之外的第三方，寻求一种单纯依赖市场或者单纯依赖政府之外的第三条道路。人们对政府和市场的角色进行了再思考。在民主化改革潮流中，各国公共管理改革也在如火如茶地进行着。各国政府不得不放松对社会领域的控制，并探索一种新的社会治理模式。在政府改革中，也十分重视政府职能的重构，给予了市场与公民社会更多的自治性机会。公共管理改革带来了新的治理方式和社会分工，也促使人们将焦点转移到了公民社会组织身上。

二 当代非营利组织的迅速发展

非营利组织作为公民自愿结合起来的社会团体，是一种自愿的、不以赚取高额利润和谋取权利为目的的组织，并以社会进步和人类可持续发展作为宗旨。非营利组织的制度结构和运作模式都比较灵活，人际关系轻松。工作程序简单，办事效率高，决策灵活，不受官僚制模式的牵绊，治理模式比较民主；其权力也可以受到多方监督，腐败问题相对较少，因此相对来说，更能得到民众的信赖与支持。以公益和互助为目标的各种协会、社会团体和志愿性组织等如雨后春笋般出现。

发展至今，无论是从社会服务领域，还是环境保护，抑或是救灾现场与重建过程中，到处都能看到非营利组织活跃的身影。非营利组织宣传民主，监督社会，制约政府，并积极承担市场与政府所无力能及的任务，做政府无力做的、不愿做的事情或者暂时无法做的事情，逐步发展为解决社会问题的不可或缺的力量。在科技飞速发展的时代，借助于通信科技的发展，人与人、组织与组织、组织与人之间的交流和互动也十分方便和快捷。例如很多有相同爱好与志向的人群可以迅速结盟，进行国内和国际性对话与联络。各个团体都可以借助于互联网、各式论坛和杂志等平台来宣传其组织宗旨和形象，提高对外界的知名度等。可以说自20世纪70年代以来，非营利组织得到迅速发展，引起了一场全球性的"结社革命"，并发展成为一支重要的社会力量来督促政府的改革与绩效。无论是在发达国家还是发展中国家，非营利组织的迅速发展势不可当。最近的数据表明，非营利组织已经成为一支重要的经济力量。"例如，在美国、英国、法国、德国、意大利、匈牙利和日本，非营利组织在1990年占有了相当于118万的全职雇员。这相当于是这几个国家中最大型私人企业的雇员数量总和的六倍。另外，这些部门中的志愿者相当于47万全职雇员。总之，在这些国家中大约5%的员工在为私人的非营利组织工作，这一部门占了服务行业中超过 12%，或者八分之一的员工数量。"①
但是各个国家的非营利组织发展状态却是各不相同。学者们开始关注不
同国家非营利组织发展的社会结构和文化传统，以及适用于非营利组织
的社会环境等问题。

非营利组织积极参与公共事务，如社会自治与公共决策等，并跻身
于国家事务当中，试图为全球的和平与发展做出贡献。例如凭着自身的
各种优势，目前非营利组织已经成为了联合国的重要合作伙伴。联合国
中的很多重大会议和决策都有国际性和区域性的非营利组织参与，虽然
并没有最终的投票权，但是却影响了很多重要的决议。然而，在已有理
论中，政府与非营利组织之间的关系一直被界定为零和博弈。

第二节　萨拉蒙非营利组织理论形成的思想背景

对于非营利组织的理论研究，是从公民社会及其主体的问题开始的。
目前公民社会一般指的是在政府与市场之外的社会领域，而非营利组织
作为公民社会的核心构成要素则成为了与政府机构和市场机制相平行的
组织体制。正是非营利组织的存在，使得公民社会获得了独立于国家的
相对自主权。而且非营利组织的发展为公民社会理论提供了实证研究和
理论验证的实体。而公民社会理论的发展则为非营利组织理论提供了思
想基础。还有学者直接将公民社会与非营利组织直接对等起来，可以说
非营利组织理论的发展与公民社会理论的演进是有直接联系的。因此，
分析萨拉蒙的非营利组织理论形成的学术背景，就不得不去追溯公民社
会理论的历史演进过程，以及当代非营利组织理论的发展和其他一些对
萨拉蒙思想产生直接影响的社会理论。

一　公民社会理论

非营利组织是现代公民社会的基础，非营利组织理论产生的基础是

---

① Lester M. Salamon, *The International Guide to Nonprofit Law*, New York：John Wiley and Sons, 1997, p. 2.

国家与社会关系的分离，可以说非营利组织理论的发展与公民社会理论是紧密相关的。萨拉蒙的非营利组织理论的形成也受到了西方公民社会理论的影响。"公民社会"最早由亚里士多德提出，又经过霍布斯、洛克到黑格尔再到哈贝马斯的发展，内涵经历了相对于自然状态的文明状态到与政治社会相分离后的经济和社会领域，再到排除了国家与市场领域之外的社会领域的演进过程。

"公民社会"从词源上最早可以追溯到古希腊罗马时期。在这一时期，"公民社会"主要用来指代与野蛮社会对应的一种"城市文明共同体"，而且这一概念往往是在政治社会的意义上来使用的，而且具有很强的道德判断色彩。在古希腊政治家亚里士多德的《政治学》一书中，"公民社会"（civil society）就是一种城邦（即 politike），具体是指一种城市自治体的文明。后来古罗马西塞罗又将其翻译为拉丁文"societas civilis"（即文明社会），可以理解为政治社会或者文明社会，强调的是与自然状态相区别的文明社会的政治生活，"不仅指单个国家，而且也指业已发达到出现城市的文明政治共同体的生活状态，这些共同体有自己的法典，有一定程度的礼仪和都市特性（野蛮人和前城市文化不属于市民社会）、市民合作及依据民法生活并受其调整以及'城市生活'和'商业艺术'的幽雅情致"①。古希腊和古罗马关于公民社会理论的观点对后来的公民社会研究产生了深远的影响。虽然古希腊罗马时期的城邦文明已不复存在，承载这一时期的公民社会理论的实体消失了，但是其所体现的自由、伦理、民主等核心理念却在公民社会理论中延续下来。

进入 17、18 世纪，近代政治哲学家如霍布斯、洛克等也都沿袭了古希腊罗马时期对"公民社会"一词的理解。在这一时期，"公民社会"指的是一种与自然状态相对应并由自然状态发展而来的社会状态，即"其含义依旧是指与自然状态相对的政治社会或国家，而不是指与国家相对

---

① ［英］戴维·米勒、［英］韦农波·格丹诺等编：《布莱克维尔政治学百科全书》，邓正来等译，中国政法大学出版社 1992 年版，第 125—126 页。

的实体社会"①。例如霍布斯认为，在国家产生之前，人们生活在一种"自然状态"。但是这种自然状态是混乱、恶意与贪婪的，每个人都受到"得其一思其二、死而后已、永无休止的权势欲"②的支配与驱使。人们的自私、竞争与猜忌等使得在"自然状态"中战争不断。为了人类的生存与发展，人们签订了契约并建立了国家，从而进入了一种"文明状态"。

洛克作为 17 世纪具有影响力的自由主义思想家之一，提出了"公民社会"的概念是指称一种处于文明状态的"政治社会"。虽然洛克也假定了一种"自然状态"，但是在洛克眼中这一"自然状态"是友爱的、和平的，人们享有平等与自由的权利。"虽然人具有处理他的人身或财产的无限自由，但是他并没有毁灭自身或他占有的任何生物的自由，除非有一种比单纯地保存它来得更高贵的用处要求将它毁灭。自然状态有一种为人人所应遵守的自然法对它起着支配作用；而理性，也就是自然法，教导着有意遵从理性的全人类：人们既然都是平等和独立的，任何人就不得侵害他人的生命、健康、自由和财产。"③ 不过这种自然状态下也是存在缺陷的，例如缺少一种判断是非的法律，缺少一个按照法律解决人与人之间纠纷的中立裁判者，也缺乏能够执行这些判断的权力机制等。因此，为了避免自然状态下的不足，人们自愿协议并将一部分属于自己的自然权利转让给了国家。在洛克看来，社会是先于国家而存在的，而且国家应该对公民社会负责。洛克认为国家会侵犯人们的权利，违背契约，不过公民也拥有反抗或者推翻这样一个国家的权利。相比于霍布斯而言，洛克的社会契约论比较强调公民的权利，他开创了西方自由主义传统的先河。到了后来，孟德斯鸠以权力制衡思想为基础，提出了三权分立（即立法权、司法权和行政权）的模式，从而来抵制国家权力对公民社会的侵犯。总的来说，17、18 世纪的公民社会理论强调通过自然法来捍卫

---

① 邓正来：《国家与社会——中国市民社会研究》，四川人民出版社 1998 年版，第25页。

② ［英］托马斯·霍布斯：《利维坦》，黎思复、黎廷弼译，商务印书馆 1985 年版，第72 页。

③ ［英］约翰·洛克：《政府论下篇》，叶启芳、瞿菊农译，商务印书馆 1964 年版，第6 页。

公民社会的自由民主与人权等价值，并防止国家对个人权利的侵犯与损害。公民社会先于国家与政府而存在，并高于国家，二者之间的关系其实是一种对立与竞争的关系。

到了 19 世纪，学者们将"公民社会"从国家中分离出来。例如黑格尔对"公民社会"进行了重新解释，第一次明确地把公民社会从国家中分离出来，提出了现代意义上的"公民社会"概念。黑格尔将家庭、公民社会、国家看作伦理由低级向高级发展的三个阶段，而公民社会就是处于家庭与国家之间的地带。在家庭中，成员之间由血缘关系与爱结合在一起，是一种较低层次或者自然的伦理精神；而公民社会被看作满足个人特殊利益的手段，是伦理发展中的一个重要环节；而国家是对公民社会的一种超越，体现了一种最高层次的伦理精神，所以黑格尔认为国家是一种目的。黑格尔认为，"体现个殊性的市民社会独立于国家，但在伦理上并不自足，从而需要代表普遍利益的国家对其加以救济"①。"公民社会"在一定程度上可以理解为市场经济的领域，主要以个人利益为中心，是个性张扬与私欲泛滥的地方，处于一种非理性的状态。这显然偏离了伦理精神，因此需要诉诸一个外力——更高级的国家来引导公民社会的发展。因此，在黑格尔看来，国家是高级伦理的体现，高于并决定公民社会。

马克思继承了黑格尔关于国家与公民社会相分离的观点，却将黑格尔的"公民社会——国家"的分析框架颠倒了过来，重新形成了自己的"公民社会"思想。马克思则认为公民社会是私人利益的综合，是政治国家之外的一切领域，包括经济领域与社会关系领域。"这个市民社会是全部历史的真正发源地和舞台，可以看出过去那种轻视现实关系而局限于言过其实的历史事件的历史观何等荒谬。"② 马克思认为是公民社会（经济基础）决定国家（上层建筑），而不是相反。在他看来，"家庭和市民社会本身把自己变成国家。它们才是原动力。可是在黑格尔看来却是刚

---

① ［美］杰夫里·亚历山大：《国家与市民社会——一种社会理论的研究途径》，邓正来译，中央编译出版社 2002 年版，第 1 页。
② 《马克思恩格斯选集》（第 1 卷），人民出版社 1956 年版，第 88 页。

好相反，它们是由现实的理念产生的……政治国家没有家庭的天然基础和市民社会的人为基础就不可能存在。它们是国家的 conditio sine que non（必要条件）"①。

20 世纪初期，西方马克思主义理论家将马克思的"公民社会"概念进行了扩展，从经济基础扩展到了文化与意识形态等上层建筑层面，将经济系统从公民社会中剔除出去，开创了将公民社会视为文化领域的先河。葛兰西提道，"我们目前可以确定两个上层建筑'阶层'，一个可以称作'市民社会'，即通常称之为'私人的'组织的总和，另一个是'政治社会'或'国家'。这两个阶层一方面相当于统治集团通过社会行使'霸权'的职能，另一方面相当于通过国家和'司法'政府所行使的'直接统治'或管理职能。这些职能都是有组织的、相互关联的"②。在葛兰西看来，公民社会就是一系列私人的或者民间的各类组织的总和，如学校、文化学术团体等。

到了 20 世纪七八十年代，苏联与东欧社会主义国家发生了转型，许多政治性社会组织以"公民社会"为口号，反对国家专权，要求扩大民众的自由与权利。再加上由于"政府失灵"的出现，全球范围内开始了"私有化"改革。作为对社会现实的理论回应，公民社会理论研究再度受到关注。例如，20 世纪 90 年代，哈贝马斯将"公共领域"与公民社会联系起来，拓展了葛兰西的公民社会理论，赋予了"公民社会"更加丰富的内涵。他同样也认为文化批判领域是公民社会的一个重要部分，但是公民社会并不局限于此。哈贝马斯的"公共领域"，是民众讨论与交流的场所，"包括教会、文化团体和学会，还包括了独立的传媒、运动和娱乐协会、辩论俱乐部、市民论坛和市民协会，此外还包括职业团体、政治党派、工会和其他组织等"③。目前以三分法为基础的公民社会定义已经逐渐为大多数人接受。

---

① 《马克思恩格斯选集》（第 1 卷），人民出版社 1956 年版，第 251—252 页。

② ［意］安东尼奥·葛兰西：《狱中札记》，曹雷雨等译，中国社会科学出版社 2000 年版，第 7 页。

③ ［德］尤尔根·哈贝马斯：《公共领域的结构转型》，曹卫东、王晓珏、刘北城、宋伟杰译，学林出版社 1999 年版，第 29 页。

　　纵观公民社会理论的发展，可以发现各个学者大多是基于公民社会与政治国家的关系来探讨"公民社会"的内涵的。公民社会理论体系主要发展出了两种有代表性的关系架构。一是洛克的"社会先于国家"的观点，二是黑格尔的"国家高于社会"的观点。但是，无论这两种架构中的观点多么对立，它们都有一个共同的理论前提，即国家与社会之间是此消彼长的关系，是一种零和博弈的状态。萨拉蒙非营利组织理论中对公民社会与国家关系的阐述，就是在传统公民社会理论的这一历史演进中产生的。但是萨拉蒙对"公民社会"的定义做了一个完全不同的理解，他将公民社会理解为一种"关系"，即"公民社会已经不是一个单独的部门，而是代表不同部门之间的、部门与市民之间的一种关系，在这种关系中所有主体都积极参与到公共问题的解决中来"[①]。更重要的是，萨拉蒙认为，国家与社会的关系不是一种不可调和的竞争关系，而是一种合作关系，一种正和博弈关系。就是说，国家与社会可以在合作中共生共发展。不过，萨拉蒙也认为在公私合作中国家相对来说也起着一定的主导作用，并没有完全脱离传统公民社会理论中对国家角色的认可。因此，萨拉蒙的理论是对传统公民社会理论的一种继承与超越。

二　社会起源理论

　　社会起源理论（Social Origin Theory），就是依靠一个国家的具体历史与现代情景来分析它的源起、最终制度选择或者说是体制模式的一种理论。萨拉蒙利用社会起源理论解释了非营利组织存在的原因。萨拉蒙从社会起源的视角出发，对世界中各个国家的政府与非营利组织之间的关系模式进行了归类。不过萨拉蒙并不是第一个从社会起源视角进行理论建构的学者。在萨拉蒙之前，巴灵顿·摩尔（Barrington Moore）和哥斯塔·埃斯平-安德森就曾经从社会起源视角对一个国家社会制度的选择问题进行了分析。

---

　　① Lester M. Salamon （2001） The Third Sector and Volunteering in Global Perspective. Presentation at the 17th Annual International Association of Volunteer Effort Conference, Amsterdam, the Netherlands.

　　巴灵顿·摩尔对现代社会模式进行了社会起源式的解释。巴灵顿使用这种分析模式，研究了英国、法国、德国和其他国家走向现代世界的三种路径，即民主路径、法西斯主义路径和共产主义路径，实际上是绅缙阶层、乡村农民、城市中产阶级和国家之间的权力格局的结果。例如，根据巴灵顿的逻辑，民主和公民社会的出现最有可能是三个原因造成的：（1）由绅缙阶层掌握的绝对王权；（2）出现了一个充满生机的和独立的城市中产阶级来挑战绅缙阶层的权力；（3）关于土地问题的解决方案解放了大量农民。[①] 另外，哥斯塔·埃斯平 – 安德森也从社会起源的视角对当代福利国家的起源进行了分析。[②] 哥斯塔提出了与巴灵顿·摩尔类似的观点来解释福利国家的三种类型。（1）自由主义的体制模式。这一体制模式在盎格鲁撒克逊的国家中比较常见，其特点是有限性，审查性社会援助和严格的权利规则。自由主义体制源起于王权专制的弱化，以及资产阶级自由放任主义思想的支配地位。（2）法团主义的体制模式。这一体制模式在欧洲大陆的国家中比较普遍，其特点是依赖国家提供福利性援助，但是又存在前现代的机构和组织，尤其是那些宗教性的组织等。法团主义的体制模式的产生，主要是由于强大的贵族阶层的影响力，组织性宗教的权力，国家的强大角色共同作用的结果。（3）社会民主主义的体制模式。这一体制模式在北欧国家比较普遍。社会民主主义的体制模式，是强大的工人阶级运动与中产阶级所形成的有效联盟的结果，还涉及了普遍主义和福利供给与市场体系的分离等。

　　但是两位学者关注点都是当代国家发展的体制模式，而没有把社会起源理论运用于对公民社会和非营利组织的发展研究中。萨拉蒙则根据一个社会具体的复杂关系、社会阶层构成与社会体制模式等背景中来分析非营利组织的源起问题。可以说，萨拉蒙开创了将社会起源理论用于对非营利组织进行分析和研究的先河。

---

　　① Barrington Moore, *Social Origins of Dictatorship and Democracy: Lord and Peasant in the Making of the Modern World.* Boston: Beacon Press, 1966, pp. 413 – 432.

　　② Gøsta Esping-Andersen, *The Three Worlds of Welfare Capitalism.* Princeton: Princeton University Press, 1990.

三　非营利组织理论

目前非营利组织正逐渐发展成为世界上一个新兴的跨学科研究领域，当代非营利组织理论发展迅速，研究主题也日益丰富。可以从非营利组织的术语、概念、起源、与政府关系和绩效等主题来看当代非营利组织理论研究的发展情况。

关于"非营利组织"的概念目前学术界还尚未达成共识。许多学者因为习惯或者为了强调某一特性而采用了其他与"非营利组织"等同的概念，如慈善组织、志愿性组织、免税组织、非政府组织、经济社会体、公民社会以及公民社会组织等称谓。例如，布特勒和威尔森（Butler and Wilson）采用了"慈善组织"，强调这些组织的收入来源，即组织的收入来源应该主要是私人的慈善捐款。但是，在很多福利性国家，私人慈善捐款并不构成非营利组织唯一的甚至是主要的收入来源。克雷默（Kramer）用"志愿性组织"，强调劳动力的来源，即组织的主要劳动力不能是拿工资的正式雇员，强调志愿者对组织管理和运作的重要性。但在许多国家这些组织的很多活动并不是由志愿者执行，而是由固定职员来执行的。肯德尔·杰瑞米（Kendall Jeremy）和纳普·马丁（Knapp Martin）采用了"免税组织"，强调这些组织的免税资格。不过这一称谓产生了一个疑问，即什么样的组织特征才能获取免税资格。其次，这一术语的应用还依赖于具体国家的税收政策。胡德（Hoode Christopher）用"非政府组织"，主要用来描述发展中国家的组织。但是这一术语大多用来指那些草根性的，从事经济社会发展活动的组织。西欧某些国家有时会使用"经济社会体"（Economie Sociale），如法国、比利时以及欧共体内部的非政府组织。但是这一术语也包括了一些如互助型的保险公司、储蓄银行、合作社，以及农产品营销组织等在世界大部分地区被视作商业性的组织。"公民社会组织"这一概念在 20 世纪 90 年代流行一时，强调这些组织的市民基础。但是在美国，许多非营利组织并不是会员制协会，而且这些组织中的员工大多是领取薪水的成员。不过"非营利组织"这一称谓在美国等国家相对来说更普遍些，强调组织的非营利性特征。但是这些组织在有些时候确实是会赚取利润的，即收入超过了支出。另外，由于各国社会发展与文化的差异，以及各个学者研究的需要，目前学术界对于非营利组织的概念也没有达成一致认识。所以这也为全球范围内的研究、个别跨国比较性研究等带来了困难。西奥多·列维特（Theodore Levit）第一次使用"第三部门"这一术语来指称政府与市场领域之外的所有非营利性组织。① 斯坦利·海曼（Stanley Heyman）认为"协会"具有如下几个特征："（1）其成员致力于某些共同目标；（2）其经费不仰仗官方；（3）其首要目标不在于获取最大利润；（4）其成员可以随时退出。"②

有关非营利组织的研究视角也是各不相同，例如公共选择学派曼瑟尔·奥尔森（Mancur Lloyd Olson）从经济学角度分析了非营利组织（利益集团）的概念，而美国社会学家彼得·M. 布劳（Peter Michael Blau）则从社会交换理论的角度分析了非营利组织的概念，认为非营利组织具有非营利性与民间性两个基本特征。新制度主义学派则从制度变迁视角中解释了非营利组织形成、维持与发展的过程，解释了组织变迁与制度环境的关系，推动了对非营利组织变迁的研究。

还有一些学者对非营利组织作为一种组织形式的起源问题做了研究。一是市场/政府失灵理论，也可称为异质性理论，由美国经济学家伯顿·韦斯布罗德（Burton A. Weisbrod）1974年③提出，用以解释非营利组织的起源。该理论认为非营利组织是经济学家称为"市场失灵"和"政府失灵"相结合的产物，即市场与政府作为"公共物品"的提供者所固有的局限性的直接产物。二是契约失灵理论，也称为信任理论，这是美国经济学家亨利·汉斯曼（Henry B. Hansmann）④ 提出的理论。汉斯曼也如韦斯布罗德一样是以传统经济学原理为基础并从制度分析的角度揭示了非营利组织的源起，也并未对非营利组织作全面性的分析。三是罗伯特·

---

① Theodore Levit, *The Third sector: New Tactics for a Responsive Society*, New York: Amacom, 1973.

② ［英］斯坦利·海曼：《协会管理》，尉晓鸥等译，中国经济出版社1985年版，第1页。

③ Burton Weisbrod, Toward a Theory of the Voluntary Nonprofit Sector in Three-Sector Economy, in E. Phelps, *Altruism Morality and Economic Theory*. New York: Russel Sage, 1974.

④ Henry Hansmann (1980) The Role of Nonprofit Enterprise. *Yale Law Journal*, No. 89.

伍思努（Robert Wuthnow）① 提出的相互依赖理论。他认为，为了解决社会问题非营利组织与国家、市场之间的联系是比较紧密与频繁的，包括合作与竞争，资源交换等。例如，国家最有可能通过非营利组织来提供基本服务，所以可以假设政府与非营利组织的合作关系更可能在这一领域中发生。

关于政府与非营利组织关系的理论也得到了发展。例如，丹尼斯·R. 杨（Dennis R. Young）将政府与非营利组织的关系分为三种模式，即补充模式（supplementary model）、互补模式（complementary model）和对抗模式（adversarial model）②。他认为，这些模式在一个国家的历史发展中并不是固定不变的，政府与非营利组织的关系也会随着具体的国情而变化。阿迪勒·纳亚姆（Adil Najam）根据政府与非营利组织的目标与策略偏好将将二者的关系分为四个类型，即合作型（cooperation）、冲突型（confrontational）、互补型（complementary）和同化型（co-optation）③。

许多学者还注意到了非营利组织的"异化"问题，例如安海尔（Anheier）指出，由于非营利组织在许多可以享有特殊的免税资格，这导致利用非营利组织的形式来谋取私人利益等现象的产生。克雷默（Kramer）也指出，目前非营利组织与营利组织之间的界限已经出现了模糊的情形。W. 理查德·斯格特（W. Richard Scott）解释了组织对权力的滥用对组织目标的影响等问题。保罗·斯特里滕也阐释了当代非营利组织所面临的新问题。一般来说，非营利组织相比于公共机构而言，更能深入民众生活中，治理模式也相对民主，还可以宣扬新的创新性思维方式与现代思想。斯特里滕也总结了非营利组织所自称的自身优势，具体表现在："（1）它们善于深入并动员贫困边远地区。（2）它们不但自己参与其中而且采用富有参与意识的、自下而上的基层程序来实施计划；它

① Robert Wuthnow, Between States and Markets: *The Voluntary Sector in Comparative Perspective*. Princeton, N. J.: Princeton University Press, 1991.

② Dennis R. Young（2000）Alternative Models of Government-nonprofit Sector Relations: Theoretical and International Perspectives. *Nonprofit and Voluntary Sector Quarterly*, Vol. 29, No. 1.

③ Adil Najam（2000）The Four-C's of Third Sector-Government Relations: Cooperation, Confrontation, Complementarity, and Co-optation. *Nonprofit Management & Leadership*, Vol. 10, No. 4.

们帮助穷人使他们赢得掌握自己生活的权利；它们与地方的社会公共部门一起工作并使它们得以加强。（3）它们比政府更富有创新意识，更具灵活性也更有经验。（4）它们在没有政府的参与下执行计划并用较低的费用获得较高的效益。（5）它们能促进可持续发展。（6）它们将来是公民社会中有组织有代表性的整体。（7）但是，实际上它们的许多计划并不符合上述说法。"① 为了提高非营利组织的合法性和信任度，各种对非营利组织的绩效进行测量的方法在近些年来也逐渐发展起来，例如罗伯特·卡普兰（Robert S. Kaplan）与戴维·诺顿（David P. Norton）提出的"平衡计分卡"的绩效评估系统等。还有学者从委托—代理关系中来解释非营利组织的所有权与控制权问题，如法玛和詹森、王名、贾西津等。还有学者研究了非营利组织董事会的能力、权限和对其监督等问题，例如沃尔夫（Wolf）、克雷默（Kramer）、斯蒂纳（Stone）和奥斯特（Ostower）等。

四　新公共管理主义理论

行动主体都是存在自身缺陷的。非营利组织与政府机构可以优劣互补。政府的作用不但不能削减，还必须在某些方面得以加强。这一思想其实也是导致萨拉蒙被列为坚持鼓吹国家主义和强政府论调的学者的原因之一。不过，这一思想显然是与遍及全球的政府改革浪潮背后的众多理论是相悖的。以新公共管理主义和公共选择理论等学派都认为，政府有着强大的权力和严格的等级体制，而且呈现出了效率低下、高度集权、科层制、命令与控制等特点。戴维·奥斯本（David Osborne）及特德·盖布勒（Ted Gaebler）将这称为是一种"错误的政府形式"。

关于新公共管理主义的具体内容，各个学者的认识也是不一样的。奥斯本和盖布勒在《改革政府——企业精神如何改革着公营部门》一书中将"新公共管理"概括为十大基本原则：掌舵而不是划桨；授权而不是服务；在提供服务的过程中引入竞争机制；改变照章办事的原则，提

---

① ［美］保罗·斯特里滕：《非政府组织和发展》，何增科《公民社会与第三部门》，社会科学文献出版社 2000 年版，第 322—324 页。

高组织灵活性；按效果进行财政拨款；致力于满足顾客的需要；追求收益，厉行节约；预防而不是治疗；通过分权进行参与和协作；通过市场力量进行变革。① 澳大利亚学者欧文·E. 休斯认为新公共管理有六个方面的特点：一是注重结果和管理者的个人责任；二是强调组织、人事管理、任期和条件等的灵活性；三是进行目标管理和绩效管理，明确规定组织和人事目标，根据绩效指标对工作任务的完成情况进行检测，并对计划方案进行系统评估；四是管理人员不是无党派的或中立的，而是可能带有政治色彩地从事政府工作；五是政府职能要接受市场的检验，如以合同方式包出工程等；六是通过民营化和市场检验、签订合同等其他方式减少政府职能的趋势。② 胡德将新公共管理的特征概括为五个方面：明确的责任制；结果导向和绩效取向；以半独立的行政单位为主的分权结构；引进私营企业的管理工具（如成本核算、控制技术等）；引入市场机制以改进竞争。③

总的说来，新公共管理主义的核心是：（1）政府的角色在于掌舵而非划桨，目的在于让政府从具体的管理事务中摆脱出来，从而从根本上解决政府部门存在的效率低下、冗员和官僚主义作风等问题。（2）以管理、绩效评估和效率为标准，在公共管理中引入企业化的管理方法，引入竞争机制（合同与招标），以降低成本和提高质量。（3）把公民当作顾客，并以顾客为导向，只有这样的政府才能跟上时代的步伐，提供高质量的服务。（4）引入绩效评估策略，根据"3E 原则"（Economy, Efficiency and Effectiveness，即经济、效率和效益）实行绩效管理，并利用公共管理人员的自利特性、机会主义和风险意识等，使他们拥有合理充分的权力，产生较好的绩效。（5）重视人力资源管理，通过对人力资源管理上的重视可以提高人员录用等方面的灵活性，可以用短期合同制替代

----

① ［美］戴维·奥斯本、特德·盖布勒：《改革政府——企业精神如何改革着公营部门》，东方编译所译，上海译文出版社 1996 年版，第 1 页。

② ［澳］欧文·E. 休斯：《公共管理导论》，张成福译，中国人民大学出版社 2001 年版，第 62 页。

③ Hoode Christopher (1991) A Public Management for All Seasons? *Public Administration*, Vol. 69, No. 1.

终身制，实行绩效工资制等。

新公共管理理论为西方社会的改革带来了希望，在改革初期确实发挥相当显著的作用，不过也没有从根本上解决西方社会中的难题，批评的声音随之而来。首先，新公共管理理论的理论来源主要是经济学和管理主义思想，均假定人是"理性的经济人"。新公共管理主义也因此遭到了批评，该理论对人的经济性假设过于浅显，不能够揭示出政府部门的动机的深层次问题。其次，新公共管理也由于推崇市场化的价值和管理方法而遭到了批评。不仅市场存在失灵现象，而且市场与公共部门所追求的目的是不一样的，前者为效率，后者的目标却应该是公平、公正和民主。让政府市场化，而忽视其他行为主体的功能和特征，是不合理的，更何况公共服务是集体物品，不是市场所能解决的。私营部门和公共部门相比，在所有重要的方面都不相似，很多在市场领域有效的手段，却在公共领域中起不到应有的作用。再次，公共管理将公民视作"顾客"，也是不合理的。毕竟公民除了消费的特征外，还具有很多其他的权利。最后，新公共管理主义的主题也是有限的，关注于政府及其管理手段的变化，没有重视第三方在公共管理中的主动性作用。

新公共管理主义已经遭到了各界的质疑。萨拉蒙认为，"相关的讨论在很大程度上忽略了一个事实，即现代的政府实践在很大范围内已经体现了新公共管理提倡的众多元素"①。在新公共管理主义理论盛行之前，各国的公共管理实际上都已经体现了新公共管理主义所提倡的理念与方法，强调政府瘦身，减少政府职能。许多政府并没有担任太多的职能。新公共管理主义理论所面对的问题与挑战，最终促使了治理理论的出现。而萨拉蒙的"新治理"理论是建立在对新公共管理主义的反思与修正基础之上的，也可以看作当代政府改革实践的最新成果，并为公共服务供给模式提供了思路。虽然说萨拉蒙的治理思想超越了新公共管理主义，但是"新治理"中的工具——政府工具理论——在一定程度上可以说是源于新公共管理主义。萨拉蒙认为，政府膨胀的原因并不单单是规模增

---

① ［美］莱斯特·M. 萨拉蒙：《新政府治理与公共行为的工具：对中国的启示》，李靖译，《中国行政管理》2009 年第 11 期。

大了，而是目前政府有了各种各样的工具可供选择，如贷款、政府资助、合同外包、社会性规制、经济性规制、税收优惠、代金券等。这与新公共管理主义大力倡导政府引进市场领域的先进工具和方法等观念，如出一辙。

总之，正是在上述各种社会现实和理论背景下，萨拉蒙开始关注非营利组织，并提出了志愿失灵理论，纠正了市场失灵与政府失灵理论对非营利组织角色的认识，认为正是由于志愿失灵的存在，因此需要政府与市场的参与，而非相反。萨拉蒙认为国家与公民社会二者的关系是一种正和博弈—合作伙伴的关系。因为政府已经广泛地求助于非营利组织以帮助它来满足人类需求。然而，萨拉蒙对国家角色和非营利组织功能的强调，还是以西方传统的自由主义为前提的。最终萨拉蒙对自己的理论进行了升华，发展了"新治理"理论，将国家与社会之间界定为合作伙伴的关系，挑战了传统自由主义、保守主义和新左派等传统思想。国家作用的范围是有边界的，可以为非营利组织提供财政资助，提供良好而宽松的政治与社会环境，但是又必须保证非营利组织自身的独立性。非营利组织积极参与社会服务的提供，保护部分人或者弱势群体的利益，反对强权政府，也都反映了西方传统的民主思想和个人主义。

第 三 章

萨拉蒙对非营利组织的解读

非营利组织是一种新兴的正式组织，也是一个复杂的社会系统，目前引起了当代学者的广泛关注。可以说，萨拉蒙的思想理论也起点于对非营利组织的研究，他从非营利组织的概念、起源、功能、计量、异化和关系等方面对非营利组织进行了解读。

第一节 非营利组织的概念

社会发展至今，人们已经建立了各种不同的形式，以组织纷繁复杂的社会、经济和政治领域中的活动，如议会民主制、一党专政、君主制、现代企业或者跨国公司，等等。尽管这些组织的形式千差万别，但是人们已经普遍接受了将社会分为两个大部门的观念，即国家和市场，也可称为公共部门和私人部门。在现代社会中，如果没有这两个部门，很难想象我们的生活会成为什么样子。但是对于已经普遍存在并独立于国家和市场领域的第三域，却一直没有达成共识。传统学者认为，导致这种局面的原因是多方面的。例如，非营利组织自身的多样性，从以穷人为目标的慈善机构到以娱乐为前提的足球协会再到以保护濒危鸟类的环保组织，人们很难看出这些机构之间的共性，或者说很难发现它们会属于同一个部门。再比如，国家和市场这两个部门在当代世界中有着较强的权力和影响力。大型营利性公司和公共机构的出现代表了18世纪和19世纪的主要制度创新，发展至今它们已经成为巨大的社会和经济权力的制度复合体。当时的政治思想家为了迎合这一历史发展，已经形成了一系列话语和符号，如马克思主义、自由主义、保守主义和社会民主主义，来描述这两个社会领域的组织模式。到了 20 世纪，人们都逐步依赖协会、基金会和其他非营利性机构来提供公共服务，促进社会发展，防止环境恶化，保护公民权利，或者许多其他的目标。非营利的组织形式也逐步在世界各国中建立起来。然而相比之下，非营利组织作为一种新的组织形态和制度形式，在很多时候却未得到足够的重视。萨拉蒙认为，非营利组织之所以没有得到应有的关注，是因为缺乏一个有效和统一的关于非营利组织的定义。非营利组织的多样性特征和缺乏影响力的观点是没有说服力的。首先，就多样性而言，也同样可以适用于其他部门。在市场领域中，从蛋糕店、保险公司到电子公司之间的差异也是很大的。其次，就其影响力而言，也无法说明非营利组织没有得到应有关注的原因，因为如今在世界上的每个角落，都能看到组织化的志愿组织的身影，私人的和非营利的部门的迅速增长已经为世界各国带来了巨大的经济效益。为了解决上述问题，萨拉蒙致力于发展出一个有效的组织概念，包括非营利组织的定义和类型。

一　定义模式：结构—运作式定义

（一）萨拉蒙对传统定义的解析

不同的学者根据各自的基础和标准，产生了不同的非营利组织的定义模式。萨拉蒙认为，传统理论关于非营利组织的定义可以划分为，即法律性的定义模式、经济/财政的定义模式和功能性的定义模式等。这三种模式都从不同的角度分析了非营利组织的关键性特征，因此每一个定义模式也都有所偏重。萨拉蒙借用卡尔·多伊奇（Karl Deutsch）关于评比最好模式的标准——即经济性、重要性和解释力[1]——来解读每种模式的优劣。不过，为了检验每种模式的可预见性，萨拉蒙又加入了以下几个标准："（1）严密性，即无论由谁来用它，一个模型最终只能够产生一个结果。（2）组合丰富性，即一个模型所能产生的假设的范围，有趣的特征与关系的数量；（3）组织能力，即一个模型对于过程的解释力，而

---

① Karl Deutsch, *The Nerves of Government*: *Models of Political Communication and Control*, New York: Free Press, 1963.

不是模型建设最初的目的，即对于新现象的解释力。"①

1. 法律性的定义模式

最直接明了的定义就是一个国家法律对非营利组织的界定。世界上大多数国家都对组织进行了法律性分类，也有关于非营利组织的法律规定。根据美国法律，非营利组织被看作是法律实体，并根据其国内税收法典第 26 细则享有联邦所得税的免税资格。这类组织本身也是多种多样的，如葬仪社、商业联盟、园艺俱乐部、宗教机构、教育机构、科学机构等。此类法律性定义建构了一个比较严密的但是又相当复杂的组织界定。而且一般是由各个国家的具体法律决定的。②

在美国，法律主要是通过对某一组织是否可以拥有免税资格而来界定的，就是说只有满足免税条件的组织实体才能在法律层面上被认为是非营利组织。

在日本，法律规定非营利组织主要是那些不以营利为目的，其资金不在成员间进行分配的组织。不过日本法律并没有严格限制非营利组织对营利性活动的参与，但是强调收入必须用于公益性目的。

在英国，法律规定非营利组织要求组织的目的是为了实现公众利益，主要依赖不领薪水的或者适当领取低于正常薪金水平的员工，而且在会员间不进行分利，也不会对理事会成员支付薪水，资金来源渠道多元化。

中国法律规定，非营利组织（即社会组织）分为三类，即社会团体、民办非企业单位和基金会。1998 年国务院通过的《社会团体登记管理条例》规定，社会团体是指中国公民自愿组成，为实现会员共同意愿，按照其章程开展活动的非营利性社会组织。1998 年颁布的《民办非企业单位登记管理暂行条例》规定，民办非企业单位是指企业事业单位、社会团体和其他社会力量以及公民个人利用非国有资产举办的，从事非营利性社会服务活动的社会组织。2004 年颁布的《基金会管理条例》，所谓基

①　Lester M. Salamon, Helmut K. Anheier (1992) In Search of the Nonprofit Sector I: *The Question of Definitions. Voluntas*, Vol. 3, No. 3.

②　John Simon, The Tax Treatment of Nonprofit Organizations: A Review of Federal and State Policies, in Waltern W. Powell (ed.) *The Nonprofit Sector: A Research Handbook*. New Haven: Yale University Press, 1987.

金会是指利用自然人、法人或者其他组织捐赠的财产，以从事公益事业为目的，按照本条例的规定成立的非营利性法人。基金会分为面向公众募捐的基金会（以下简称公募基金会）和不得面向公众募捐的基金会（以下简称"非公募基金会"）。公募基金会按照募捐的地域范围，分为全国性公募基金会和地方性公募基金会。

萨拉蒙认为，在所有的定义模型中法律性定义是最严密的。如果一个国家有专门针对非营利组织的法律存在，那么就可以明确地知道哪些组织属于非营利组织，哪些不属于非营利组织。但是法律性定义的模式却缺乏经济性和组织力。法律性定义模式缺乏经济性，是因为法律性定义与判例法，法规性解释和非正式理解往往是互相覆盖的。所以找到一个简单明了的法律性语言并不是一件简单的事情。同时，法律性定义还缺乏组织力，因为法律性定义一般是针对具体国家而言的。

2. 经济/财政的定义模式

第二种类型的非营利组织定义，不强调组织的法律形式，但强调组织的收入来源。联合国国民经济核算体系，是世界各国政府报告国民收入所普遍采取的方法。联合国国民经济核算体系对所有的经济活动进行了部分分类。而区分这些组织的依据是主导它们运作的资金来源。因此，企业的资金来自于在市场中销售产品与服务的收益。政府生产非市场性的产品与服务，其资金来源为国家的税收。非营利组织的收入来源不是市场上物品与服务的销售，也不是国民所缴纳的税，而是来自于会员与支持者的会费与捐款。联合国国民经济核算体系把这类组织正式指定为非营利机构，这些机构的收入主要来自于个人与家庭。如果一个机构的大部分收入来自销售营利性的产品或者服务，那么无论它的法律形式与地位是什么，联合国国民经济核算体系都将此归为商业部门。如果一个机构的收入大部分来自于政府，则被归类为政府部门。

萨拉蒙指出，经济性定义模式与法律性定义一样，具有较高程度的严密性。另外，经济性定义还拥有高层次的经济性和组织力。正如联合国国民经济核算体系一样，这种模式有能力产生世界上几乎每个国家非营利组织规模与范围的定义性答案。但是这种定义模式，却在重要性和组织丰富性方面产生了严重的缺陷。就重要性而言，这一定义将非营利组织局限在一系列避重就轻的机构上。例如，根据联合国的定义，一些许多在美国被认为是属于非营利组织的组织都被归类到其他类型的部门中。因为那些组织的资金主要来自于政府或者会费与服务费，如大学、医院、艺术院校、社会服务提供者等。所谓的"非营利组织"最终只包含了一部分微不足道的组织，即那些收入来源主要为私人捐赠的组织。因此可以知道，这一定义降低了组合丰富性，缩小了概念中的假设关系的数量与范围。

根据这一定义，许多最重要的非营利组织和社会生活中的其他部门之间的关联就被定义了，即大部分的非营利组织在很大程度上被归类到其他部门中去了。

3. 功能性的定义模式

第三个定义类型的基础是一个组织的功能或者目的。例如奥尼尔（O'Neill）将非营利组织定义为"具有公共目的的私人机构"①。根据这一定义，非营利组织一般指的是那些帮助老人、穷人与残疾人，帮助贫困儿童接收教育，服务社区的组织。麦卡锡（McCarthy）认为全球非营利组织包括那些"为那些服务不足的或者被忽视的人群提供服务，扩大自由或者赋予人以权利，从事倡导社会变革和提供服务"的组织。

萨拉蒙认为，相比于法律性定义和经济性定义的模式，功能性定义具有不同的优势和劣势。首先，功能性定义模式与法律性模式具有很大的相似性，同时它又超越法律性模式中特定国家的具体法律对于非营利组织的特殊性约束。因此，这一模式的组织力比法律性定义模式强。但是高程度的组织力却是以经济性、严密性和组合丰富性为代价的。功能性模式缺乏经济性，是由于为了保证"非利润分配性"的特征而对非营利组织所进行的目的要求而引起的。1601 年英国颁布的慈善用途法（Statute of Charitable Uses）就是这样一个例子。同时这一模式还缺乏严密性，因为关键性的功能分类都是模糊不清的。服务于"公共利益"就是一个难于精确界定的概念。例如，律师协会可能是一个强大的力

---

① Michael O'Neill, *The Third America: The Emergence of the Nonprofit Sector in the United States*, San Francisco: Jossey-Bass Publishers, 1989.

量，为了保护个人权利，从而成为实现公益的方式，但这一类型的非营利组织在美国又可能会是法律界人士的自我宣传和个人崇拜的工具。所以在一种场景中包含这类组织，而在其他情况下又排除了这一类型，就会造成极大的混乱。同时公共利益自身也会随着时间的推移而变化。

最后，这种模式缺乏组合丰富性，因为它经常忽视那些在一些地区被广泛认为是非营利组织的一部分，而又不包括在慈善或非营利功能范围内的某些实体类型。如把穷人或者弱势群体为针对性目标的艺术和文化活动、娱乐、体育及其他活动，以及一些经常参与商业活动的发展组织，均被排除在了功能性定义的范围之外。

（二）萨拉蒙的结构—运作式定义模式

萨拉蒙认为，无论是法律性定义和经济/财政定义还是功能性定义都过于笼统和单一。因此他根据组织的结构和运作性来定义提出了第四种定义模式，他认为结构性的特征对于非营利组织的概念是至关重要的。萨拉蒙还指出，可以从三个不同的层次来分析非营利组织的定义。一是组织层面，包括了所有符合五个基本准则的组织。二是服务领域的层面，如卫生、教育、环境或文艺。因为萨拉蒙认为在同一领域工作的组织之间比与其他领域的组织具有更多的相似性。事实上，在某一领域中的非营利组织相比于不同领域中的其他非营利组织，与相同领域中的政府机构或者私营企业具有更多的相似性。三是个别组织层面，适用于组织或者服务领域层面的特性可能不适用于特殊的组织。①

萨拉蒙指出，如果从组织层面作为出发点，依据结构—运作式定义模式，所谓的"非营利组织"就是具有以下五个基本特征的组织形式。

1. 组织性（organized），"即这些机构都有一定的制度和结构"②。在一些国家，法律会明确规定非营利组织的制度结构的建立。但是如果一个国家的法律没有明确规定的话，制度结构也可以通过其他途径来实现，

---

① Benjamin Gidron, Ralph M. Kramer, and Lester M. Salamon, *Government and the Third Sector: Emerging Relationships in Welfare States*, San Francisco: Jossey-Bass Publishers, 1992.

② ［美］莱斯特·M. 萨拉蒙：《全球公民社会——非营利部门视界》，贾西津译，社会科学文献出版社 2002 年版，第 3 页。

如定期会晤、人员、议事规则以及其他持久性的方面。所以，组织性并不过于强调组织是否已经注册，而是在于这些组织必须建立自身的机构或者制度，如组织结构与计划等。有一些特设的、非正式、临时性组织等虽然对于人们的生活至关重要，但是它们都不包括在这一定义中。否则的话，非营利组织的概念就会变得难以把握与研究。

2. 私有性（private），"即这些机构都在制度上与国家相分离"①。它强调组织的"非政府"性，并不是政府的分支机构或附属物，同时组织的董事会也不能由政府官员来掌控。不过，这并不意味否认非营利组织接受政府的资助或援助，或者说政府官员不可以参与非营利组织的董事会，只是它的运作机制必须是独立的和私有的。

3. 非利润分配性（non-profit-distributing），"即这些机构都不向他们的经营者或'所有者'提供利润"②。它强调的是组织对盈余的处理方式：组织资金的运作要符合一个非利润分配性的宗旨；运营盈余必须用于与宗旨相关的活动，也不能在所有者或者董事会成员之间进行分红。这可以说明非营利性组织与私人商业部门不同，它们的主要目的不是生产利润。

4. 自治性（self-governing），"即这些机构都基本上是独立处理各自的事务"③。那就是，具备控制自己活动的能力，并拥有自己的内部治理程序，不受外部的其他组织控制。

5. 志愿性（voluntary），"即这些机构的成员不是法律要求而组成的，这些机构接受一定程度的时间和资金的自愿捐献"④。这包括两个方面：组织有能力接受各种志愿参与；志愿者是非"义务"的。

萨拉蒙认为，结构—运作式的定义模式避免了其他定义模型的缺陷，因为这一模式的经济性和重要性都比较显著，并有相当大的组合丰富性和组织力。首先就经济性而言，这种方法根据五种基本特征可以明确地

---

① ［美］莱斯特·M. 萨拉蒙：《全球公民社会——非营利部门视界》，贾西津译，社会科学文献出版社 2002 年版，第 3 页。

② 同上书，第 3—4 页。

③ 同上书，第 4 页。

④ 同上。

指出非营利组织，而且被确认为属于是非营利组织的实体也不会拘泥于琐碎的细节中。即使在一些发展中国家"非营利组织"术语很多时候被界定为非政府组织（NGO），但这一定义模式明确指出了发展组织所共有的特征，从而扩大了非营利组织的范围。因此这一定义具有很大的组合丰富性，能够经受各种类型的检验。同时还可以把公共服务型的组织与会员服务型的组织区别开来，或者将宗教性组织与其他类型的组织区别开。由于这一定义模式是根据结构式的和运作性的标准为依据的，就避免了地理位置如国别的限制，从而提高了它的组织性。

萨拉蒙指出这一模式也有自身的缺陷。与经济性定义模式相比，它并不具有较高的精确性，从而缺少了定义上的严密性。例如在日本，许多被看作非营利组织的实体，它们的董事会中却有一些很有影响力的政府官员来管理组织，虽然他们并不构成董事会的多数。为了验证此类组织是否依然具有"非政府性"，可以对组织的董事会成员进行一个调查。同样，如果一个非营利组织的收入来源主要是来自政府的资金，那么此时非营利组织的自治程度又有多高？这一模式还受到了边缘性案例的困扰。一些发展中国家和低收入社区中的以社区为基础的发展组织和合作社。这些组织的主要目标是发展经济与分配利润，从而不符合结构—运作式定义中的"非利润分配性"的特征。但是这类组织的最终目标又不是为了赚取利润，而是为了改善社会生活水平，这又似乎使得它们属于非营利组织。萨拉蒙指出，相比于其他定义模式，它依然是一个最佳选择。萨拉蒙的结构—运作式定义是从经验层面上来界定非营利组织的，并容纳了浩如烟海的相关组织，同时还可以在非营利组织与其他社会经济生活的组成部分之间产生一系列假设。

二　类型学：非营利组织国际分类体系

如果说定义是确定非营利组织研究对象的第一步，那么组织类型也同样是非营利组织研究的一个重要对象。实际上在组织类型学中，许多学者根据不同的变量与标准把组织分为不同的类型。例如美国社会学家塔尔科特·帕森斯（Talcott Parsons）根据组织的社会功能，将组织分为四种类型，即生产组织、政治组织、整合组织和模式维持组织。社会学

家彼得·M. 布劳（Peter Michael Blau）和 W. 理查德·斯科特
（W. Richard Scott）根据组织目标和受益者的不同将组织划分为四种类型，
即互利组织、商业组织、服务组织和公益组织。同样，非营利组织的定
义与分类也是同一个过程的两个方面，"定义"凸显的是非营利组织作为
一种正式的社会组织所共有的特征，而"分类"则揭示了不同非营利组
织之间的具体差异。

　　萨拉蒙是根据三个维度对非营利组织的类型进行了划分，包括（1）服
务对象，即组织是为会员服务的（即集中关注为组织自己的会员提供服
务），还是为公众服务的（即集中关注未更广泛的公众提供服务）；（2）组
织目标，即组织是提供服务还是仅仅为其他的服务提供者分配资金；
（3）服务类型，即组织提供的服务是世俗的、非宗教的还是神圣的、宗教
的。① 根据这三个维度，萨拉蒙将非营利组织划分为四个类型。第一类是
筹款机构，或资金筹募中介机构，它们的存在不是为了提供服务，而是
为了给那些提供服务的组织提供资源。这包括私人基金会、联合劝募协
会、蓝十字军和蓝盾，宗教资金筹募联合会等。第二类非营利组织是会
员服务组织，它们的存在主要是为直接会员，而不是为整个社会或社区
提供商品或服务。这包括专业组织如律师协会、工会、合作社、同业工
会、互助保险公司等。第三类是公益组织，它们存在主要是为别人服务，
为那些处于需要中的人们提供商品或服务（包括信息或倡导），或者为大
众福利服务。这包括教育机构、文化机构、社会福利机构、日托中心、
疗养院、医院等。第四类包括宗教组织或其他执行神圣的、宗教功能的
组织。② 但是目前在国际领域直接应用的，一般多以"经济活动"为分类
基础，如联合国国际标准产业分类和欧洲共同体经济活动的一般工业分
类。萨拉蒙等人也从实践中摸索出了一套对非营利组织活动领域分类的
国际标准。这套分类体系是基于"联合国国际产业分类"标准，再依据
各国本土非营利组织的经验而加以扩展形成的，它将非营利组织分为文

---

　　① ［美］莱斯特·M. 萨拉蒙：《公共服务中的伙伴——现代福利国家中政府与非营利组织
的关系》，田凯译，商务印书馆 2008 年版，第 55 页。

　　② 同上书，第 55—56 页。

化娱乐、教育研究、卫生保健、社会服务、环境、发展和住宅、法律倡导政治、慈善中介和志愿促进、国际、宗教、商业和专业协会工会、其他等12大类，每一大类又分为若干小类，共27亚类。分类有粗有细，已经过了各个项目国家的验证，为今后非营利组织的国际比较提供了统一的框架。

（一）萨拉蒙对传统分类模式的解析

1. 联合国国际标准产业分类

联合国国际标准产业分类（即 The UN's International Standard Industrial Classification，简称 ISIC），目前已经进行了第三次修订。该分类体系根据所从事的主要经济活动而对各类机构进行分类，然后收集和整理各类实体在国民经济中的大量数据。国际标准产业分类体系将各类实体分为17个类别（如农业、狩猎业和林业、制造业等），然后再分为60个类（如纺织品、烟草产品、橡胶和塑料制品等的生产），最后又把这60个分支分别细分为9个组（如纺织品的纺纱、织造和加工，编织物的生产等）。

国际标准产业分类的重点不在于非营利组织。所以这一体系对非营利组织活动领域的分类过于简单化。如果按照萨拉蒙的结果/操作性定义模式为标准的话，只有三个大类别属于非营利组织（附录1），即教育（M），医疗和社会工作（N），以及其他社区、社会和个人活动（O）。例如，"其他社区，社会及个人活动"的类别，包含了从工会，到图书馆、博物馆，再到宗教团体等的所有机构。萨拉蒙认为，虽然对这些类别又做了进一步分类，但是子类别也是相当广泛的，因此在"社区，社会及个人活动"中"其他成员组织"把倡导性组织和文学社、服务社、基督教青年会等合在一起。结果这种分类标准使得国家间的比较性分析和研究相当困难。

2. 欧洲共同体经济活动的一般工业分类

欧洲共同体经济活动的一般工业分类（即 The European Communities' General Industrial Classification of Economic Activities，简称 NACE）。这一分类体系是欧洲统计局在 ISIC 体系的基础上进行的改善。欧洲共同体经济活动的一般工业分类体系又额外加入了两个主要类别，即研究与发展

（与联合国国际标准产业分类体系中"教育"类别基本上是同组）、娱乐和文化（包括了联合国国际标准产业分类体系中"其他社区服务"类别的一部分）。不过萨拉蒙认为欧洲共同体经济活动的一般工业分类体系与联合国国际标准产业分类体系基本上有着同样的问题，即也没有办法在次级类别上进行有效的研究。

3. 国家免税实体分类

国家免税实体分类（即 The National Taxonomy of Exempt Entities，简称 NTEE），由美国一个独立机构国家慈善统计中心发展出来的。国家免税实体分类体系与欧洲共同体经济活动的一般工业分类体系与联合国国际标准产业分类体系的差别比较大些。欧洲共同体经济活动的一般工业分类体系与联合国国际标准产业分类种体系最初是为了更广泛的经济规划目的而设计的，而国家免税实体分类体系的初衷就是为非营利组织而单独设计的。其实，国家免税实体分类体系是根据更繁杂的分类体系为基础而发展出来的，即以美国国税局对美国免税组织的分类体系为基础的。国家免税实体分类体系提出了 10 个广泛的功能性类别，然后又划分为 26 个主要类别。例如，功能性类别"人类服务"中，包括了"与犯罪和法律相关的""与就业和工作相关的""食物，工业和营养"。每个主要类别又分别细分为 17 个"一般活动"和 80 个额外活动。如"一般活动"包括"管理和技术援助""研究"和"筹款与资金分配"。额外活动更加具体，如"教育"又被分为"成人基础教育和补偿性学习"（B60），"继续教育和终身学习"（B64）。国家免税实体分类体系是一个非常丰富的分类系统。但是萨拉蒙认为，国家免税实体分类体系需要庞大的关于非营利组织特点的信息。但是这也为跨国性比较研究带来了问题，因为很多国家中都不存在这么详细的非营利组织信息。而且这一体系也无法利用已有的联合国国际标准产业分类体系的数据。

（二）萨拉蒙的非营利组织国际分类体系

鉴于上述三种分类体系所面临的问题，由萨拉蒙主持的霍普金斯项目发展了一种新的分类体系，即非营利组织国际分类体系（即 The International Classification of Nonprofit Organizations，简称 ICNPO）。萨拉蒙提出的这一分类体系，并不是凭空想象出来的，而是借鉴了现有的联合国国际标准产业分类体系的基本结构框架，并按照需要做了一些调整与修改。萨拉蒙的非营利组织的国际分类体系为世界中存在的非营利组织的分类提供了更广阔的空间。

联合国国际标准产业分类体系一样，萨拉蒙的非营利组织的国际分类体系也是将"经济活动"作为一个基本的分类基础，即根据提供产品或者服务的类别而不同。同时，萨拉蒙非营利组织的国际分类体系的分析单位是"机构"，而不是"企业"或者"组织"，因为企业与组织常常是由许多个机构组成的，不同的机构可以参与不同的经济活动。①

萨拉蒙的非营利组织的国际分类体系与联合国国际标准产业分类体系的差异在于，非营利组织活动领域的代码范围不同。萨拉蒙的非营利组织的国际分类体系和联合国国际标准产业分类体系中几个较大的集合做了进一步的分类。首先，萨拉蒙在非营利组织的国际分类体系（ICN-PO）中将联合国国际标准产业分类体系（ISIC）中的"卫生与社会工作"部分分成了两个主要活动组，即（1）ICNPO 中第三组的"卫生"，其中包括了"医院与康复""养老院""心理健康和危机干预"和"其他健康服务"；（2）ICNPO 中第四组的"社会服务"，包括了"社会服务"，"应急与难民"和"收入支持和维持"。其次，ISIC 体系中的"其他社会及个人服务活动"部分被分成了八个主要活动组：（1）文化和娱乐；（2）环境，包括 ISIC 体系中"卫生"部分中的"动物有关的活动"；（3）法律、宣传和政治；（4）慈善中介和志愿精神促进；（5）国际活动；（6）宗教；（7）商业和专业协会与联盟；（8）其他。从总体上来看，ICNPO 体系将非营利组织分成 12 个主要活动组，这 12 个活动组又被分为 24 个次级组，每个次级组又被分为许多不同的活动。

萨拉蒙非营利组织的国际分类体系比国家免税实体分类体系的分类部分数量少很多，从而保持了高程度的经济性。同时，萨拉蒙非营利组织的国际分类体系为非营利组织文献中所发现的差异性分析提供了便利，

---

① Lester M. Salamon, Helmut K. Anheier (1993), Measuring the Non-profit Sector Cross-nationally: A Comparative Methodology. *Voluntas*, Vol. 4, No. 4, pp. 530 – 554.

如"公共服务"和"会员制服务"的区别。这种区别在美国法律中是十分重要的，因为只有"公共服务"性的组织才能获得免税资格。会员服务组织可以通过非营利组织国际分类体系中的第11组"商业和专业协会与联盟"和第2组"文化和娱乐"中的"社会，娱乐和运动俱乐部"区别开来。萨拉蒙非营利组织的国际分类体系还把非党派与党派性政治组织区分开，以及将教会、犹太教堂、清真寺与其他类型的组织区分开。这种分析的灵活性，是一个非营利组织分类系统的关键优势。萨拉蒙非营利组织的国际分类体系为比较性研究提供了很好的分类基础。同时那些模棱两可的组织在萨拉蒙非营利组织的国际分类体系中也可以找到分类组。

第二节　非营利组织的起源

随着非营利组织和志愿性活动的激增，一场真正的"结社革命"也随之到来。如今，这场"全球结社革命"已经成为新世纪重要的社会和政治现象。传统学者们从经济学的视角来分析了非营利组织的起源，例如美国的伯顿·韦斯布罗德的"政府失灵"理论和"市场失灵"理论，以及亨利·汉斯曼的"契约失灵"理论等。这些学者都将非营利组织视作为一种衍生物，即非营利组织是由于市场和政府的内在缺陷而得以产生。萨拉蒙则用社会起源理论解释了非营利组织的形成与发展。

一　解析传统的起源论

萨拉蒙认为，"传统理论把志愿部门视为派生出来的、次要的，只是替代那些制度不足的地方"①。也就是说，已有的非营利组织起源理论大多认为，非营利组织是为了解决市场失灵或政府失灵问题而存在的，因此非营利组织很可能是在国家没有介入的领域里运作。这些理论主要有市场/政府失灵理论、契约失灵理论、供给方理论、福利国家理论和相互

---

①　[美] 莱斯特·M. 萨拉蒙：《公共服务中的伙伴——现代福利国家中政府与非营利组织的关系》，田凯译，商务印书馆2008年版，第46页。

依赖理论等。

（一）市场/政府失灵理论

市场/政府失灵理论，也可称为异质性理论，由美国经济学家伯顿·韦斯布罗德（Burton Weisbrod）1974年①提出，用以解释非营利组织的起源。该理论认为非营利组织是经济学家称为"市场失灵"和"政府失灵"相结合的产物，即市场与政府作为"公共物品"的提供者所固有的局限性的直接产物。韦斯布罗德认为，当代经济学论证了市场的存在和起源，以及市场的均衡行为模式，后来又发展出了公共组织理论以期对公共政府机构的行为进行了系统的解释。不过传统的经济学家并没有发展出一套新的理论来解释非营利组织作为集体物品提供者的原因。因此，韦斯布罗德尝试在需求—供给的传统经济学分析范式下发展出一个新的模型来解释非营利组织存与发展的原因，哪些因素决定了公共物品最终是由某一方或者某几方来具体提供，以及政府、企业和非营利组织三者之间到底是如何联系或者共同存在的。

在韦斯布罗德看来，虽然政府、市场与非营利组织都可以满足社会需求，但是这三种主体都有自身不可逾越的局限性，并不能满足全体投票者的所有需求（包括个人需求与公共需求），因此，在满足个人需求上是可以相互替代的。首先，纯公共物品如国防、环境与道路设施等被生产出来，每个人无论是否付费，都可以免费共享。这样就容易产生"搭便车"问题。因此以利润为基础的市场就不愿意提供此类型的物品，最终导致某些公共物品供应不足，不能满足民众对这类商品与服务的需求。根据传统解释，这就是公共部门适当干预的原因。而政府则是通过税收等强制性手段使得每个公民都要为其所享用的公共物品付出费用，所以人们都期待政府能够克服市场排他性特征所导致的商品缺乏，即克服市场失灵现象。然而，由于政府在提供公共物品所产生的双边垄断、信息不对称以及预官僚制的预算规模最大化现象等问题，使得政府在提供公共物品时候也产生了失灵问题。同时，由于个人需求具有很大的异质性，

---

① Burton Weisbrod, Toward a Theory of the Voluntary Nonprofit Sector in Three-Sector Economy, in E. Phelps, *Altruism Morality and Economic Theory*, New York: Russel Sage, 1974.

不同的种族、收入水平、宗教信仰或者教育程度都会导致个人对公共物品需求的差别。而政府在做出一项决策或者产生一个具体行为时，反映的大多是中位选民的要求。韦斯布罗德认为，一些边缘性群体的利益要求往往无法纳入公共机制中来得以满足。虽然民众可以用脚投票进行移民，或者个人自愿组成一个低级层次的政府机制来满足他们的特殊需要，但是考虑到经济性与效率性，人们并不经常利用这些手段来实现个人的愿望与需求。这样就需要非营利组织的存在。韦斯布罗德指出，非营利组织的数量与规模是与政府满足公众需求的能力直接相关的。例如如果民众对公共物品越不满意，非营利组织的规模就越大。反之，则越小。

　　萨拉蒙对韦斯布罗德的理论提出了自己的看法。他认为，"相对低程度的关注穷人的非营利活动，是与该理论完全一致的。在这种观点看来，是为了满足没有被政府满足的、对集体物品的需求。因此，该部门将要满足的，应该是那些能够购买这些服务的人们的需求。然而，这些人们没有得到满足的需求是'慈善'性质的，集中于帮助贫困人群。该理论让我们认为，非营利组织是最广泛地关注穷人的，而在这个领域中，政府的参与程度是最低的。在这个观点看来，期望给穷人提供一定程度的照顾、有着慈善取向的个人，在一般的政治体系不愿意资助穷人时，可以利用非营利组织来帮助弥补这个不足。因此，该理论让我们认为，当其他情况不变时，私人资助越多，私人机构关注穷人的程度就越高，否则人们会期望公共部门参与。反过来可以认为，政府资助的程度越高，私人机构对穷人的关注程度就越低"[1]。总的来说，萨拉蒙认为针对韦斯布罗德的市场/政府失灵理论的论证逻辑，可以得出三个基本假设。具体如下[2]：（1）一个国家的非营利组织的规模随着人口、宗教与种族的多样化程度的变化而变化。一方面，一个国家的人口多样化程度越高，非营利组织的规模就越大；另一方面，由于不同民族，宗教和文化模式对于

---

　　① ［美］莱斯特·M. 萨拉蒙：《公共服务中的伙伴——现代福利国家中政府与非营利组织的关系》，田凯译，商务印书馆2008年版，第132—133页。

　　② Lester M. Salamon，Helmut K. Anheier（1996），Social Origins of Civil Society：Explaining the Nonprofit Sector Cross-Nationally. Working Papers of the Johns Hopkins Comparative Nonprofit Sector Project，No. 22. Baltimore：The Johns Hopkins Institute for Policy Studies.

教育的竞争最激烈，因此可以假设非营利组织中的教育部分所占比例也会越大。（2）非营利组织的规模与政府提供公共物品的规模是成反比的。因为韦斯布罗德的理论认为，非营利组织是对国家在满足民众需求而市场却无法生产的公共物品失败的一种回应。如果一种公共物品由政府提供，那么对于非营利供给的需求就会减少。具体是，政府社会福利支出规模越大，非营利组织规模就越小；同时非营利组织中的教育组成部分就越小。（3）非营利组织的资金大部分来自于私人慈善捐赠，因为韦斯布罗德的理论认为，非营利组织产生的原因是对市场与国家均不能有效供给的公共物品的需求。在这种条件下，似乎没有理由期待市场或者政府的资助[1]。一个国家人口多样化程度越高，非营利组织对于私人捐赠的依赖性就越高；同时非营利教育性组织对于私人捐赠的依赖程度也越高。然而，萨拉蒙却用多国的实例与数据驳斥了根据市场/政府失灵理论所推导出的这个假设。（1）非营利组织的规模与种族多样性程度无关。（2）非营利组织规模与政府社会支出规模是呈正相关的。（3）非营利组织的规模与私人捐赠之间的关系是消极的。跨国数据不仅不能支持市场/政府失灵理论，反而一些结果与该理论延伸出的假设是直接冲突的。[2]

（二）契约失灵理论

契约失灵理论，也称为信任理论[3]，这是美国经济学家亨利·汉斯曼（Henry B. Hansmann）[4] 提出的理论。汉斯曼意识到了传统经济学无法解释非营利组织的相关现象而发展出了契约失灵理论，这一点与韦斯布罗德的研究目的相似。不过韦斯布罗德的理论是从非营利组织与政府部门之间的边界为出发点的，力图从政府在公共物品提供中的失灵来说明非

---

① Lester M. Salamon, S. Wojciech Sokolowski, Helmut K. Anheier（2000），Social Origins of Civil Society: An Overview. Working Papers of the Johns Hopkins Comparative Nonprofit Sector Project, No. 38. Baltimore: The Johns Hopkins Center for Civil Society Studies.

② Lester M. Salamon, Helmut K. Anheier（1996），Social Origins of Civil Society: Explaining the Nonprofit Sector Cross-Nationally, Working Papers of the Johns Hopkins Comparative Nonprofit Sector Project, No. 22. Baltimore: The Johns Hopkins Institute for Policy Studies.

③ Ibid. .

④ Henry Hansmann（1980），The Role of Nonprofit Enterprise, *Yale Law Journal*, No. 89.

营利组织的源起，也即正是政府在某些领域的失灵导致了非营利组织的介入与产生。而汉斯曼的理论则更强调市场与非营利组织之间的边界问题，是因为市场机制本身的局限性和非营利组织自身的特性，因此某些特定的活动与服务由非营利组织来承担则更为合理或者说更具优势。汉斯曼也如韦斯布罗德一样是以传统经济学原理为基础并从制度分析的角度揭示了非营利组织的源起，也并未对非营利组织做全面性的分析。

根据传统的经济学理论，市场主体一般会以较高的效率和较低的成本来提供商品。消费者在购买任何产品前都可以进行比较，然后自愿性选择是否购买。但是由于商品或者服务自身的专业性，使得消费者在实际购买中往往处于弱势地位，信息不对称使得市场主体利用自身优势欺骗消费者，会以较高的价格生产劣质的产品，取代额外的巨大利润。这样消费者的权益蒙受损失，产生"合约失灵"现象。这一市场失灵现象就是由于市场中各类主体间信息不对称引起的。根据汉斯曼的观点，不仅是服务提供者与购买者的分离，而且购买者与消费者的分离，也会产生信息不对称，产生信任危机问题。但是非营利组织却由于本身的公益性与非利润分配性特征能够很好地避免这种现象。非营利组织产生的收入或者剩余都不能在成员间进行分配或者也称为"非分配约束"，非营利组织没有利润的诱惑就不会故意提高价格或者提供劣质产品来欺骗消费者。所谓"非分配约束"，就是说非营利组织不能把收入分配给对该组织实施控制的人，例如董事会成员与资金资助者等。① 其实也是为了避免市场中投机主义行为的一种制度性约束。汉斯曼认为这一特征是非营利组织与营利性相区别的关键性特征之一，这一特征使得非营利组织具有天然的优势性。

萨拉蒙也对契约失灵理论进行了解释，即"某些商品或服务，例如对老人的照顾，购买者和消费者是不一样的。在这些情况下，标准的市

---

① Henry Hansmann, Why are Nonprofit Organizations Exempted from Corporate Income Taxation? in Michelle J. White, *Nonprofit Firms in a Three-Sector Economy*, Washington, D. C.: Urban Institute Press, 1980, pp. 115 – 134.

场机制就行不通了，因为它涉及消费者在足够信息基础上的选择，因此不得不有个代理人，为购买者在一定程度上保证其所购买的商品或服务符合适当的数量和质量标准。在该理论看来，非营利的组织形式可以作为这种代理。由于购买者并不是所购买的商品或服务的接受者，而营利性企业是受利润驱动的，它们可能会努力背叛购买者的信任。非营利企业更多从事的是具有慈善目标的视野，也许因此而更加值得信任"①。那么按照契约失灵理论的逻辑，非营利组织的规模会随着社会中私人市场的信任程度的变化而变化。根据契约失灵理论的逻辑，萨拉蒙提出一个假设，即市场的信任程度越高，人们就越倾向于通过市场体系来购买服务，同时对于非营利组织的需求也就会减少。萨拉蒙以社会服务为例子却推翻了契约失灵理论所推演出的这一假设，从而否定了契约失灵理论的解释力。萨拉蒙认为，既然社会中市场所获得的信任度越高，非营利组织的规模就越小；同时非营利社会福利组织也就越小。所以，如果信任度足够的话，非营利组织提供的服务其实是由市场供给的。根据契约失灵理论可以得出，这些服务的财政来源一般是以商业性形式出现的。市场部门的信任程度越低，非营利组织的收入就越可能来自于会员费和服务费；同时，社会福利领域的非营利组织也越可能来自于会员费和服务费。萨拉蒙的实证数据却体现了一种不同的情形，即许多非营利组织的主要财政收入是来自于政府或者私人捐赠的，从而否定了契约失灵理论所假设的市场信任度与非营利组织收入来源之间的直接相关性。

（三）供给方理论

供给方理论把非营利组织的活动不仅仅看作对民众需求或者说是外部需要的回应，而是对慈善供给方的回应。从历史的角度分析，宗教机构一直是这种慈善取向的供给方的重要来源。人们习惯性地认为宗教组织对非营利组织的赞助，反映了宗教所倡导的利他主义等精神。根据供给方理论，非营利组织对穷人的服务一般和宗教精神所鼓舞的个人的可

---

① ［美］莱斯特·M. 萨拉蒙：《公共服务中的伙伴——现代福利国家中政府与非营利组织的关系》，田凯译，商务印书馆 2008 年版，第41—42 页。

利用性程度之间紧密相关。一个非营利组织与宗教活动或宗教组织的联系越紧密，它就会更关注穷人。例如，阿克曼（Susan Rose Ackerman）就从供给角度解释了非营利组织的存在，认为非营利组织创立者通过非营利组织来传递他们的价值和理念。[1] 也就是说，非营利组织的供给方通过慈善性的行为来提供这种产品与服务完全出于利他主义的动机，或者通过捐赠带来的良好的声誉和社会地位让他们感到满足。[2] 加里·杨（Gary Young）等学者认为一些志愿者愿意为非营利组织提供无偿服务而实现自我价值。[3]

不过也有学者如埃斯特尔·詹姆斯认为宗教机构之所以形成非营利组织，大多是因为他们希望通过为穷人提供切实的服务来吸引成员，而不是为了落实利他主义的价值观等。萨拉蒙指出，供给方理论认为"宗教团体之所以形成非营利组织，更多是因为他们希望通过为穷人提供切实的服务来吸引成员，而较少与对穷人的利他主义情感有关。由于这些团体可能更喜欢吸引中上等收入的支持者，这种看法的供给方理论会让我们认为，在其他条件不变的情况下，宗教联系与对穷人的服务之间是负相关的"[4]。

根据供给方理论，萨拉蒙推演出两个假设：（1）宗教竞争的程度与非营利组织规模的关系是积极的。就是说，宗教竞争的程度越激烈，非营利组织规模就越大；同时非营利教育性组织就越多。（2）非营利企业家的潜在供给与非营利组织对私人捐赠的依赖程度是呈正相关的。即一方面宗教竞争的程度越激烈，非营利组织对于私人捐赠的依赖程度就越

---

[1]　Susan Rose Ackerman, *The Economics of Nonprofit Institutions*：*Studies in Structure and Policy*, New York：Oxford University Press, 1986.

[2]　Susan Rose Ackerman (1996), Altruism, Nonprofits, and Economic Theory, *Journal of Economic Literature*, Vol. 34, No. 2.

[3]　Gary Young, Rafik I. Beekun, Gregory O. Gin (1992), Governing Board Structure, Business Strategy, and Performance of Acute Care Hospitals：*A Contingency Perspective*, *Nonprofit and Voluntary Sector Quarterly*, Vol. 27, No. 3.

[4]　［美］莱斯特·M. 萨拉蒙：《公共服务中的伙伴——现代福利国家中政府与非营利组织的关系》，田凯译，商务印书馆 2008 年版，第 133—134 页。

高；另一方面，非营利教育性组织对于私人捐赠的依赖程度也越高。① 萨拉蒙认为，这一假设与实际情况并不符合，因此在那些非营利组织比较发达的国家中，非营利组织的资金来源大多是来自于政府，而非私人捐赠。这样就削弱了供给方理论对非营利组织起源的解释力。

（四）福利国家理论

回顾近年来西方学者的理论与观点，无论是自由主义还是保守主义，都无形中割裂了国家对非营利组织的资助与支持。首先，自由主义者在扩大政府在社会问题中的角色起关键性作用，他们一直认为政府机构提供的服务更专业。所以在19世纪末当国家对非营利组织的资助增加时，他们就十分担心非营利组织的扩张可能会阻碍专业化组织的发展。而保守主义者则认为由于国家对非营利组织的资助会威胁到这些组织的自治性，阻碍个人价值和其他社会价值的发展，也反对非营利组织对国家资助的依赖。萨拉蒙认为，"社会学家罗伯特·奈斯比特在《权力与社区》一书中，指出了志愿组织与政府的固有冲突，并把志愿公共机构的弱化和现代世界中异化和示范现在的增多，主要归咎于政府"②。显然福利国家理论没有认识到公共领域运作中已经发生的转变。

福利国家理论揭示了国家扩大服务供给的原因，但是也未能逃掉将非营利组织与国家之间的关系看作对立或者竞争的模式。在很多时候非营利组织的角色未得到重视，有时会被作为一个多余的传统范式来对待。随着市场体制的发展和国家角色的扩张，非营利组织如家庭与教会一样已经被作为一种前现代性的工具。从这种角度分析，国家角色的扩张是经济发展的必然结果。根据福利国家理论的逻辑，萨拉蒙提出一个假设：经济发展程度越高，国家提供的社会福利性服务就越广泛；而国家提供的社会福利越广泛，非营利组织规模就越小。同样，萨拉蒙基于其调研数据驳斥了这一假设，即在那些国家积极参与社会福利供给的国家中，

---

① Lester M. Salamon, Helmut K. Anheier（1996），Social Origins of Civil Society：Explaining the Nonprofit Sector Cross-Nationally. Working Papers of the Johns Hopkins Comparative Nonprofit Sector Project, No. 22. Baltimore：The Johns Hopkins Institute for Policy Studies.

② ［美］莱斯特·M. 萨拉蒙：《公共服务中的伙伴——现代福利国家中政府与非营利组织的关系》，田凯译，商务印书馆2008年版，第35页。

非营利组织的规模反而更大。在萨拉蒙看来，福利国家理论并没有意识到国家在社会福利供给中的不同角色。国家在社会福利供应中的角色不仅仅是社会福利的直接提供者，还可以作为社会福利的资金提供者，而非营利组织则是社会福利的直接提供者，从而促进了非营利组织的增长与发展。

（五）相互依赖理论

市场/政府失灵理论，福利国家理论以及供给理论，都认为非营利组织与国家之间是一种冲突与竞争的关系。这些理论一般认为，非营利组织存在的原因是为了弥补政府的不足，或者充其量反映了非营利组织能够抵御国家政府对多元主义和个人主义的抹杀。但是根据罗伯特·伍思努（Robert Wuthnow）提出的相互依赖理论[1]，为了解决社会问题非营利组织与国家、市场之间的联系是比较紧密与频繁的，包括合作与竞争，资源交换等。例如，国家最有可能通过非营利组织来提供基本服务，所以可以假设政府与非营利组织的合作关系更可能在这一领域中发生。

根据相互依赖理论，萨拉蒙推论出两个假设[2]：第一个是国家社会福利支出越多，非营利组织规模就越大；同时，非营利社会服务部门的规模也越大。由于在这一理论中，政府不仅仅可以为非营利组织提供政治支持，而且还成为非营利组织财政的潜在提供者。第二个假设是，如果政府的总支出比较高的话，那么非营利组织的收入中来自政府的比例也越高。具体来说就是，国家社会福利支出越多，非营利组织收入中来自政府的份额就越高；同时非营利社会福利部门收入的政府份额也越高。相互依赖理论说明了非营利组织与政府之间存在着一种合作关系，但是该理论并没有详细说明在何种情境下这种合作关系才有可能产生。

[1]　Robert Wuthnow, *Between States and Markets: The Voluntary Sector in Comparative Perspective.* Princeton, N. J.: Princeton University Press, 1991.

[2]　Lester M. Salamon, Helmut K. Anheier (1996), Social Origins of Civil Society: Explaining the Nonprofit Sector Cross-Nationally. Working Papers of the Johns Hopkins Comparative Nonprofit Sector Project, No. 22. Baltimore: The Johns Hopkins Institute for Policy Studies.

二 萨拉蒙的社会起源论

传统理论大多从经济学视角出发，把原有的经济学方法应用到对非营利组织源起的分析和研究中。例如韦斯布罗德的失灵理论开创了基于经济学视角来解释非营利组织存在发展的先河。他认为，政府、市场和非营利组织在满足个人对于公共物品需求中存在是可以相互替代的。但这些理论在很多方面还是值得进一步商榷的。如在满足个人需求的公共物品上，孰先孰后，孰优孰劣，各个机制的运作特点等很多问题，都是未解的。而萨拉蒙借助于巴灵顿·摩尔（Barrington Moore）和哥斯塔·埃斯平–安德森的社会起源理论分析了非营利组织在不同国家与地区的历史发展所形成的不同体制模式，并进而重新解释了非营利组织的存在问题。

一种社会制度的最终选择，例如某一物品最终是依赖市场、非营利组织还是政府来供给的制度选择，并不是由市场上的消费者自由决定的，而实际上是由一个国家中具体的历史发展所决定的。也就是说，"社会起源理论方法，并没有把非营利组织作为一个孤立的社会现象来看待，而是把非营利组织放到一个总的社会体系中来考量。一个社会中非营利组织的角色与规模是一系列历史力的副产品"①。萨拉蒙基于社会起源视角在简单的经济模型与真实的历史之间架起了一座桥梁。

因此，根据每个国家不同的历史差异，非营利组织呈现出了不同的体制模式。萨拉蒙基于两个标准对非营利组织的体制模式进行了分类。这两个标准就是政府的社会福利支出与非营利组织的规模。因此，萨拉蒙将非营利组织的体制模式划分为四个类型②（见表3—1）。

---

① Lester M. Salamon, S. Wojciech Sokolowski, Helmut K. Anheier (2000), Social Origins of Civil Society: An Overview. Working Papers of the Johns Hopkins Comparative Nonprofit Sector Project, No. 38. Baltimore: The Johns Hopkins Center for Civil Society Studies.

② Lester M. Salamon, S. Wojciech Sokolowski, Helmut K. Anheier (2000), Social Origins of Civil Society: An Overview. Working Papers of the Johns Hopkins Comparative Nonprofit Sector Project, No. 38. Baltimore: The Johns Hopkins Center for Civil Society Studies.

表3—1　　　　　　　　　　　非营利组织的体制模式

政府的社会福利支出	非营利组织的规模	
	小	大
低	国家主义（Statist）	自由主义（Liberal）
高	社会民主主义 （Social Democratic）	社团主义 （Corporatist）

资料来源：Lester M. Salamon，S. Wojciech Sokolowski，Helmut K. Anheier（2000），Social Origins of Civil Society：An Overview. Working Papers of the Johns Hopkins Comparative Nonprofit Sector Project，No. 38. Baltimore：The Johns Hopkins Center for CivilSociety Studies。

（1）自由主义模式，如美国和英国非营利组织的体制模式。在自由主义模式中，政府的社会福利支出比较低，但是非营利组织的规模相对比较大。自由主义模式促使了政府的社会福利保护与非营利组织之间的意识形态与政治冲突等理论的产生。这一模式一般存在于那些中产阶级具有绝对优势而传统的地主或者工人阶级不存在或者影响力较小的国家与地区。（2）社会民主主义模式，如意大利和瑞典非营利组织的体制模式。在社会民主主义模式中，国家发起或者直接提供的社会福利比较充分，没有为非营利组织的相应功能留下充足的发挥空间。这一模式大多发生在那些工人阶级拥有较强的政治权力的国家与地区。非营利组织提供服务的功能可能是有限的，但并不是说非营利组织的规模就很小。相反，非营利组织在一些社会中还是相当活跃的，只是扮演的角色有所差异。在这一模型中，非营利组织一般不是服务提供者，但却是政治、社会甚至是娱乐等利益的表达机制。社会主义模式与自由主义模式处于非营利组织体制模式的两端。（3）社团主义模式，如德国、法国与荷兰非营利组织的体制模式。在社团主义模式中，非营利组织作为前现代工具得到了充分的保留，政府与非营利组织共同解决公共问题，结果是政府的福利支出很大，同时非营利组织的规模也很大。这一模式，使得我们认识到国家与非营利组织的关系是曲线形的，而并不是如自由主义模式中非营利组织规模增大而政府社会福利功能就减少的直线形。（4）国家主义模式，如日本非营利组织的体制模式。在国家主义模式中，国家在社会政策中始终占上风，但并不像社会民主主义模式那样是工人阶级的工具。在这一模式中，大部分民众的利益没有得到重视，保护的只是少数人如有钱有权者的利益。在国家主义模式中，政府的社会福利支出与非营利组织的规模都是相当有限的。而且有限的国家社会福利支出，并没有像自由主义模式一样促进非营利行为的增加。在社团主义模式与国家主义模式中，国家都发挥着重要的角色，但是这两个模式并没有得到理论界的广泛关注。

总之，自由主义模式与社会民主主义模式反映了非营利组织的规模与政府的社会福利支出之间是一种负相关的关系。社团主义模式与国家主义模式则反映了二者的直接相关关系，即非营利组织规模增加，则政府的社会福利支出也会随之增多。这是因为在自由主义模式与社会民主主义模式中非营利组织与政府是一种替代关系，而在社团主义模式中是一种伙伴关系。同时，不同模式中非营利组织的资金来源也是有差异的。在自由主义模式和社会民主主义模式中，由于政府与非营利组织是被作为一种竞争关系来看待的，那么非营利组织的财政来源大多是私人慈善捐赠，而不是政府支出。在社团主义模式中，由于政府与非营利组织被作为合作伙伴来看待的，所以政府资助在非营利组织资金来源中起着很重要的作用。而在国家主义模式中，非营利组织的收入大多来自于商业活动，而不是私人捐赠或者政府支持。

萨拉蒙利用社会起源方法也得出了两个假设①：首先，政府的社会福利支出和非营利组织规模之间的关系受到非营利组织体制模式的影响。在社团主义模式与国家主义模式中，这种关系是直接的，即政府的社会福利支出越高，非营利组织的规模就越大。而在自由主义模式和社会民主主义模式中，则是相反的。其次，非营利组织的财政来源也受到了非营利组织体制模式的影响：在自由主义模式和社会民主主义模式中，非营利组织的资金来源主要是私人捐赠。在社团主义模式中，非营利组织的资金来源主要是政府资助。在国家主义模式中，则主要是会费与服务收费等。

----

① Lester M. Salamon, Helmut K. Anheier (1996), Social Origins of Civil Society: Explaining the Nonprofit Sector Cross-Nationally. Working Papers of the Johns Hopkins Comparative Nonprofit Sector Project, No. 22. Baltimore: The Johns Hopkins Institute for Policy Studies.

表3—2   非营利组织源起的主要理论概述

理论	概述	主要假设		
		规模	受影响的领域	非营利资金
异质性理论	对公共或者半公共物品多样化需求不满意导致了非营利组织的产生	非营利组织的规模随着需求多样性程度而变化	教育	多样性需求导致对私人捐赠的依赖
供给方理论	非营利组织是对由寻求货币性收益最大化的企业服务与产生的服务异质性的一种回应	宗教和意识形态的竞争程度越高，非营利组织的规模越大	教育	宗教和意识形态竞争越激烈，对私人捐赠依赖程度就越高
契约失灵理论	在信息不对称的情况下，非分配性约束使得非营利组织更值得信赖	社会中商业领域的信任度越高，非营利组织的规模越小	卫生社会服务	社会中商业部门的信任度越低，私人收费所占比例就越高
福利国家理论	工业化导致现代福利国家的"排挤"私人性的非营利供给商	非营利组织规模与人均收入水平成反比	卫生社会服务	理论不适用具体的假设
相互依赖理论	因为较低的交易成本，非营利组织在提供公共物品方面超越了政府，但是由于志愿失灵的存在，非营利组织与政府发展出了一种合作关系	非营利组织的规模随着政府的社会福利开支的数额的变化而变化	教育卫生社会服务	政府的社会福利支出越多，非营利组织收入中的政府资金支持比较就越高
社会起源理论	非营利组织的规模和结构是对其嵌入在一个复杂的关系、阶层与体制模式背景中的一种反映	政府开支水平和非营利组织规模之间的关系依赖于福利制度的模式	社会服务教育文化和娱乐	非营利组织的收入模式取决于福利体制的类型

资料来源：Lester M. Salamon，S. Wojciech Sokolowski，Helmut K. Anheier（2000），Social Origins of Civil Society：An Overview. Working Papers of the Johns Hopkins Comparative Nonprofit Sector Project，No. 38. Baltimore：The Johns Hopkins Center for CivilSociety Studies。

第三节　非营利组织的功能

目前非营利组织作为一种独立于政府体制之外并承担一定公共职能的组织形态，几乎已经活跃于社会现实生活的每个角落。非营利组织在现代社会中发挥着政府与市场所不可代替的独特作用，逐步在国际事务和国家公共生活中扮演着越来越重要的角色。

一　非营利组织：现代社会的重要组织形式

非营利组织是一个公民自愿结合的团体，目前已经发展成为现代社会的一种重要组织形式。志愿精神是非营利组织生存与活动的基础，这种志愿性精神取代了地域、民族或者血缘等因素所形成的网络，培育了社会资本的增长，有利于培养社会诚信精神。例如托克维尔在《论美国的民主》极力赞扬了美国活跃的志愿生活，解释了结社自由的诸多好处，论述了美国的政治民主化进程等问题。志愿性组织是弱势群里联合起来对抗强大政府进行专制的武器，是保卫自由的重要手段。他指出"在没有这种社团的国家，如果人们之间不能随时仿造出类似的社团，我看不出有任何可以防止暴政的堤坝"[①]。他说明的就是非营利组织对一个国家政治稳定与民主化的影响，并将公民社会的重要性推到了与国家同等的地位。加布里埃尔·A. 阿尔蒙（Gabriel Abraham Almond）和西德尼·维巴（Sidney Verba）在《公民文化》一书中对英国、美国、德国、意大利和墨西哥五个国家的公民文化进行了比较研究，发现社团成员具有更高的信任感和行为能力。罗伯特·达尔（Robert Alan Dahl）也指出社会组织是民主制运作所必需的，社会组织可以有效地制衡权力，保证自由。"社会组织的出现，不仅仅是民族国家统治过程中民主化的一个直接结果，也是为民主过程本身运作所必需的，其功能在于使政府的强制最小

---

① ［法］亚历西斯·德·托克维尔：《论美国的民主》，董果良译，商务印书馆 1988 年版，第 217 页。

化、保证政治自由、改善人的生活。"①

社会资本理论认为，非营利组织的一个显著特点是它们为社会所带来的正外部性。该理论不强调非营利组织所提供的产品，而且关注它们在提供服务过程中所产生的外部性。例如，罗伯特·D. 帕特南（Robert D. Putnam）在其"社会资本"理论中提到了非营利组织在培育社会资本中的作用。他认为，社会资本"社会组织特征，如信任、规则和网络，可以提高社会的效率，促进协调行动"②。帕特南认为，非营组织的主要任务是不是生产公共物品，或者说是否有效地提供了私人物品，他更多的是关注这些组织所产生的社会资本。③ 社会资本在培养社会凝聚力和奉献精神以及公民信任、团结和认同等中起了关键性作用。

世界银行将非营利组织的功能分为：（1）给予利益相关者表达意愿的机会，特别是穷人和边缘人群，确保他们的观点在决策时被考虑进去；（2）提升公共部门的透明度与责任度，也有利于营造环境；（3）通过为理解和鼓励公私域的合作共同点来促进公众对改革、减除贫困和发展战略达成共识；（4）为地方问题的解决提供创新理念和办法，以及参与性手段；（5）通过提供地方性知识、确定援助目标和在社区层面产生社会资本来强化和提升开发项目的质量；（6）提供专业经验和增进能力，使公共服务提供更有效率。④

因此，非营利组织之所以能受到人们的青睐，关键就在于它能够在社会生活中所起到的影响与作用。一方面，表现为非营利组织对社会公共利益和其他人利益的关注，如保护环境，提供社会服务，为贫困人员或者社会弱势群体进行慈善援助，体现了非营利组织的利他主义精神，对社会与弱势群体的人文关怀。另一方面，非营利组织作为团体性机制，

---

① ［美］罗伯特·达尔：《民主理论的前言》，顾昕等译，生活·读书·新知三联书店1999年版，第227页。

② Robert D. Putnam（1993），The Prosperous Community：Social Capital and Public Life，*The American Prospect*，No. 13，p. 167.

③ Robert D. Putnam（1995），Bowling Alone：America's Declining Social Capital，*The Journal of Democracy*，Vol. 6，No. 1，pp. 65-78.

④ 褚松燕：《中外非政府组织管理体制比较》，国家行政学院出版社2008年版，第177—179页。

也可以向政府转达民众的心声，代表民众直接参与公共管理，保障人权，提出倡导性社会政策，监督政府，促进社会公平等，体现了非营利组织的公共责任感和价值宣传作用。

二　萨拉蒙的非营利组织功能

萨拉蒙对非营利组织的功能进行了解说，并分为五个功能：即服务性功能、创新性功能、倡导性功能、表达性和领导发展的功能以及社区建设和民主化功能。萨拉蒙所主持的霍普金斯项目在对非营利组织的影响力进行测量时，也基本上是参照这五个功能来设置具体测量指标的。

（一）服务性功能

非营利组织的第一个基本功能就是提供社会服务。这一功能是非营利组织无论是在西方发达国家还是发展中国家都十分流行的原因。在西方发达国家，政府往往是民众求助的最后手段。一方面西方民众并不十分信赖政府部门，另一方面非营利组织在迅速反应与解决社会和经济问题方面比公共机构更具有灵活性。同时这还可以避免为了促使政府统一行动或者介入，而不得不去说服更多的人去支持或者认可自己的利益或者决定等。因此非营利组织这一机制也可以满足特殊群体的需求，如文化艺术或者其他集体物品等，从而避免了官僚机制的膨胀，将私人机构的服务供给限制在社区领域。简而言之，非营利组织可以提供以下服务：（1）解决未满足的需求；（2）促进创新；（3）提供只有部分人需求的"集体物品"；（4）使得一般原则适应于当地的环境和需求。

根据非利润分配性的特征，萨拉蒙认为我们可以预期非营利组织具有提供服务的关键性功能。非营利组织所提供的服务具有公共性或者集体性的特征。一方面，无论人们付费与否，或者即使承担不起费用，都可以享受这种产品或者服务，因此这些产品或者服务不能通过市场来得到满足。这些服务一般涉及福利性服务、教育、个人社会服务和文化服务等的提供。另一方面，在那些提供信贷或者帮助的信任性经济机构不存在的时候，非营利组织可以提供此类经济性服务。

非营利组织的服务性功能不仅在领域方面与其他类型的组织有差异，同时在基本特征上也有区别。因此，萨拉蒙假设如果企业、政府与非营利组织同时在一个领域中活动，我们可以假设非营利组织将更能体现如下几个特征①：（1）高质量。由于非营利组织的"非利润分配性"导向，它们会提供比营利性企业更高质量的产品。例如，他们会允许更长的住院治疗，在精神病护理方面会更多地用人力而非药物。另外，由于其规模较小和适应性较强，非营利组织往往比庞大的政府官僚机构具有更强的响应力，并把社区组织和权力纳入严格的服务功能中。（2）更加均等。由于非营利组织可以获得志愿者与慈善机构的支持，它们的慈善目标，"非利润分配性"等特征，非营利组织更倾向于满足民众需求。这使得非营利组织与营利性企业区别开来。（3）低成本。非营利组织对于志愿者和慈善捐赠的依赖，也可以使它们的成本低于其他供给者，因此提供的服务，也被认为更有效。（4）专门化。由于非营利组织以价值为基础的使命，对社区和需求的根植等特征，非营利组织可以专注于特定的问题或者人群，拥有具体的服务供给系统或者介入方式。

（二）创新性功能

萨拉蒙认为，非营利组织的第二个功能是创新性功能。"由于它们并不受'底线'的驱动，非营利组织比其他类型的组织更具有灵活性和适应性以及更强的承担风险的能力。更重要的是，由于任何有想法的人都可以利用非营利形式，因此我们认为这一部门可以被看作是认识与解决公共问题的新思想和新方法的孵化器"②。正如私企可以在市场领域促进创新一样，非营利组织同样可以在公共领域中发挥创新功能。在特定的领域中，非营利组织可以成为开拓者，发现未解决的问题，并用新的方法去解决社会问题。萨拉蒙认为，由奥斯本（Osborne）③提出的三种创新类型也可以在非营利组织中找到：渐进性创新，如新的程序或者产品；发展性创新，如新的市场；全面性创新，如新的程序或者产品，

---

① Lester M. Salamon, Leslie C. Hems, Kathryn Chinnock（2000），The Nonprofit Sector: For What and for Whom? Working Papers of the Johns Hopkins Comparative Nonprofit Sector Project, No. 37. Baltimore: The Johns Hopkins Center for Civil Society Studies.

② Ibid. .

③ Stephen P. Osborne, *Voluntary Organizations and Innovation in Public Services*, London: Routledge, 1998.

以及新市场。这种创新功能已经在文献研究和政府发起的评论中得到认可。

（三）倡导性功能

根据萨拉蒙的观点，非营利组织还具有倡导性功能。"因为非营利组织既不依赖于市场，也不隶属于政府，所以非营利组织不仅具有创新功能，而且还可以推动社会政策或者社会形势的变化"①。非营利组织的倡导性功能与它的自愿性，和作为可以集合那些有共同需要的人们的机制的实用性等是相关的。这样，非营利组织将个人与更大的政治进程结合起来，使组织利益取向与更大的公共利益融合起来，并代表部分群体或者公众来促进社会政策的创新，积极参与倡导社会变革的活动中。

萨拉蒙认为，"倡导性功能的两个方面，即'私人'与'公共'的倡导，或者说是所谓的'市民倡导'与'政策倡导'，在非营利组织的理论研究具有重要的意义"②。这与鲍里斯（Boris）和莫舍－威廉姆斯提出的"扩充性的倡导概念"③（Expanded Conception of Advocacy）是一致的。除了解决具体的社会问题本身之外，非营利组织还具有把广泛的公众注意力转移到社会问题和需求方面上的能力。如果没有自由结社权力的存在，自由表达权也就没有了实质意义，因为结社权力可以把个人的声音联合起来而变得有效果。非营利组织是实现这一功能的重要工具之一。通过认同广泛的社会和政治问题，提升那些没有被充分代表的人群的声音，非营利组织充当了社会安全阀门（Social Safety Valve）以维持社会的稳定与民主。

（四）表达性和领导发展功能

非营利组织还具有积极的价值推动作用。民众可以借助于非营利组

---

① Lester M. Salamon, Leslie C. Hems, Kathryn Chinnock (2000), The Nonprofit Sector: For What and for Whom? Working Papers of the Johns Hopkins Comparative Nonprofit Sector Project, No. 37. Baltimore: The Johns Hopkins Center for Civil Society Studies.

② Ibid. .

③ Elizabeth Boris, Rachel Mosher-William (1998), Nonprofit Advocacy Organizations: Assessing the Definitions, Classifications, and Data. Nonprofit and Voluntary Sector Quarterly, Vol. 27, No. 4, pp. 488 – 506.

织来表达个人的需求与价值取向。萨拉蒙认为，"倡导只是非营利组织被期望进行代表性活动的形式之一。非营利组织具有一个更广泛的功能，即作为个人与团体自我表达的机制"①。克雷默将这一类功能称之为非营利组织的"价值监护角色"，即"作为志愿性的，特殊性的，宗派性价值观的监护者，志愿性机构被预期可以促进公民参与，领导力发展，保护社会、宗教、文化和其他少数人群体的利益等"②。

史密斯也认为志愿机构可以"解放个人，并允许人们尽可能充分地表达个人的能力与潜力"③。萨拉蒙也指出，非营利组织为不同的民族或宗教，意识形态，音乐或文化爱好等方面提供了表达机会。可以说，非营利组织可以促进更加多元化与多样性的社会，并为发展各种领导性的技能提供了途径，为个人利益实现和个人观点表达提供了平台等。

（五）社区建设和民主化功能

一方面，表达性功能强调非营利组织对于多样性与多元化的推动；另一方面，非营利组织也具有促进团结统一和社区建设的功能。这一功能体现在了非营利组织的"整合性功能"和目前较为流行的"社会资本"概念中。它的中心思想是，通过鼓励社会互动，非营利组织有助于信任和互惠习惯的建立，从而培养了"社区感"。非营利组织可以培育信任感，社会责任意识，成员内部以及其他社会成员的归属感。另外，非营利组织还可以有效地制约公共权力的过分扩张，这些最终都会利于民主价值观的宣扬与普及。可以说，非营利组织是一所培养民主价值与社区感的学校。

---

① Lester M. Salamon, Leslie C. Hems, Kathryn Chinnock (2000), The Nonprofit Sector: For What and for Whom? Working Papers of the Johns Hopkins Comparative Nonprofit Sector Project, No. 37. Baltimore: The Johns Hopkins Center for Civil Society Studies.

② Ralph M. Kramer, *Voluntary Agencies in the Welfare State*, Berkeley: University of California Press, 1981, p. 9.

③ David Horton Smith, *The Impact of the Volunteer Sector on Society*, Reprinted in America's Voluntary Spirit. Reprinted from Voluntary Action Research. Lexington, MA: Lexington Books, D. C. Heath & Co, 1973, p. 337.

第四节　非营利组织的计量

为了清晰地了解组织的发展状况，就需要对组织进行实证性的计量。萨拉蒙也十分关注非营利组织的计量与操作化，发展了用来测量与评估非营利组织的指数体系。萨拉蒙的非营利组织指数是对非营利组织状态进行描述、解释和评价的一种方法论框架，就是对指标体系中反映非营利组织各方面状况的指标得分的综合，以系统全面地评估非营利组织的行动和价值。该指数体系可以提供各国非营利组织发展的具体数据和信息，可以促进非营利组织、政府和学术界之间的相互对话。不过考虑到社会结构的高度复杂性和文化的差异性，单一的维度是显然不可行的。因此，建立一个系统的非营利组织指数体系绝对不是一件容易的事情。

一　非营利组织指数的计量

萨拉蒙主持的霍普金斯比较项目采用能力、可持续性、影响三个维度对非营利组织进行了计量与操作化。

（一）非营利组织的指数化

萨拉蒙的非营利组织指数化过程主要分为三个层面，即概念化（定义与分类）、操作化（维度与指标）与整合化。

1. 概念化

任何一套指数或者指标的建立，都首先需要对要测量的对象进行概念性界定。霍普金斯项目所测量的主题是全球非营利组织的发展状况，包括规模、范围、结构、资源与影响力等方面。由于目前学界还没有一个统一性的非营利组织定义，因此霍普金斯项目在实际操作中"采用了一种归纳式和自上而下的方法"[①]，由当地课题人员根据每个国家的具体情况来辨认属于非营利组织的实体。然后从其中总结出共有的特征以期能够包含所有国家的非营利组织，同时与市场与政府机构区别开来，最

---

① ［美］莱斯特·M. 萨拉蒙：《全球公民社会——非营利部门国际指数》，陈一梅等译，北京大学出版社 2006 年版，第 74 页。

终形成了一个结构—运作式定义模式。"这一定义所包含的是各种合法组成的组织和非正式的群体、社交俱乐部、专业协会、人类基本服务机构、社区组织、服务提供者和各式可想象到的倡导群体等。"① 同时，萨拉蒙等人还根据非营利组织的活动领域对非营利组织进行了分类，将这一领域的组织划分为12个类型，形成了一套国际非营利组织的分类法。

2. 操作化

为了全面反映非营利组织的形态，萨拉蒙的非营利组织指数涉及了三个维度，包括"公民社会部门的能力或者规模；可持续性或持久力；影响力，即它为所服务的社会带来的贡献"②。具体为：（1）能力维度，包括非营利组织中人员规模，志愿者规模与水平，慈善捐款比例；（2）可持续性维度，包括非营利组织的资金能力、成员覆盖面，以及相关政策法制环境；（3）影响维度表征非营利组织经济产出值、倡导和服务领域从业人员规模及大众参与程度。

（1）维度之一：能力

能力维度主要测量的是一个国家中非营利组织的规模，因此是测量非营利组织的一个基本维度。正如萨拉蒙所言，"公民社会的最基本维度便是它的规模或能力。基本上，能力是对一个国家的整个公民社会部门的规模大小的量度"③。但是与以往以非营利组织的数量作为对规模的测量指标不一样，萨拉蒙采用了四个指标来测量非营利组织的能力，以将大量非正式的或者未在政府部门登记注册的组织容纳进来，避免由于各个地方注册要求与存档系统差异所带来的误差，也避免了单纯依赖非营利组织数量将问题过于简单化等问题。

一是雇员量，即非营利组织中支薪员工的规模。具体考察方法为，根据全职员工数量在全国经济活跃总人口中所占的份额来测量。

二是志愿者水平，即志愿者参与的水平。具体考察方法为，将志愿者的工时转换成全职量，然后根据其占全国经济活跃总人口中所占的份

---

① ［美］莱斯特·M. 萨拉蒙：《全球公民社会——非营利部门国际指数》，陈一梅等译，北京大学出版社2006年版，第74—75页。

② 同上书，第76页。

③ 同上。

额来衡量。

三是慈善捐献的金额，即一个国家慈善捐款的数量。具体考察方法为，是"以个人、企业和基金会等捐赠给非营利组织的总金额占国内生产总值的百分比来计算"[①] 的。

四是非营利组织的多元化程度，即其多样性。具体考察方法为，以支薪员工和志愿者在 12 个不同的非营利组织活动领域里的分布来量度。萨拉蒙假设到，如果非营利组织的活动领域范围越广泛越分散，那么这一部门的能力就会越强，发展就会更加完善。

（2）维度之二：可持续性

"一个组织为了能最起码地维持下去，必须保证其运作所需要的资源。不仅是资金资源，还有人力资源。再者，可持续性需要一个宽松、极大的环境。"[②] 一个部门随着时间推移所表现出的可持续性也是非常重要的。这一维度在萨拉蒙看来，主要涉及四个方面的指标。

一是自我运营收入，即自有收入。主要涉及一个国家中非营利组织的收费、会费、投资、营业额等收入的能力。具体考察方法为，以该收入在国家非营利组织总收入的比例来计算。

二是政府的支持。在一个国家中，政府对于非营利组织的态度，也大大影响着非营利组织的可持续发展。主要涉及政府对非营利组织的财政支持、服务委托和补偿性支付等方面。具体考察方法为，以该收入在国家非营利组织总收入的比例来计算。

三是民众参与力度，即大众的支持。主要涉及民众参与志愿服务的水平与程度。具体考察方法为，直接参与志愿性活动的人数在成年人口中的比例。不过需要注意的是，虽然在能力指标中也测量了志愿者的活动，但是这里强调的是参与人数，而不是参与的总时间。

四是法律环境。法律环境可以通过影响民众对非营利组织的需求和供给而影响非营利组织的可持续能力。萨拉蒙等设立了一个"公民社会

---

①　[美] 莱斯特·M. 萨拉蒙：《全球公民社会——非营利部门国际指数》，陈一梅等译，北京大学出版社 2006 年版，第 78 页。

②　同上书，第 79 页。

发展环境标杆"（Legal Environment Scale）来测量一个国家的法律环境，由需求部分与供给部分组成。具体会在本章第三节进行详细介绍。

3. 维度之三：影响力

萨拉蒙认为非营利组织"之所以重要，最终，不但要看他们的能力多大，或者他们是否有能力持续，而是看他们活动所带来的影响力"①。但是由于这些组织分布的广泛性，要想准确测量它们的影响力还是有一定困难的。萨拉蒙在这里主要用五个指标对影响力进行了测量，其中两个指标涉及非营利组织的服务功能，两个指标涉及它们的表达和代表功能，最后一个涉及组织完成其使命的程度。

一是经济上的贡献。主要涉及非营利组织的经济价值。具体考察方法为，支薪员工的工资与志愿者的估算薪水相加，看二者占一个国家GDP 的份额来考量。

二是人类基本服务贡献。具体考察方法为，非营利组织从业人数在主要人类基本服务领域中总从业人数中所占的比重来测量。主要人类基本服务领域，指的是健康、教育、社会服务以及文化和娱乐。

三是在倡导和表达上的贡献。具体考察方法为，非营利组织在表达和倡导性活动领域中从业人数占全国总成年人口中的比重来测量。表达和倡导性活动领域，有如倡导性、专业性协会、工会、环境保护、文化与娱乐等。

四是大众的参与，即大众的接受度。具体考察方法为，通过非营利组织的成员数占国家成年人口的比例来考量。

五是关键职能表现。即通过对非营利组织的某些重要活动领域进行了研究，评估它们是否可以完成所谓的目标或者功能。具体考察方法为，根据田野式调查对国家中特定的非营利组织进行评估，然后得出各个领域的平均值，由此产生一个"职能表现分"均值。不过，由于并不是所有国家都有这方面的统计数据，因此这项研究仅仅对有这些数据的国家中的使命履行程度进行了分析。

---

① ［美］莱斯特·M. 萨拉蒙：《全球公民社会——非营利部门国际指数》，陈一梅等译，北京大学出版社 2006 年版，第 82 页。

（二）非营利组织指数的计算与整合

"建构一个指数的最后步骤，是把各式指标集合成一个中和评分，再参照一个固定标准来校准它。"① 所以，非营利组织指数的指标评分是相对的。萨拉蒙对非营利组织指数的计算主要是通过三个步骤来完成的。

表3—3　　　　　　　　全球公民社会——非营利组织指数

维度	指标
能力	雇员量：按相当全职雇员数量占全国经济活跃总人口的份额来衡量
	志愿者雇佣水平：以相当全职志愿者数量占全国经济活跃总人口的份额来衡量
	慈善捐赠的金额：以占国内生产总值的份额来表示
	非营利组织的多元化程度：以在不同活动领域里非营利组织从业人数的分布来衡量
可持续性	自我运营收入：以收费、会费、营业额等占总收入的比重来测量
	政府支持：以政府资金等占总收入的比重来测量
	大众支持：由参与志愿服务的人数占成年人人口的比重来测量
	法律环境：以需求和供给两个层面来衡量
影响力	经济贡献：以附加价值来衡量
	人类基本服务贡献：以主要人类基本服务领域雇员占非营利组织从业人数的比重来考量
	倡导和表达的贡献：以非营利组织雇员和志愿者在这类活动投入的人力来考量
	大众的参与：以机构会员量来反映
	关键职能的表现：由活动领域研究来表现

资料来源：［美］莱斯特·M. 萨拉蒙：《全球公民社会——非营利部门国际指数》，陈一梅等译，北京大学出版社2006年版，第76—87页。

---

① ［美］莱斯特·M. 萨拉蒙：《全球公民社会——非营利部门国际指数》，陈一梅等译，北京大学出版社2006年版，第85页。

1. 将指标标准化

由于霍普金斯项目涉及很多个国家和地区，因此每一个维度中的指标都是以不同的方法进行测量的。那么为了能够得出一个维度的综合分数，就需要用一个标准值，以使得各个指标能够进行综合。在萨拉蒙的非营利组织指数里，每一个指标的标准值就是项目各国中最高的评分。那么，每个国家在各个指标上的标准评分就是其评分与标准值的百分比。每个指标的标准评分都是在1—100。不过100并不代表最理想的状态，只是指标的最高评分而已。

2. 把指标集合为维度进行评分

在得到了每个指标的标准评分后，然后就可以通过计算每个指标的评分的简单平均值。但是为了避免某些指标中存在的潜在偏见，又对个别指标进行了两次加权。例如，在对可持续性进行评分时，"把志愿者参与的指标评分进行了2次加权"，以避免过度反映较为正式的非营利组织的情况。

3. 把维度集合成指数。对这三个维度进行简单的平均，得出一个国家的总的非营利组织指数。

另外，霍普金斯非营利组织指数的数据主要依赖于各个国家课题组成员进行搜索的，这些数据主要来自于官方经济统计、非营利组织的实地调查以及其他中介组织的数据等。霍普金斯项目根据这套非营利组织指数对世界上许多国家的非营利组织进行了测量。萨拉蒙等认为，这套指数是可行的。由于没有一个国家的指数能够获得100，也不大可能为0，同时也没有国家在所有指数上都可以得最高分，从而反映了非营利组织发展的复杂性和发育的差异性。

（三）萨拉蒙与安海尔的指数之比较

虽然非营利组织的计量是近些年来新兴的主题，不过目前已经取得了阶段性成果。除了萨拉蒙的非营利组织指数外，还有如英国伦敦经济学院安海尔主持的全球公民社会指数研究项目、由中国学者王绍光主持的中国第三部门国际比较研究项目以及1997年东欧及欧亚大陆NGO可持续发展指数体系等，也建立了一套相应的指数来测量非营利组织的发展状态。这里仅对在学术界比较具有影响力的萨拉蒙非营利组织指数与安海尔的公民社会指数进行比较性研究。

1. 安海尔的公民社会指数

全球公民参与联盟（CIVICUS, World Alliance for CitizenParticipation）成立于 1994 年，总部设在美国华盛顿特区，现在已经是国际非营利组织联盟网络之一。在"联合国发展规划署"（UNDP）和"荷兰国际发展合作组织"（Novib）的协助下，全球公民参与联盟发起了一项国际联合行动，即公民社会指数（Index on Civil Society Project）。该研究项目由英国伦敦经济学院"公民社会研究中心"主任安海尔主持。安海尔的《公民社会：测量、评价、政策》一书体现了全球公民参与联盟公民社会指数的研究成果，阐述了测量公民社会的方法。这一研究项目创建了一套公民社会评价指标体系，包括四个维度、25 个亚维度和 73 个具体指标。安海尔等人按照这一体系对世界上 60 个左右国家中的公民社会进行了研究。

（1）概念化

安海尔等建构的公民社会指数，"是以公民社会菱形的形式反映某一范围内公民社会领域健康状况的指数，它通过行动——研究方法（action-research）确定适合于反映公民社会各方面状况的指标以全面地评估公民社会组织的行动和价值。在分析公民社会现实的健康状况同理想状况之间的差距的基础上，公民社会指数为公民社会的相关方界定改善自身的计划提供指导"①。

（2）操作化

安海尔的公民社会指数包含 4 个维度、25 个亚维度、73 个具体指标（详见附录 3）。四个维度指结构、环境、价值和影响，具体的就是公民社会的组成结构、所处的外部法律和政治环境、所倡导的价值观及参与者的行动在社会上产生的影响。两条垂直交叉的轴线的不同向度分别代表了这四个维度，然后在每个向度上确定具体点，联结这四个点就构成所谓公民社会菱形，即钻石结构图。在安海尔看来，这四个维度之间是存

---

① 陈坚：《公民社会评价指标体系之比较及基于中国情况的思考》，《中国非营利评论》2008 年第 1 期。

有因果关系的，前三个维度可被视作原因，而影响维度可看作结果。一是结构维度，表示公民参与的规模，非营利组织的资源、多样性及水平，非营利组织间的交流合作关系；二是环境维度，表示的是非营利组织所处的政治环境、社会经济文化环境、法律环境、组织内部公民享有的基本权利以及公民社会和国家、私有企业之间的关系；三是价值维度，表示的是表征非营利组织内部在民主、透明度、消灭贫困以及保护环境等价值观；四是影响维度，表示的是非营利组织影响公共决策的能力，促进政府负责的能力，对社会需求的反应能力等方面。

体系中的所有指标又分为三个层次，即微观、中观和宏观，分别适用于个别组织的案例研究、区域性的研究组织和全国性范围的公民社会研究。而每一个层次，又分优先性指标、标准性指标、可选性指标和其他指标，以减少其他因素如地区差异、特殊性的影响。所谓优先性指标，就是说这些指标是所有国家和地区的公民社会所共有的。所谓标准性指标，就是指已在大多数国家被证实过有效的指标。所谓可选性指标，就是指相对具有地区特殊性的指标，仅适用于那些具有相同特性的国家或地区。所谓其他指标，是指在一定情况下可供选择的指标。

（3）整合化

安海尔的公民社会指数是通过各个国家学者的参与式讨论来为公民社会的结构、空间、价值观和影响这四个维度分别打分的，然后画出各个国家的公民社会菱形图。① 具体来说就是，首先各个国家的负责人一起讨论商议，然后确定一个具体的标准。标准确立后，相关人根据自己的判断对公民社会的具体指标中的选项一一打分，具体取值为1—7，从"完全不同意"到"完全同意"。然后根据各个陈述句的数值得分，在计算出每一个维度的均值。并在不同的向度上找到相对应的点，将这个四个点连接起来，就形成了一个菱形图，即公民社会钻石图。这一钻石图是对安海尔的公民社会指数的直观体现。对理想的公民社会是在四个维

---

① Helmut K. Anheier, *Civil Society：Measurement，Evaluation，Policy*, London：Earthscan, 2004，pp. 35 – 38.

度上都得满分，不过这种理想状态在实际中是不存在的。

（4）方法

安海尔的公民社会指数的数据主要依赖五种方法，如通过搜集二手资料的回顾，通过在各个地区选择利益相关者进行咨询，通过社区抽样调查进行实地访谈，通过媒体回顾收集与非营利组织有关的报道等。同时还包括一些其他的规则，如严格的随机抽样，或者在报告中使用统一的模板等。

2. 萨拉蒙与安海尔指数的比较

萨拉蒙所主持的霍普金斯项目与安海尔主持的全球公民参与联盟都很关注非营利组织的评估与操作化，分别提出了一套完整系统的非营利组织指数。从直观上来看，这两个指数对测量非营利组织的具体维度与指标存在差异，萨拉蒙将公民社会指数的维度分为三个方面，即能力、可持续性和影响力，而安海尔以钻石图为基础，将公民社会指数的维度分为四个方面，即结构、价值、环境和影响。具体可以从两个方面来探讨。

（1）两个指数的相同点

从指数涉及的目的、方法、指标、评分等过程角度来看，两套指数相同点主要有：

第一，从研究方法与目的上来看，两套指数体系的出发点是相似的，都是为了进行国别性的比较研究，都是利用定量的分析方法来测试一个国家中非营利组织的发育情况。这样使得最终数据能够在国别间进行对照分析，使得国家间的非营利组织可以相互借鉴，促进非营利组织的发展。

第二，两套指数体系都注意到了大量非正式的非营利组织，因此采纳核心性和普遍性的特征来定义非营利组织。这一点尤其对发展中国的非营利组织尤为重要，在一定程度上减少了西方思维下的偏差。

第三，指标设计上，都是考虑了可测性和普适性。很多数据都比较容易获取，即使那些没有现成资料的国家，通过特别调查或者相关利益者评估，最终都可以收集到数据。从整个指标体系来看，两套体系都回避了灰色的区域，以及带有地方性特征的问题，例如人口、资金、经济与法律等指标，都具有普遍性。

第四，在进行综合评分时，都是通过具体数字表现出来的，这样增强了最终结论的直观性，也有利于国家间或者地区间的可比性。

第五，在维度设计上，两套指数体系都综合考虑了组织自身和外部环境两个方面，例如非营利组织自身的能力与结构，和每个国家中政府支持与法律环境等指标。

第六，两种指数体系在实际测量中所应用的指标是相同的。例如，安海尔在测量环境维度的法律环境指标时，采纳了萨拉蒙对非营利组织的法律环境指数体系。

（2）两个指数的差异性

当然两个指数也存在很大的差异性：

第一，在概念化中，两套指数出现了差异。因为萨拉蒙先让每个国家的课题组指出被认为是属于非营利组织的各类机构与实体，然后又以各个国家的材料为基础，汇总归纳并最终提炼出非营利组织的核心定义。而安海尔则更多的是从理论层面来界定非营利组织的定义与分类的。

第二，萨拉蒙的非营利组织指数采用相对值来表达的，就是以每个指标中最高分值的国家为标准，然后将其他国家的分值与之相比，然后得出该国的最终相对值。安海尔的公民社会指数是采取直接的简单平均值来计算的。

第三，在维度与指标设计中，萨拉蒙的非营利组织指数所关注的范围比较窄一些，没有过多关注非营利组织与社会中其他主体之间的关系，例如没有测量非营利组织与国家、市场企业等关系的指标。同时也没有考量一个国家中的社会文化与民主化程度等方面，例如没有测量社会的民主、性别平等、宽容等指标。因此，安海尔的公民社会指数关注的范围更全面一些，不仅能够反映一个国家非营利组织的发展情况，还能反映出整个公民社会所发展的社会大背景方面的信息。这有助于各个国家之间相互衡量其公民社会不发达或者功能欠缺的原因。

第四，在实际数据获取中采纳了不同的方法。萨拉蒙霍普金斯项目在获取数据时，更多是以客观的官方与行业资料来源为主，而且采纳数据也比较倾向于客观的途径，只有当这些客观性数据缺乏时，才会进行个案式的特别调查。而安海尔的项目数据来源于各个地区的利益相关者咨询与社区抽样调查。因此相比于安海尔的项目数来源，显然前者更能够避免主观意识所带来的偏见。

二 非营利组织法律环境的计量

萨拉蒙不仅关注对非营利组织自身的计量，还十分重视非营利组织外界环境的评估。就非营利组织的法律环境而言，萨拉蒙提出了十个基本的法律问题用来描述一个国家中非营利组织的法律环境。这十大问题分别是：" (1) 整体法律环境，包括对结社权的保护；(2) 非营利地位的资格；(3) 内部治理要求；(4) 组织收入和捐赠的税收待遇；(5) 个人收益限制；(6) 组织对公众的义务，例如报告和其他要求；(7) 商业活动许可；(8) 其他金融限制；(9) 政治活动许可；(10) 影响非营利部门的关键趋势。"[1] 萨拉蒙基于这一框架，利用新制度经济学的交易——成本理论，设计了一个用来计量非营利组织的法律环境的指数。

（一）非营利组织法律环境的问题

1. 整体法律环境

在这一方面，萨拉蒙主要从一个国家是否为法治社会，法律是普通法还是市民法，规范非营利组织的法律是单项的还是多项，以及这些法律的有效范围是全国性的还是根据地区的不同而变化四个方面，来衡量一个国家的整体法律环境。具体如下。

（1）法治化

这里的法治，并不是指与非营利组织直接相关的法规，而是非营利组织法律形成的更广泛的法制背景。如萨拉蒙等所言，"中心问题是法治在多大程度上根植于一个国家的法律体系之中。也就是公民的基本权利，如言论自由，非暴力的结社或者集合、结社，持有私人财政等基本的公

---

[1] Lester M. Salamon, Susan L. Q. Flaherty (1996), Nonprofit Law: Ten Issues In Search of Resolution. Working Papers of the Johns Hopkins Comparative Nonprofit Sector Project, No. 20. Baltimore: The Johns Hopkins Institute for Policy Studies, p. 1.

民权利受保护程度"①。这些权利是形成非营利组织运作的法治空间的基础。这一法治空间可以独立于国家之外，免受国家强权的侵犯。而法律空间的一个重要保证因素就是，一个能够严格依法执行的独立司法机构。有这种传统的国家，也容易产生有效的非营利组织。

（2）普通法 vs. 市民法

目前存在两种法律体系，即普通法与市民法。萨拉蒙认为，这两种法律体系对非营利组织的发展各有优劣。例如，普通法的优势是，即使没有明确的法律许可，结社权利也已经被假定存在。因此，一般来说普通法国家会被认为更有利于非营利组织的存在与发展。劣势是，普通法所要保护的权利特征是比较含混不清的。市民法系正好相反，在这些国家中，结社等权利都会明确界定，更有利于落实这些法律权利。但是，也只有明确规定的权利才会受到保护，因此市民法容易附加很多条件限制。

（3）单项 vs. 多项法律

规范非营利组织的法律全部汇总在一个独立的非营利法律中，或者说非营利组织法散见于不同的法律中。萨拉蒙分别以日本与法国为例子，进行了具体说明。日本是根据不同的领域（如卫生、社会服务、教育、科研）来分别授权非营利组织的法律资格的，但是只为这些领域之外的非营利组织提供了有限的权利。1901 年法国则颁布了统一的实体法来管理所有领域中协会与互助组织的形成。虽然每种法律形式都可以达到相同的目的，但是综合性的法律却更能为结社和形成非营利组织提供坚实和广泛的法律性保护。不过，这种类型的法律也同样可以有效地限制非营利组织的权利。应该说，一系列一般性条款，再加上根据具体目的而设立非营利组织的具体的法律性保证，是最有利于非营利组织发展的。

（4）国家 vs. 地方法律

与非营利组织相关的法律，其有效范围是全国性的，还是根据地区

---

① Lester M. Salamon, Susan L. Q. Flaherty（1996），Nonprofit Law: Ten Issues In Search of Resolution. Working Papers of the Johns Hopkins Comparative Nonprofit Sector Project, No. 20. Baltimore: The Johns Hopkins Institute for Policy Studies.

的不同而变化？这一问题与一个国家的法律和政治结构是相关的。例如在美国，非营利组织法由州法与联邦法共同组成。州法主要涉及非营利实体的基本形成和地方性税收问题，而联邦法则涉及全国性的税收问题。相反地，在法国则主要由国家范围的法律来统一管理非营利组织。

2. 非营利地位的资格

非营利组织在许多国家都需要通过政府机构法律认可等途径获取独立的法人资格。萨拉蒙认为，非营利地位资格涉及四个问题："a. 可被认为是非营利组织的实体类型的细则；b. 被认为符合非营利资格的目标类型；c. 被作为非营利组织所需要满足的其他条件（如会员要求或资产要求）；d. 组织被正式确认为非营利组织时所必须遵循的实际注册程序"[1]。

(1) 合格的实体

被法律认可，享受法人资格所拥有的权利与义务，非营利组织首先必须是一个正式的组织。即必须有实际的制度现实，例如行为模式、内部程序和执政人员等。换句话说，就是让一群个人转换成一个正式成立的法人。不过具体类型和创立方式也是不一样的。萨拉蒙总结了六种常见的模式：非营利公司、非法团组织、互助社、基金会、信托、其他。

(2) 合格的目标

除了实体类型外，组织所追求的目标也是影响非营利资格的重要因素之一。萨拉蒙认为，主要有三种类型，一个是消极性的，其他两个是积极性的。①以商业性为目的的组织，不具有非营利资格。②以互惠互利为目的的组织，如果以组织会员的利益为目标的话，具有申请非营利组织的资格。如专业性协会，工会，企业利益团体，合作社，友好型协会，社会和体育俱乐部，以及其他相关的组织等。③以公益为目的的组织，也具有申请非营利组织的资格。这三种类型的组织在享受免税待遇上也是有差异的。一般而言，公益组织享有最多的优惠待遇，但是审核要求也比较严格。

---

[1]　Lester M. Salamon, Susan L. Q. Flaherty (1996), Nonprofit Law: Ten Issues In Search of Resolution. Working Papers of the Johns Hopkins Comparative Nonprofit Sector Project, No. 20. Baltimore: The Johns Hopkins Institute for Policy Studies, p. 4.

（3）其他要求

法律也会提出第三个要求，即资本要求和会员要求。资本要求一般比较适用于信托或者基金会等，要求这些非营利组织具有最低限度的资源以便能够获得非营利性法律地位。而会员要求的目的是防止此类协会空有商业组织的外表，能够享受非营利组织的税收和其他法律性优惠，却不能够为其会员提供服务。

（4）登记手续

最后，如何核实那些满足非营利地位要求的组织。主要有两种途径，一是正式成为法人的时候，二是税收优惠地位确立的时候，或者两种方式都需要得到满足。在普通法系国家中，例外基础比较普遍，因为在这些国家中成立非营利组织的权利是先于任何立法规定的。有时候甚至都不需要到政府机构中进行注册，就可以直接以非营利组织身份进行运作，并享受税收优惠和其他待遇等。而在市民法系国家中，非营利组织为了获得非营利地位的资格，一般都需要得到政府明确的认证。不过目前，许多普通法系国家也可开始要求非营利组织进行注册和登记了。

3. 内部治理要求

萨拉蒙认为，非营利组织应该享有内部治理的自主性，从而不受国家的干涉。第一，这是由非营利组织的法人地位决定的，组织有权决定谁代表其行为。第二，是因为非营利组织具有公共性特征，它们所享有的收税优惠等。第三，由非营利组织的志愿性特征所决定的。基于上述三个原因，非营利组织需要有内部治理。同时非营利组织需要调和两个竞争性的价值观，一是自治性和国家对非营利组织内部事务的非干涉。二是组织对决策结构和公共责任的需要。达到这一调和状态的方法有两种形式，即法律形式或者内部治理文件。以法律条文的形式提出一般性的要求，然后由组织在其内部治理文件或者内部章程中进行详细解释。无论是通过法律形式还是内部治理文件，关键性问题都需要在一个组织依法成立的时候解决。主要涉及四个问题："组织最终权力的归属；理事会的规模，任期和功能；组织负责人；组织将使用的决策程序。"① 其实，即使非营利组织是自治和独立的，但是其内部治理的关键性问题依然是公众比较关心的主题，从而也是法律的关注点。不过具体情况也是有差异的，如有些国家中法律对此进行了严格限制，而有些地方则仅仅在法律中要求非营利组织必须在内部治理文件中明确解决这些问题。

4. 组织收入的税收待遇

作为非营利组织的一个优势就是，税收优惠。不过每个国家税收优惠的程度是不同的，因此税收优惠在每个国家中的重要性也是有差异的。萨拉蒙认为，非营利组织可以享受税收优惠，有几大理由：一是非营利组织能够促进许多积极性价值观的形成，如民主、志愿主义、多元主义等，而这些价值观也是政府所提倡的；二是非营利组织通过提供社对福利、教育、弱势群体和娱乐与文化等领域中所需要的集体物品，帮助政府减轻负担；三是其他理论把税收优惠资格仅看作是一个技术问题。由于非营利组织不以营利为目的，不能够弥补组织运作的成本。实际上对于非营利组织是否应该享有税收优惠是存在很大争议的。有人反对唯有某一类型的组织享有税收优惠，这一政策应该适用于所有类型的机构。也有人指出，如果一种类型的组织免于纳税义务，就容易导致对这些机会的滥用。

一般来说，非营利组织的税收政策主要涉及两个层面的问题，一个是对非营利组织自身的税收优惠，一个是对非营利组织进行捐赠的个人、企业和其他的税收优惠。而且不同类型的非营利组织所享有的免税待遇存在差别，就是对于不同的税种，如所得税、消费税，也是存在差异的。所得税，主要指捐赠收入、服务费收入、投资收益、财产出售，其他相关或者无关的商业性收入等。消费税主要有销售税、增值税、奢侈税、房产税、进口税或关税等。税收类型可能也会由不同的政府机构来管辖。所以税收待遇会随着税务类型、组织类型，以及政府级别而变化。免税

---

① Lester M. Salamon, Susan L. Q. Flaherty (1996), Nonprofit Law: Ten Issues In Search of Resolution. Working Papers of the Johns Hopkins Comparative Nonprofit Sector Project, No. 20. Baltimore: The Johns Hopkins Institute for Policy Studies, p. 13.

申请的程序也是有差异的。同时政府也可以提供激励性措施以鼓励人们对于非营利组织的捐赠。例如，免去捐赠者捐赠的物品或者资金的纳税等。一旦政府决定了捐款的受益地位，就需要解决几个问题，（1）符合免税资格的捐款所支持的组织类型或者目标；（2）优惠待遇应采取的形式；（3）具有优惠资格的捐赠人或者捐赠机构的类型。

5. 个人收益限制

萨拉蒙认为，非营利组织的一个重要特征是非利润分配性。就是说，组织收入不可以分配给组织负责人，而只能用于目标的实现上。因此每个国家的法律都很重视组织的个人收益问题，以保证非营利的资产是用于公益目的，而不是私人。

法律一般不允许对非营利组织的员工支付薪金，或者定期出席会议或者参与其他组织功能的董事会成员支付费用等。同时，法律还禁止组织的负责人或者管理者利用职权之便牟取私人利益。容易导致私人收益的交易类型主要有：（1）由非营利组织对个人的金钱或其他贵重物品的贷款；（2）对个人责任的非利润分配性假设；（3）对个人或者企业的超出非营利组织所提供的物品或者服务的正常合理补偿的额外支付；（4）授权私人无须成本或者支付较低的成本去使用或者为非营利组织设施或者办公用于和设备等；（5）利用非营利组织的形式去进行以营利为目的的商业活动，或者服务于商业目的（如允许基金会投资董事会成员控制的企业等）。这些交易都容易使得非营利组织改变其公益性，而为私人利益服务。所以，法律一般还对个人（尤其是组织负责人，如董事会成员、关键性工作人员和管理者等）收益限制的类型与程度进行界定。

6. 非营利组织的义务与责任

萨拉蒙认为可以从两个方面来看。一方面是信托责任，就是说非营利组织需要将资金或者财产用于他人利益，而非个人利益。信托责任的法律关注如下几个问题："非营利财产的处理，理事会成员与组织工作人员的个人财政责任限度，理事会为组织运作的其他方面的责任范围等方面的问题。这些法律还涉及个人收益的限制，如对于组织管理人员的赔偿限制，利益冲突与自我交易的标准等。"①

在一些国家，把对于商业部门的信托约束行为的标准用于对于非营利组织的信托责任人的约束，用一般普通法来规制责任人的犯罪或欺骗行为，并没有专门对于非营利组织的法律。例如萨拉蒙认为，在普通法系中，已经在信托法中形成了相对完善的原则。关于慈善组织的信托法主要涉及三个方面，即"谨慎义务、忠实义务和守纪义务"。当非营利组织负责人被指未履行上述义务的时候，可以利用"经营判断原则"为自身辩护。另一方面，指的是非营利组织管理的公开性与透明度要求。也就是报告与资料公开的要求。需要设计法律条款以增加组织的责任与透明度，从而提高公众对非营利组织的信任，也保证拥有免税资格的非营利组织为公众利益服务。

7. 商业活动的许可

萨拉蒙指出，有两种商业性活动是比较容易区别开的，"相干的商业性活动与不相干的商业性活动"。所谓相干的商业性活动，指与非营利组织的基本目标的履行直接相关的商业性活动。例如，日托中心对接受服务的人群的收费，就属于相干的商业性活动。而不相干的商业性活动，主要是指那些与非营利组织目标完成无关系的商业性活动。例如，日托中心所开的干洗店，就属于不相干的商业性活动。不过，关于是否允许或者在多大程度上允许非营利组织可以从事商业性活动的规定是存在差异的。

即使不相干的商业性活动被允许存在，也需要对与税收有关的问题做些规定。一般来说，解决这一问题的方法有两种。第一种方法是强调收入的来源，例如其收入来源于是相干的商业活动，还是不相干的商业活动。来自于相干性的商业活动的收入可以享有免税优惠，但是不相干商业活动的收入则要与商业机构一样需要纳税。第二种方法是强调收入的最终用途，如果收入是用于完成非利润分配性目标的，那么这一收入

---

① Lester M. Salamon, Susan L. Q. Flaherty (1996), Nonprofit Law: Ten Issues In Search of Resolution. Working Papers of the Johns Hopkins Comparative Nonprofit Sector Project, No. 20. Baltimore: The Johns Hopkins Institute for Policy Studies, p. 13.

来源或者产生收益的活动已经不再重要。

8. 其他的金融限制

由于非营利组织经常需要向公众进行募捐，欺诈和滥用存在的可能性比较大些。因此，为了减少这些不法行为，萨拉蒙认为许多国家的法律一般都会对非营利组织的募捐和所从事的其他财政交易进行一些限制与要求。

（1）募款

为了能够保证捐款，维持非营利组织的公共信任是非常重要的。可以通过信息公开，私人收益限制，采用志愿行为规则，或者在治理文件中纳入高于规定的标准等方式来完成这一任务。同时，也可以采用法律的形式来防止个别人利用非营利的幌子来欺骗民众的可能性。法律可以要求那些关注资金使用的捐助者和公众对非营利组织进行问责，如非营利组织需要向捐赠者公开征集的资金数额和实际使用情况。此外，法律可以对集资数额或者行政费用设立一个上限，行政费用不能超过一定的比例限制。

（2）其他财政限制

除了募款限制，法律还可以规定非营利组织其他方面的财政运作。例如，法律可以对非营利组织的财务会计制定一些一般性的原则，以适用于非营利组织的财政报告中。为了使这些限制性法规得到执行，还必须包括执行机制。例如，一些法律会对不符合注册要求的负责人的不当行为和欺诈性行为进行民事或刑事处罚。同时还可以减轻对志愿者无意过错所进行的惩罚。

9. 政治活动的许可

一些法律，尤其是普通法系，也会对非营利组织的政治性活动做些限制。由于非营利组织及其捐赠者在一定程度上都可以享受免税优惠，直接参与政治性活动容易成为对某党派或者某些政治活动的间接性支持。不过，一个很大的挑战是，如何建立一些适中的法律机制，从而既能够有效限制非营利组织所参与的政治性活动，又不会削弱非营利组织的倡导性功能。

这种法律机制的目的主要是为了区分几种不同类型的政治或者倡导

性活动。可以有效确定三种活动类型：政治竞选活动、游说与政策宣传。一般来说，非营利组织是被禁止参与政治竞选活动和游说等政治性活动的。但是非营利组织则可以通过政策宣传来发挥倡导性功能，例如通过参与和平集会或者自由演讲去抗议或者促进政府的某些行为，以及举办研讨会、发放资料和其他相关活动以引起政府与公众的注意等。除了对政治活动类型进行区别对待外，法律也会根据不同类型的非营利组织采用不同的限制。例如公益性非营利组织不能参与游说，但是互助型的非营利组织却可能被允许参与此类政治活动。

10. 关键趋势

萨拉蒙认为，目前社会中的发展趋势也会影响到与非营利组织有关的法律。（1）非营利组织的快速增长和多样化，为这一部门的资格认定带来了挑战。（2）政府与非营利组织在差异中寻求合作，因此也会产生一些法律上的挑战。因此，新的合同安排、抵用券、报销制度、间接费用规定等都会出现，并需要通过法律来解决。（3）非营利组织的活动也逐步商业化，这就要求有界定非营利组织与营利性组织界限的法律定义。（4）出现了新形式的私人捐赠。（5）随着非营利组织与政府和企业接触的增加，对非营利组织运作的道德标准和工作的专业化程度等的要求也变得日益重要。（6）全球化背景下，非营利组织法也需要做出相应的调整。

（二）非营利组织法律环境的指数化

萨拉蒙基于新制度主义的交易——成本理论建构了非营利组织的法律环境指数。具体可以从两个方面来看：一是需求维度的交易成本分析；二是供给维度的交易成本分析。

1. 需求维度的交易成本

根据汉斯曼的理论，非营利组织存在的一个原因就是市场领域中所存在的信息不对称。因此，需求方很难准确或者适当地评估市场生产者所提供物品与服务的质量问题。而由于非营利组织一般都具有"非利润分配性"的特征，因此相比于企业等非营利组织更容易获取民众的信赖与支持。萨拉蒙指出，如果一个国家的非营利组织法中明确规定了非营利组织的"非分配性限制"，那么就可以降低需求方的交易成本，从而增加了民众依赖非营利组织提供服务的可能性。萨拉蒙还指出了报告、内部治理与筹款等方面的限制与需求方交易成本的关系。

具体来说，需求维度指标主要有四个①（详见附录4）：（1）非分配性规定。非分配性条文涉及两个层面：非分配性限制和个人收益限制。一般来说，在有"非分配性限制"和"个人收益限制"的国家中的民众比来自于不具有这一限制的国家中的民众更可能资助非营利组织。（2）报告。一方面是对非营利组织自身的要求，即对非营利组织报告的要求。另一方面涉及公众的知情权，即公众获取信息的权利。（3）治理。一方面民众需要知道谁是非营利组织的负责人，即可称为负责的代理人。另一方面，需求方更信赖那些内部治理比较民主、注重公众参与的治理结构，就是对公众参与的要求。（4）筹款。筹款要求包括两个方面：注册许可要求与实质性限制（如筹资成本）。同样，筹款规定也可以促使民众更加信赖与资助非营利组织。

2. 供给维度的交易成本

需求方的交易成本不是影响一个国家非营利组织范围的唯一因素。创建和经营非营利组织的交易成本，也同样会影响这些组织对满足需求的供给程度。按照制度经济学家的逻辑可以得知，当建立与运作的成本过高时组织产生的可能性就越小。

萨拉蒙指出，有三个方面的法律条文通过影响供给维度的交易成本，最终影响非营利组织的形成。（1）与建立非营利组织的总体法律态度的法律条文，包括对结社权利的保护；（2）授予非营利组织的法人地位的法律条文；（3）有关非营利组织财政的法律条文（见附录4）。

（1）总体法律态度

总体法律态度，指的是一个国家在法律上是否保护建立非营利组织的权力，即常说的结社权，还是说仅仅赋予了政府授予或者取消这些组织的特权。同样，过于限制非营利组织所实现的目标类型或者所允许参

① Lester M. Salamon, Stefan Toepler（2000）, The Influence of the Legal Environmental of the Development of the Nonprofit Sector. Center for Civil Society Studies. The Johns Hopkins University Institute for Policy Studies, Working Paper Series No. 17.

与的政治活动，也会影响非营利组织的建立。

（2）创立

法律条文可以通过对建立非营利组织的各种要求而影响供给维度的交易成本。主要有是否允许非注册的组织、会员要求、资本要求、理事会中的政府参与、给予法律地位的政府自由裁量权、上诉程序等。

（3）融资

第三个方面就是，法律条文可以影响非营利组织的财政基础。主要涉及组织税收豁免的广度、收入税的豁免、不动产/财产税的豁免、印花税与其他税的豁免、间接税收的豁免、对不相干经营活动的许可与税收待遇、对不相干商业性收入的税收、捐赠的组织税收优惠、个人捐助者的税收优惠、公司捐助者的税收优惠。

萨拉蒙主持的霍普金斯项目根据上述提到的十大基本法律问题，以及新制度经济学中的交易成本理论，创立了关于非营利组织法律的评估指标。这一指标体系有 24 个指标，并按照每个国家根据其法律而处理各个项目的方式分别赋予了 0、1、2 分值。然后，将各个指标的得分加总，计算出每个国家中需求维度与供给维度的总得分。为了避免偏见，先进行部分（即需求与供给交易成本中所涉及的法律层面）总和，然后求其平均数，最后进行总平均。按照这种计算方式，萨拉蒙及其同僚根据各个国家的法律体制与非营利组织规模之间的关系对世界上许多个国家的非营利组织法律进行了评估。得出最终结论："法律体制越有利于非营利组织的行动，非营利组织的发展程度就越高。同时，例外的情况也清晰地说明了其他因素也起了作用。"①

本章节主要阐述了萨拉蒙对非营利组织的解析。最初，萨拉蒙对非营利组织的认识也只是作为一个组织形式来看待的。萨拉蒙眼中的非营利组织只是"公民社会中制度性的组成部分"。非营利组织的组织形式自身是多种多样的，如会员社团、地方社区团体、俱乐部、医疗机构、教

---

① Lester M. Salamon, Stefan Toepler (2000), The Influence of the Legal Environmental of the Development of the Nonprofit Sector. Center for Civil Society Studies. The Johns Hopkins University Institute for Policy Studies, Working Paper Series No. 17.

育机构、社会服务机构、倡导性团体、基金会、自助组，等等。但是萨拉蒙指出这些只是公民社会中重要的制度性形式，并不是公民社会的全部，还包括如新闻自由、公民权利、宗教生活或个人对组织性背景之外的公共生活的参与等。而且一个真正成熟的"公民社会"，绝不是其中的某个或者某些类型的组织过于强大，而是各个领域中的非营利组织平衡发展，同时还要与政府、商业相互依赖，而不是独立存在。虽然说萨拉蒙所提供的组织定义并不是一个放之四海而皆准的模式，但是这一概念在促进对非营利组织进行跨国别的或者说系统性的比较分析与研究上功不可没。萨拉蒙对非营利组织进行的计量与操作化，可以看作非营利组织研究的新主题。虽然非营利组织与国家的关系很久以来都是政治学研究的重要主题之一，但是非营利组织这一研究领域一直都是处于附属地位的，学者们的视角大多是从国家层面出发的。造成这种情况的一个原因就是非营利组织自身的复杂性使得经验性研究比较有难度。而萨拉蒙对非营利组织的计量与操作化的重要意义就在于，在高度复杂和异质性的世界中，发展出一套量化的、可比较的和系统的多维度指标体系，以从总体上把握非营利组织的发展情况，从而推动了非营利组织研究的发展。与以往单纯地进行描述性的和思辨性的研究相比，这一理论框架使得这些研究不再拘泥于抽象的思维。

第 四 章

志愿失灵:萨拉蒙对非营利组织的反思

　　萨拉蒙在对非营利组织的研究中又透过当代非营利组织的发展与变革对非营利组织进行了反思。如果说20世纪30年代资本主义经济危机使得福利经济学家意识到了"市场失灵",20世纪70年代西方各国的滞胀困境使得人们意识到"政府失灵"时代的来临,那么可以说自20世纪80年代始萨拉蒙则意识到了非营利组织的异化现象,首次提出了"志愿失灵"理论。"志愿失灵"还是一种组织和制度意义上的"异化"现象,是非营利组织在运行过程中对组织目标的偏离,也就是一种非营利组织的功能性变异。

第一节　实践挑战

　　自从有组织的、私人的和志愿性的非营利组织正式形成以来,发展至今其规模已经相当庞大。尤其是与当代社会的发展相呼应,非营利组织的作用也日益重要。萨拉蒙认为虽然"很难知道目前的激增是否是新现象,或者只是长久以来被忽视的一个部门的重新发现。这两个过程无疑都在起作用。但是在全球范围内,第三部门机构迎来一个新的繁荣期的证据则是无可置疑的"①。不过当民众在为全球"结社革命"欢呼的时候,萨拉蒙却看到了非营利组织在发展中所面临的实践挑战。

---

　　① ［美］莱斯特・M. 萨拉蒙:《非营利部门的崛起》,谭静译,《马克思主义与现实》2002年第3期。

一　全球"结社革命"的兴起

正如萨拉蒙所言:"我们正置身于一场全球性的'结社革命'之中。历史将证明,这场革命对 20 世纪后期世界的重要性丝毫不亚于民族国家的兴起对于 19 世纪后期世界的重要性。其结果,出现了一种全球性的数量众多的自我管理的非营利组织,它们不是致力于分配利润给股东或董事,而是在正式的国家机关之外追求公共目标。"① 全球"结社革命"的趋势主要表现为如下几个方面。

第一,非营利组织的数量在全球范围内激增。根据萨拉蒙主持的霍普金斯项目中的数据显示:在西欧,法国在 20 世纪 60 年代每年会产生 1 万个新的社团,而到了 80 年代和 90 年代,每年会新增加 5 万到 6 万个社团。而在意大利,目前的大部分非营利组织在 15 年前已经存在。在中东欧,匈牙利在 1989—1993 年,增加了 2.3 万个志愿性组织。在俄罗斯,超过 10 万的志愿性组织都是过去七八年内产生的。在发展中国家,印度已经注册登记的非营利组织数目已经超过了 100 万。而在巴西,已经注册了 21 万个非营利组织,更别说过去在 20 年中产生而没有注册的成千上万的邻里和社区组织②。

第二,非营利组织已经发展成为一个重要的经济力量。就是说,非营利组织不仅具有社会和政治功能,而且目前已经成为一个重要的经济力量。萨拉蒙介绍了西欧、中东欧和发展中国家的发展历史佐证了他的这一论断。在纳入视野的 20 多个国家中,非营利组织构成一个 1.1 万亿美元的产业,其支出平均达到国内生产总值的 4.6%,提供了相当 1900 万个全职工作人员的就业机会。如果将志愿者的贡献也计入,则相当 2960 万全职工作人员,占到这些国家非农总就业的 7%,服务业的 14%,或公共部门就业的 41%。这些数据特别显示了志愿力量在非营利组织中

① [美]莱斯特·M. 萨拉蒙:《非营利部门的崛起》,谭静译,《马克思主义与现实》2002 年第 3 期。

② Lester M. Salamon (2001), The Third Sector and Volunteering in Global Perspective. Presentation at the 17th International Association of Volunteer Effort Conference, Amsterdam, the Netherlands.

的重要性。事实上，22 个国家中平均占总人口 28% 的人向非营利组织贡献了他们的时间，他们使得非营利组织的力量明显扩大，这在西欧尤为显著。①

非营利组织在国家与地区之间呈现了巨大的差异性。首先，各个国家的员工队伍总体规模差异显著。萨拉蒙指出，非营利组织"从业人比例最高的在荷兰，可达经济活跃人口的 14.4%，而最低的墨西哥只有 0.4%"②。其次，发达国家与发展中和转型国家的差异也十分显著。一般来说，在西方发达国家中，非营利组织的规模比较大。而在拉美与中东欧地区，非营利组织的规模一般较小。数据显示，"发达国家的公民社会组织着从业人数平均起来较发展中和转型国家高出 3 倍（占经济活跃人口的比例是 7.4% 对 1.9%）。如果将志愿者人数加上，对比就更明显"③。

第三，非营利组织的收入来源发生了变化。目前非营利组织的收入主要来自于两个方面：政府，个人与私企。不同的捐赠主体采取了许多不一样的形式。第一个是来自政府的支持。主要形式有：（1）津贴和合同，即政府对非营利组织的直接支付，主要是为了支持非营利组织的具体活动与项目；（2）法定转移，即政府对非营利组织日常开支和组织支持而给予的支付，并不是为特定服务或活动付款；（3）第三方支付，即政府对非营利组织的间接支付，以弥补非营利组织为顾客提供服务的成本。资金可以直接支付给提供服务的非营利组织，或者间接地支付给那些接受服务的顾客，以弥补客户购买服务的成本。第三方支付或者凭单的主要特征是，客户能够保留他们选择服务供给商的权利，供给商只能代表那些选择其服务的顾客去接收资金。第二个是来自私人的支持。主要形式有：（1）来自私人捐赠的收入，其中包括个人的慈善捐赠（直接性的捐赠，或者通过联合筹款运动的捐赠），来自私人基金会和公司或企业的慈善捐款；（2）来自私人非捐赠的收入，其中包括服务支付（即客

---

① 贾西津：《国际比较视野中的非营利部门——〈全球公民社会：非营利部门视界评介〉》，《管理世界》2002 年第 11 期，第 152—153 页。

② ［美］莱斯特·M. 萨拉蒙：《全球公民社会——非营利部门国际指数》，陈一梅等译，北京大学出版社 2006 年版，第 22 页。

③ 同上。

户为那些政府不补偿的服务的支付,如私人和非营利性大学的学费) 和费用(即成为会员资格的收费和估价等);(3)产品销售,即通过销售产品而得到的收入,而不是组织所提供的服务的收入。这些产品可以与组织的核心活动相关,如艺术性博物馆的艺术广告,也可以说与核心活动无关的,如日托中心的洗衣服务所带来的收入。

不过萨拉蒙认为尽管慈善捐赠可能是非营利组织的显著特征,但是政府已经成为主要的支持来源。具体就是,收费已经是非营利组织收入的主要来源,政府资助是非营利组织收入的第二大来源,私人慈善在非营利组织收入中所占的比例较小。尤其是在发达国家,多数收入是来自于会费与政府资助,而不是来自慈善捐赠。一般的传统观念认为,美国的非营利组织从私人慈善——个人、企业和基金会的捐赠——获取最大一部分资源。萨拉蒙发现整个国家非营利人类服务组织最大的收入来源并不是私人捐赠,而是政府。萨拉蒙以 1980 年非营利公益服务部门总收入为例,指出非宗教的非营利组织总收入中私人慈善的份额为 23% ,即使包括宗教组织在内,私人慈善的份额也不会超过 35%[①]。事实证明,私人捐赠并没有想象中的那么高。另外,筹资模式在服务领域和社区方面的差异。10 个服务领域中有 6 个领域的非营利组织依赖政府提供一半或一半以上的资金,而其他 4 个领域的组织则不是。因此,收费收入是卫生服务和教育/研究组织的主要资金来源,而私人捐赠仅仅是一个服务领域—文化/艺术/娱乐—的主要支持来源。

第四,非营利组织服务市场化和服务对象多样化。非营利组织为了获得足够的资金来维持组织运转,已经开始涉足传统的市场领域中,为商业市场生产并销售产品和服务,例如博物馆纪念品、网络商城、教堂食堂的租金、医院的停车场等。而且一些非营利组织还学习市场中的组织模式,来改善它们的效益问题等。正如萨拉蒙所言,"它们利用了人口与社会发展趋势,将它们的服务市场化,并将服务面向那些能够购买得

[①]　[美] 莱斯特·M. 萨拉蒙:《公共服务中的伙伴——现代福利国家中政府与非营利组织的关系》,田凯译,商务印书馆 2008 年版,第 59 页。

起的人"①。这也是非营利组织快速增长的原因之一。但是萨拉蒙并不认为这会彻底改变非营利组织自身的特征,"非营利组织不单单利用商业冒险来获得收入,更重要的是去实现它们基本的慈善任务。这表明了关于贫困事业的传统认识发生了改变,从过去满足个人需求转向了让他们去工作。不再仅仅通过培训处于劣势的个人,然后送到私人劳动力市场,一种新的社会冒险事业产生了,它雇用那些吸毒者、囚犯、其他劣势个人直接参与商业活动,从而培养技能、建立自信并养成工作的习惯"②。同时萨拉蒙指出,当今社会和人口发展出现了新的特征,如老龄化现象,妇女权利改善,家庭结构中单亲家庭数量增多,物品滥用,娱乐开支增加等现象,预示了非营利组织的服务对象将越来越多样化,在公共生活中的角色将越来越明显。

第五,非营利组织与政府正在成为合作伙伴。萨拉蒙看到了在西方世界目前所存在的政府与非营利组织广泛的合作现实,并认为这很可能会成为未来非营利组织与政府关系的发展趋势。同时,企业也开始关注它们的社会责任,资助非营利组织,以赢得消费者的支持与信赖。所以企业将不仅仅是非营利组织的捐赠者,也将会以合作者的身份出现。萨拉蒙指出在美国,政府在很多时候已经成为了非营利组织资金的直接提供者,而非营利组织则介入了公共服务与产品的供应中,承接了原本属于政府的责任与权力。

二 "结社革命"背后的推动力

20 世纪末重要的社会和政治发展现象——全球"结社革命"发生的原因还尚未引起学者的足够重视。为什么这一现象会在此时发生呢?它对各国的社会和政治生活,以及政府和私人部门有什么影响?萨拉蒙从三个方面揭示了全球"结社革命"背后的推动力③:(1)来自自发的基

---

① Lester M. Salamon, *The Resilient Sector: The State of Nonprofit America*, Washington, D. C.: Brookings Institution Press, 2003, pp. 51 – 52.

② Ibid., pp. 61 – 62.

③ [美]莱斯特·M. 萨拉蒙:《公共服务中的伙伴——现代福利国家中政府与非营利组织的关系》,田凯译,商务印书馆 2008 年版,第 263 页。

层即"下面"普通民众的力量。近来非营利志愿组织在全世界急剧增长的最基本的动力来自于下面,来自于那些普通民众,他们决定依靠自己的双手解决问题,并组织起来改善他们的状况或寻求基本权利。(2)来自各种公私机构等"外部"的力量,如果说来自下面的压力是近来世界上组织化的、私人和非营利性的活动急剧上升的基本动力,那么这些压力受到了多种外部力量的鼓励,如来自教会、西方民间志愿性组织和官方援助机构的压力。(3)来自政府等"上面"的力量,即来自官方的政府政策领域。然而,来自上层的促进非营利组织力量,并不都是专门来自官方渠道,同样重要的是中产阶级专业人员和知识分子。非营利组织为这些受过良好教育的精英提供了参与社会和政治生活的途径。这在权威主义政体下尤其是这样,在其他背景下,它也是草根非营利组织的支持来源。这些压力其实反映了更广泛的历史发展——包括四种危机和两场革命,它们大致在同一时间聚集在一起,削弱了国家的力量,提高了志愿公民行动的潜力。这个变革过程与萨缪尔·亨廷顿近来提出的民主政治革命的"第三次浪潮"有着相似之处,但它的范围更广,影响了发达及发展中社会的民主和独裁政体。

"过去 20 年中,在推动全球范围内第三部门成长的,来自下面、外部和上层的压力背后,有四种危机和两场革命。"[①] 具体来说,萨拉蒙认为非营利组织在 20 世纪 80 年代始迅速发展的原因可以总结为:四次危机和两次革命性变化,这些因素促进了各国公共行政的改革,使得国家权力下放,并为各类非营利组织和志愿性活动开辟了道路。

(一)四次危机

1. 福利国家的危机

萨拉蒙指出,第一个动力是当代福利国家的危机。具体就是说,"20世纪 70 年代全球经济增长趋缓助长了下述观点:在先前几十年中获得可观增长的社会福利开支正在排挤私人投资。与这种信念携手而行的是下述见解:一个负担过重和过于官僚化的政府没有能力完成不断安排给它

---

① [美]莱斯特·M. 萨拉蒙:《公共服务中的伙伴——现代福利国家中政府与非营利组织的关系》,田凯译,商务印书馆 2008 年版,第 270 页。

的日益增长的任务。再者，福利国家的政治定期产生扩大政府服务的压力，这种政府服务的扩张超出了公众支付相应款项的意愿。许多人相信福利国家已经远远超出了保护个人抵御不合理风险的范围，相反，它正在窒息首创精神、解除个人责任和鼓励对国家的依赖"①。可见，西欧和北美等福利国家已经超负荷，同时民众的期望也超过了国家自身所能够提供的社会福利的能力。另外，福利国家还被指控为扼杀了民众的创新精神，使得人们产生了依赖性并缺乏责任感，所以，需要一种更好的办法来实现这种预期。

2. 发展危机

第二个是发展危机。萨拉蒙认为，20世纪70年代的石油危机与80年代的经济萧条改变了发展中国家。例如非洲，西亚以及拉丁美洲的部分地区，人均收入逐步下滑。这一令人沮丧的现实使得人们开始重新思考经济发展的需求问题。其中一个共识是，人们逐渐意识到了国家作为发展的代理机构本身有很大的局限性。萨拉蒙指出："人们对'受援助的自力更生'或'参与式发展'援助战略表现出新的兴趣，这种战略强调通过各种非政府组织将基层的能力和热情释放出来。使穷人积极参与发展项目的方法已经获得了重要的生产率收益，同时智胜了在许多地方处于软弱无力状态的国家机构。其结果是，人们对国家作为发展代理者的局限性和富有吸引力的第三部门机构的优势正在日益形成共识。"②

3. 环境危机

萨拉蒙认为"世界性的环境危机也在民间激起了更大的首创精神"③。世界性的环境危机日益严重，更是加剧了发展中国家的贫困问题，贫困问题又使得穷人为了生存又不得不破坏当前的环境。不过这种环境危机却激起了民间的首创精神。环境危机促使了东欧非营利组织的产生，并促进了波兰、匈牙利、俄罗斯等国家生态俱乐部的发展。

---

① ［美］莱斯特·M.萨拉蒙：《非营利部门的崛起》，谭静译，《马克思主义与现实》2002年第3期。

② 同上。

③ 同上。

4. 社会主义危机

"第四个危机即社会主义危机也有助于第三部门的兴起。"① 萨拉蒙解释到,中东欧社会主义模式的破产,加深了人们对于国家满足人类需求的能力的质疑。社会主义的承诺已经没有办法兑现。缓慢的经济发展最终在 1970 年中期演变为一场经济萧条。这使得社会主义体系的合法性遭到破坏。但是社会主义在中东欧的失败,使得人们开始反思一种满足人类需求的新方法,包括以市场为导向的合作性公司,和对非营利组织的依赖等。

(二) 两次革命

除了上述四个危机之外,萨拉蒙认为两个最新的发展动向也有助于解释近来非营利组织的崛起,即通信革命和随之而来的中产阶级革命。

1. 通信革命

第一个是在 20 世纪七八十年代的全球性通信革命。电脑、传真、电视和卫星系统等的发明和普及,将世界各个国家甚至那些最偏远的区域都带入了一个广泛的交流网络中。这些媒介的发展,不仅为群众性组织和一致行动提供了必要的工具,使得人们能够迅速地组织和流动,而且还提高了人们的教育水平和识字率。萨拉蒙指出:"计算机、光学纤维、传真机、电视机和卫星的发明和广泛传播使得即使世界上最偏僻的地方都对不断扩展的通讯联系开放,而这正是大众组织和具体行动所必须的。此外,与这种发展相伴随的是教育水平和识字率的显著提高。在 1970 年和 1985 年之间,第三世界的成人识字率从 43% 上升到 60%。在男性中,这一比率达到了 71%。"②

2. 中产阶级革命

在 20 世纪 60 年代和 70 年代期间,全球性经济增长还促使了中产阶级群体的出现,从而推动了非营利组织的发展。在此期间,世界经济增长每年在 5% 的速度。东欧、苏联以及一些发展中国家的经济增长速度实

---

① 〔美〕莱斯特·M. 萨拉蒙:《非营利部门的崛起》,谭静译,《马克思主义与现实》2002 年第 3 期。

② 同上。

际上超过了这一数据。"事实上，东欧、苏联和发展中国家的增长率超过
了工业市场经济国家。这种增长不仅带来了物质改善，使民众产生了一
系列新的期望，而且也在拉丁美洲、亚洲和非洲帮助造就了颇具规模的
城市中产阶级，他们的领导对于民间非营利组织的出现至为重要。先前
的经济增长所造就的中产阶级能够组织起来，对经济危机作出反应。"①
这种增长不仅改善了物质生活水平，产生了一系列新的社会需求，而且
还促使拉丁美洲、亚洲和非洲中产阶级规模的增长。而这些中产阶级并
不拥有足够的经济和政治参与机会。当全球经济在 20 世纪 70 年代石油危
机后发生恶化时，这些新的社会阶层纷纷转向非营利组织，从而促使了
非营利组织的增长。

三 萨拉蒙的困惑：非营利组织的挑战

目前非营利组织的总体规模取得了发展，影响范围越来越广泛，甚
至在某些方面逐步取代政府来提供公共物品。为了适应新形势，非营利
组织的行为模式与发展策略也发生了改变，例如非营利组织开始借鉴商
业性组织中的某些行为模式。但是这些变化却也给非营利组织带来了新
的挑战，比如非营利组织的商业化趋势，也会对它们的免税优惠资格造
成挑战。萨拉蒙意识到了非营利组织在全球化背景下的卓越成绩，也清
晰地看到了非营利组织目前所面临的挑战，主要有合法性挑战、效率性
挑战、可持续性挑战与合作性挑战等。

（一）合法性挑战

非营利组织的合法性遭到了质疑。根据萨拉蒙的理解，"根据它的公
众形象，非营利组织依旧固守着 19 世纪的形象，即慈善与利他主义，以
及小型志愿团体对于贫困与受压迫群体的扶持。在现实中，非营利组织
的实际运作远比这要复杂得多。例如，除了个人捐赠，服务费用已成非
营利组织的主要收入来源。同样地，非营利组织与政府的复杂关系也是
令人怀疑的。一方面，非营利组织与政府一起满足公众需求，另一方面

---

① ［美］莱斯特·M. 萨拉蒙：《非营利部门的崛起》，谭静译，《马克思主义与现实》2002
年第 3 期。

非营利组织陷入了一个困境,因为似乎它所倡导的并不是所服务的对象与社区的利益,而是它们自己的利益,即政府更多的预算和项目等。鉴于此,地方政府已经开始挑战非营利组织的免税地位"①。而且非营利组织的公众信任,倡导与代表功能也遭到了怀疑。

尽管在许多国家非营利组织的角色越来越突出,国家也都逐步将一部分社会功能转交给非营利组织,但是非营利组织的地位还是不太明确。例如,许多国家都将社会生活分为两个部分,即市场与国家、公共机构与营利性组织的存在。而非营利组织的存在基本没有得到认可。似乎这些组织仅存在于人们的意识当中,这在很大程度上限制了非营利组织的发展。萨拉蒙以美国为例子,认为虽然非营利组织得到认可已经有一段时间了,可是这些组织的信息在20世纪80年代之前基本不存在。即使现在,非营利组织也没有清晰地在国家收入数据中体现,它们的特征和功能仅仅被模糊地认识到。在其他国家,关于非营利组织的信息就更少了。国家经济数据基本忽略了非营利组织,而且在公共政策讨论,新闻和公共教育,学术研究中也没有得到重视。正是对于非营利组织的轻视,使得这些组织的法律地位和权利在很多国家中并不是太确定。在许多普通法系的国家中,非营利组织的法律地位是明确的,但是在许多民法法系国家中却有很多限制。除了法律上的问题外,还有其他一系列问题破坏了非营利组织的名声,如工资和收益的丑闻,利用非营利组织将公共资金转到一些政治家名义下,将基金会作为欺骗税收的手段。

(二)效率性挑战

非营利组织的效率问题,其实就是它们的能力。"由于非营利组织无法满足'市场考验',所以非营利组织很容易受到无效率和无效益的指责。"② 虽然非营利组织以它的灵活性、创新性、责任性以及对志愿者的依赖性等方面而出名。但非营利组织也是一种组织类型,同样会面对许

① Lester M. Salamon, *America's Nonprofit Sector: A Primer (Second Edition)*, The Foundation Center, 1999, p. 176.

② Ibid. , p. 173.

多管理机制和控制的问题。非营利组织在社会问题中发挥着越来越重要的角色,这也意味着它们将面临一系列新的挑战,如提高管理体制和工作效率等。在很多国家,对于非营利组织管理者的教育并没有专门的计划,很多时候也是相当随意的。一方面,这是非营利组织的一个特色,依赖志愿者,而且没有严格的专业模式等。但是从另一方面来看,为了取得合法性地位,非营利组织必须改变现有的观点,努力提高它们的管理能力,甚至是志愿者的能力等。

首先,非营利组织,尤其是在人类服务领域的非营利组织,在公共社会项目中遭遇了公众攻击。持续存在的贫困、城市犯罪率增长、福利制度的依附性等一些现象都说明了非营利组织在这一领域中并没有起到应有的作用。萨拉蒙认为,更糟糕的是"非营利组织的真实动机也遭到了质疑。非营利组织普遍涉足政府的公共项目,似乎已经改变了非营利组织慈善的动机,并使得它们不再尽力改变民众的生活。因此,非营利组织不仅被认为是无效率的,也被认为不再解决它们原本致力解决的问题"①。

其次,重新思考解决贫困问题的解决办法。人们不再认为专业社工是减少贫困和救助灾难的有效方式。萨拉蒙指出,左、右派都对这一点提出了质疑。"右派认为,为解决贫困问题所提供的服务和收入支持只会适得其反,因为这些措施破坏了工作的激励,也损害了自力更生的价值观。相反地,左派指出经济结构的转变,而非服务供给不足,消除了蓝领工人的工作机会,从而产生了贫困、事业、社会弊病等。不过双方都认为,非营利组织的传统技能已越来越不能解决贫困人群所面临的问题。在这种情况下,雇主而非社会工作者成了社会政策的支撑点。虽然非营利组织在减少贫困方面依然发挥着重要作用,但是真正的行动已经转向商业领域与教育体系。"②

再次,非营利组织缺乏证明其行动的价值基础。非营利组织一直都

---

① Lester M. Salamon, *America's Nonprofit Sector: A Primer (Second Edition)*, The Foundation Center, 1999, p. 173.

② Ibid. , p. 174.

抵制更多的责任，因为对于这些责任的反应似乎会影响到非营利组织所特有的独立性。于是，非营利组织利用"非利润分配性"特征想当然地用来证明它们的可靠性与高效率。但是，大量的丑闻与效益问题，使得非营利组织不明确的解释受到了怀疑。萨拉蒙认为"非营利组织缺乏商业机构的三个基本责任机制：自利的所有者，竞争，利润的最底线。促使非营利组织成为更加正式的机制，并保证非营利组织追求它们的慈善目标等的呼声日益高涨"[1]。因此，为了解决这一问题，萨拉蒙提出了两个解决办法，一个是增加对非营利组织管理者的执行能力的培训。另外一个是发展基础性机构。从长远来看，基础性机构对于非营利组织的可持续性发展具有重要作用。基础性机构可以提供信息资源、培训、流动和道德支持等。

最后，非营利组织的专业化受到了批评。一般来说，非营利组织强调志愿性的收入与服务。但是由于志愿性就意味效率不高的问题，因此专业化操作就成了解决这一难题的策略之一。但是萨拉蒙认为，"这一策略又带来了另外一个问题，即过分专业化，从而失去了自救与信赖优点以及其他以社区为基础的方法等。因为认为人类需求的根本问题只能通过专业化途径来解决的观念，将人们从邻居与家族互助的关系中脱离出来"[2]。

（三）可持续性挑战

非营利组织可持续性发展的挑战主要是财政来源。许多非营利组织是因为纯粹的志愿激情，或者外国公共或者私人的捐赠者等原因而创立的。随着组织的发展和壮大，组织已经超过了最初基金，然后不得不面临严重的生存危机。近些年来外国资金的减少使得财政危机更是雪上加霜。但是财政危机并不是非营利组织面临的唯一的可持续性挑战。非营利组织的人力资源也是一个很重要的因素。随着全球性民主进程的加剧，许多积极的活动者积极参与到政府机构中去，从而使得非营利组织的人

---

[1] Lester M. Salamon, *America's Nonprofit Sector: A Primer (Second Edition)*, The Foundation Center, 1999, p. 175.

[2] Ibid..

才流失。所以萨拉蒙认为，"第三部门促进了民主，但是从近期来看，民主可能会削弱第三部门的优势"①。

萨拉蒙在探讨美国的非营利组织发展问题时指出，在美国从 20 世纪 60 年代到 70 年代，非营利组织得到了快速发展，而且大部分资金来自于政府的支持。但是由于人们认为，政府的干涉或者资金支持，容易阻碍非营利组织的发展，影响非营利组织的独立性。例如里根政府认为，政府已经逐步取代了非营利组织。为了改变这一状况，里根政府在 1980 年选举时，采取了财政紧缩政策。虽然 80 年代末和 90 年代早期，美国政府对于非营利组织的财政支出有所提升，但是 1994 年极度保守国会的选举又重新恢复了这一紧缩政策。"单单政府在 1980 年到 1994 年间对非营利组织所减少的支出就相当于非营利组织在 1970 年到 1990 年间全部基金会的捐款。结果是，非营利组织面临着巨大的财政拮据。"② 尽管在 90 年代末政府预算赤字已经消除，这一趋势并没有减弱的迹象。但是目前非营利组织所面临的情况是，慈善捐赠的增长并没有抵消政府对非营利组织的财政减缩，所以非营利组织并没有能够及时地反映社会的需求。

（四）合作性挑战

非营利组织的合作关系主要涉及两个层面，即非营利组织之间的相互合作，非营利组织与其他参与主体如市场与政府之间的合作。目前非营利组织在合作中也面临着挑战。

第一，非营利组织面临着内部合作的挑战。很多时候，人们都认为非营利组织总是可以团结一致，抵制国家权力，维护市场中顾客的利益，在合作中受益。但是萨拉蒙却指出，非营利组织之间更可能会因为争取有限的资源在与同类机构展开激烈的竞争而非合作。而且即使在激烈竞争不存在的时候，许多非营利组织也没有意识到它们属于同一个部门，

---

① Lester M. Salamon (2001), The Third Sector and Volunteering in Global Perspective, Presentation at the 17th Annual International Association of Volunteer Effort Conference, Amsterdam, the Netherlands.

② Lester M. Salamon, *America's Nonprofit Sector*: *A Primer* (Second Edition), The Foundation Center, 1999, p. 169.

并且面临共同的问题。例如，环境协会并不认为自己与人权组织或者律师协会有什么直接关系。所以为了迎接非营利组织所面临的挑战，或者消除外界对于非营利组织有效性的质疑等问题，在非营利组织之间形成统一战线就成了一项亟待解决的问题。建立统一战线的目的，并不是为了消除各个非营利组织的多样性特征，只是为了在非营利组织的关键性问题上找到共同点，为组织和捐赠者提供税收鼓励，提升非营利组织的倡导能力等。

第二，非营利组织与企业合作所面临的挑战。与企业的合作，对于非营利组织的发展至关重要。因为如果不能与商业部门进行合作，或者得不到商业部门的支持，非营利组织很难持久地发展。全球化为非营利组织的发展提供了机遇。因为许多企业尤其是跨国性企业已经将市场扩展到了其他国家，这样当地的非营利组织可以与跨国企业相互合作，共同解决公共问题。

第三，非营利组织与政府的合作。非营利组织与政府的合作至关重要，而且不可避免。但是二者的关系一直是模糊甚至是被歪曲的。普遍的看法是，二者之间存在着根深蒂固的冲突，同时还认为私人捐赠和志愿性行为才是非营利组织唯一的合法性资金来源。这种看法得到了许多政府当局的支持。但是非营利组织与国家之间的合作也是不可否认的。尽管非营利组织自身的独立性相当重要，但是二者合作也一直是许多国家中非营利组织和政府之间关系的重要特征，如在美国、德国、冰岛、荷兰等国家。

第二节　神话破除

人类志愿性的活动在世界上具有悠久的历史渊源，自 20 世纪开始现代性的非营利组织正式出现。非营利组织发展至今，已经不仅仅局限于传统意义的扶弱济贫等角色，而是在公共政策制定、社会治理和促进社会民主发展等方面也扮演着越来越重要的角色。传统自由主义学者一般都将非营利组织视作"好东西"，例如托克维尔在《美国的民主》中赞扬了志愿性组织的积极性作用以及这些组织对美国民主社会的推动作用。朱莉·费舍尔（Julie Fisher）通过对发展中国家的非营利组织的研究，得出增加非营利组织的数量与规模可以促进这些国家的民主与发展的结论等①。对于这些学者来说，公民社会是好的，而且非营利组织也是好的。人们注意到了非营利组织的优势，并对非营利组织寄予了很大期望，最终描绘、编织了一个关于非营利组织的神话。萨拉蒙将关于非营利组织的神话概括为三个方面，即德行完美、志愿主义、"圣灵感孕"的神话。

一　德行完美的神话

所谓"德行完美的神话"（myth of pure virtue），强调一种本着自由意志、助人利他、不图回报的志愿精神。实际上，志愿精神就是非营利组织的灵魂，志愿者正是在志愿精神的感召下投身于志愿性活动的。志愿者来自社会的各个阶层，秉持友爱互助的志愿精神，营造诚信的社会文化，培养公民社会责任感，减少社会矛盾和冲突，宣传环保理念，构建人与自然和谐。尤其是随着西方社会"政府失灵"理论的盛行，非营利组织以志愿性、非利润分配性、公益性等优势获得了人们的一致赞同和表扬。很多人认为，非营利组织德行兼备，自觉完成其公益性目标并遵循捐赠者的意愿，不会出现贪污浪费等行为，是完全可以值得信赖的。然而近些年来，人们也逐步意识到了现实与神话之间的差距。萨拉蒙指出，虽然非营利组织的德行是显而易见的，但是还必须意识到问题的另外一面。例如关于非营利组织的"大量丑闻的出现以及对非营利组织免税地位的质疑"②，就反映了非营利组织自身存在的问题，同样出现腐败、官僚性、自利等其他组织形式中所存在的缺点。

二　志愿主义的神话

根据萨拉蒙的解释，所谓"志愿主义的神话"（myth of voluntarism），

---

① Julie Fisher, *Non Governments: NGOs and the Political Development of the Third World*, West Hartford: Kumarian Press, 1998.

② Lester M. Salamon, *America's Nonprofit Sector: A Primer (Second Edition)*, The Foundation Center, 1999, p. 179.

就是"认为真正的非营利组织主要依赖于、甚至于排他性地依赖于私人的志愿行动和支持慈善事业的信念"①。例如,非营利组织的资金主要来源于私人的捐赠,而不是来自政府的资助。在传统学者看来,接收政府的资金容易削弱非营利组织的草根性和独立性特征,使非营利组织为了得到政府资助而为政府马首是瞻,远离了真正受惠者的需要。萨拉蒙指出,"照此方式思考,国家的增长对志愿性团体形成了根本挑战,窃取了它们的功能并最终导致它们的瓦解。这样,第三部门扩张的关键就是要减少国家的作用"②。但是萨拉蒙认为,这种将政府与非营利组织关系对立起来的观点与现实不符。事实上,在西方发达国家政府和非营利组织之间的关系大部分是合作关系,例如在荷兰、德国、英国与美国,政府对非营利组织的资助占了主导地位。"在美国,对非营利部门的依赖是政府通过学院、大学、研究机构、商业银行等'第三方'来追求它的许多国内政策的更广泛的计划的一部分。非营利组织作为半公共机构而独具的特点使它们成为这种'第三方管理'(third-party government)体制中最受欢迎的伙伴。政府已经成为美国非营利部门获得财政支持的一个主要来源,以几乎是二比一的比例远远超过了私人慈善机构的捐款。在其他一些发达国家,政府的支持甚至更加突出。"③

同时,还认为非营利组织的工作主要是由志愿者来完成的,即使某些非营利组织需要依赖固定的雇员,但是这些雇员的薪资一般要低于市场水平。而实际情况是,在一些国家中,非营利组织存在着大量的正式雇员,而且这种趋势还在上升中。萨拉蒙说:"在我们所研究的36个国家中公民社会组织供职的4550万相当全职工作人员中,超过2000万,即44%的是志愿者,2500万即56%是领薪雇员。"④

---

① 〔美〕莱斯特·M.萨拉蒙:《非营利部门的崛起》,谭静译,《马克思主义与现实》2002年第3期。

② 同上。

③ 同上。

④ 〔美〕莱斯特·M.萨拉蒙:《全球公民社会——非营利部门国际指数》,陈一梅等译,北京大学出版社2006年版,第21页。

三 "圣灵感孕"的神话

关于非营利组织的第三个神话就是，"圣灵感孕"的神话（myth of immaculate conception）。这一观点认为，非营利组织是近些年来新发展的一种组织形式，即"非营利组织在世界上大部分地区基本上是新型组织"①。萨拉蒙则认为，虽然说非营利组织的志愿性活动于近些年来得到了急剧增长，但是这并不是说这些非营利组织就是凭空产生的，或者说是一个新兴的现象与制度，实际上它们在世界上许多地方都有着深厚的历史基础。萨拉蒙举例子说明，"这类活动在中国古代就已出现并至少从8世纪起在佛教的影响下而得到加强和制度化。在日本，慈善活动也可以追溯到佛教时期，日本第一个现代基金会——感恩会社（the Society of Gratitude）建立于1829年，比美国的第一个基金会几乎要早一个世纪。在东欧，最近出现的非营利组织也建立在一种丰富的慈善传统基础之上，这种传统远远先于共产党掌权的历史而存在"②。

总之，当人们沉浸于非营利组织发展的喜悦和期待中时，非营利组织发展所面临的挑战以及自身所存在的缺陷也相伴而生。因为自20世纪80年代以来，西方政府发动了一场改革运动，各种公共财政支出减少，相应地也减少了对非营利组织的财政资助。各种非营利组织开始面临严重的财政问题。研究非营利组织的理论随之也提上日程。例如在当今世界突发事件随时随地都会发生，并且也有可能会产生全球性的影响。2001年美国"9·11"事件发生后，人们对国家权力、危机事件处理与非营利组织等方面进行了激烈的争论。萨拉蒙在"9·11"事件后指出，"这一事件反映了美国'第三部门'，或者说非营利部门的优势，但是它同时也透露了该部门存在的缺陷。私人志愿团体，虽然高度有效地调动了个人行为，但是还不具有构建结果性活动的装备。在短期内，非营利

---

① ［美］莱斯特·M. 萨拉蒙：《非营利部门的崛起》，谭静译，《马克思主义与现实》2002年第3期。

② 同上。

组织脆弱的反应系统在'9·11'事件之后受到了严重挑战"①。一方面，非营利组织对"9·11"危机的反应，反映了它们在美国生活中的普遍地位。另一方面，美国非营利组织也遭受着结构性缺陷的影响，限制了其功能的发挥。同时，对于非营利组织而言，为了维护组织的独立性，正在努力地抵制与政府或者其他组织之间的协调与合作。对于民众而言，为了得到援助和支持，个人又不得不依赖自己的能力或者人脉单独去与众多的非营利组织进行联系。拖延和不公平等现象也常会发生，因为一些人凭借各种机会可以不断地从非营利组织得到帮助，而那些真正需要帮助的人却迟迟得不到援助。更重要的是，捐助者与非营利组织之间也产生了误解。一般来说，捐助者希望自己的捐赠能够尽快用于紧急性救援等中去，而非营利组织却希望能够储存一定的资金，以用于组织生存、其他长期性的项目。也就是说，即使在公民社会比较发达的美国，非营利组织同样表现了它们失灵和不足的一面。

第三节　志愿失灵

随着对非营利组织研究的深入，非营利组织内部的问题也日益暴露在萨拉蒙的视野中，例如非营利组织也会发生腐败问题，并不总是利他主义的，而且由于缺乏整体性的思维逻辑容易沉溺于小团体利益的追逐中，同时能力也不尽如人意。非营利组织已经不再是解决问题的最佳方案，而且自身也成为一个需要解决的难题。总的来说，虽然萨拉蒙并不是第一个认识到非营利组织自身缺陷的第一人，但是非营利组织的"志愿失灵理论"（Voluntary Failure Theory）最终是由萨拉蒙提出来的。

一　再认识：非营利组织的失灵研究

非营利组织由于志愿性、灵活性和非利润分配性等特征而受到人们

---

① Lester M. Salamon, *The Resilient Sector: The State of Nonprofit America*, Washington, D. C. : Brookings Institution Press, 2003.

的青睐和信任，但是传统理论却忽视了非营利组织的失灵现象，也可称为非营利组织的异化问题。自 20 世纪 80 年代起，随着非营利组织规模的增长和从事活动范围的扩大，非营利组织的结构也发生了改变，其自身的缺陷和矛盾也逐渐显现出来。如同市场失灵和政府失灵一样，"志愿失灵"这一非营利组织的内在缺陷实际上也一直伴随着非营利组织的始终。志愿失灵的表现形式是各种各样的，原因也是多方面的。

历史上的学者也意识到了公民社会及其主体所存在的问题，例如黑格尔指出，由于公民社会无法自足，需要由国家来统一公民社会中的各种利益冲突。葛兰西学派也意识到了公民社会就像一个竞技场，各种不同的利益交汇在一起，而且非营利组织反映的是不同利益之间的争论。

非营利组织首先也属于组织的一种类型，因此也会具有一般组织的问题与缺陷。韦伯以权威为基础，阐述了组织对权力的滥用情况，并将组织分为三种类型，即魅力型组织、传统型组织与合理合法型组织。在韦伯看来，只有建立在合理合法的权威基础上的组织才是比较理想与切实可行的。而这样一种组织类型也难于逃脱一种病理性的特征，如封闭性、低效率、缺乏道德基础等问题。W. 理查德·斯格特（W. Richard Scott）解释了组织对权力的滥用对组织目标的影响等问题。基于组织病理学来分析，非营利组织也会出现低效与偏离公益性等问题。

同时，非营利组织代表的是部分群体的利益，也会异化成为一种"利益集团"，因此也会出现公共选择理论中的集体行为的逻辑悖论。一方面，根据奥尔森的集体行动的逻辑，利益集团是一种选择性激励的产物，那么如果没有足够的激励，非营利组织在组建过程中也会出现"失灵"现象。另一方面，公共选择理论认为个人都是理性的"经济人"，会出现"搭便车"现象，也容易使得非营利组织成为为个别人谋福利的利益集团。单方面强调非营利组织的积极性功能等的观点已经遭受到了质疑。

克莱尔·美世（Claire Mercer）指出，非营利组织的范围与界定是不统一的，而且非营利组织在对抗国家或者代表穷人与弱势群体等的能力也可能根本无法得到实现。① 在一些国家与地区中，一些非营利组织确实是展现了它们的优势，保罗·斯特里滕指出："非政府组织的确有某些特殊的优点。由于一些非政府组织的动机及其相对小规模的运作，因此它们对地方环境更适应也更敏感，更乐于倾听穷人的心声，并因此更好地适应与穷人一起工作，促进他们的自立。非政府组织依靠的是其成员的热情和责任心。比起政府组织来说，它们也确实是管理费用更低、所付薪水也更少。因此它们能在较低的成本下经营。"② 不过在斯特里滕看来，非营利组织在实际操作中根本没有它们自己宣扬的那么完美无缺。而且非营利组织有限的优势也容易被一些缺点所抵消。例如，非营利组织并不是特别经常到贫困地区，尤其是几乎不去最贫困的地方。这一点也得到了其他研究的证实。许多非营利组织由于没有固定性的资金来源，因此很多计划都缺乏长期性。同时计划也缺乏可持续性，常常是因为个别能力比较强的领导而发展较好，但是这种人又是无法复制的。斯特里滕还指出，非营利组织虽然可以促进人类安全，但是也可能会对人类的和平造成威胁。因为不同的非营利组织之间缺乏必要的配合与合作，经常分散于不同的地区和领域中，因此规模也相对比较小，缺乏整体性的行动。"概括来说，非政府组织的特点有些是由于目的不明确：管理问题、缺乏持续性、低复现性；还有因为非政府组织规模小，接触的人很少，连最穷的人也不在其中。"③

费尔南多与赫斯顿也很赞同斯特里滕的观点。他们说，"也许，保罗·斯特里滕的结论是正确的"④，而且"很少有组织能够达到自给自足；它们依靠国际慈善机构和本国政府来满足其财政需求。而且它们不能全

---

① Claire Mercer (2002) NGOs, *Civil Society and Femocratization*: *A Critical Review of The Literature. Progress in Development Studies*, Vol. 2, No. 5, 2002.

② ［美］保罗·斯特里滕：《非政府组织和发展》，何增科《公民社会与第三部门》，社会科学文献出版社2000年版，第325页。

③ 同上书，第324页。

④ ［美］J. L. 费尔南多、A. W. 赫斯顿：《国家、市场和公民社会之间的非政府组织》，何增科《公民社会与第三部门》，社会科学文献出版社2000年版，第284页。

面妥善地处理好它们所处的社会中存在的深层结构问题"①。玛丽莲·泰勒从政府的视角分析了非营利组织会产生的问题。泰勒认为，非营利组织的生存环境越来越复杂，面临着越来越多的危险。例如，国家与政府的管理对非营利组织效率与竞争力的要求，可能会使非营利组织偏离其目标，并日趋被同化为一个商业性机构。"志愿组织被同化成一个共同的模式，这不仅仅只是风格问题。有人害怕这种压力会让志愿组织彻底脱离了它的本性。例如，提高私人市场集资的需要，提高（房）租金的需要，使得房委会高度商业化，以至于相当一部分人不再认为自己是志愿组织的一部分了。……如果志愿组织机构去仿效演艺界及商界的商业化做法，则偏离了慈善事业的宗旨。"②

美国加州大学教授拉尔夫·M. 克雷默（Ralph M. Kramer）以研究非营利组织问题而著名。他认为自从 20 世纪 60 年代以来出现了三种趋势。第一，非营利组织的数量与类型都得到了巨大增长，并更依赖政府的资助。第二，公共服务私有化与商业化的大量增长，促使了非营利组织与营利组织之间的竞争。第三，非营利组织的增长与公共服务的商业化趋势，促使了各个部门之间的聚合，并模糊了各个部门之间的边界。他指出："那些代替了传统的公私二分法的概念有：契约国家，赋权型政府，影子政府，福利多元主义，混合或新的政治经济，第三方政府，间接公共行政。反过来，这些概念也是'边界模糊'现象的一种结果体系。"③克雷默的分析说明了非营利组织在近年来的快速成长，促进了"第三部门"的形成，以及非营利组织在与营利性组织之间的竞争和其商业化倾向，同时这也模糊了部门间、组织间的边界等。

赫兹琳杰也指出："非营利组织和政府的运行状况都被蒙上了一层神

① ［美］J. L. 费尔南多、A. W. 赫斯顿：《国家、市场和公民社会之间的非政府组织》，何增科《公民社会与第三部门》，社会科学文献出版社 2000 年版，第 284 页。

② ［美］玛丽莲·泰勒：《影响志愿机构工作的基本要素》，李亚平、于海《第三域的兴起》，复旦大学出版社 1998 年版，第 175 页。

③ Ralph M. Kramer（2000），Third Sector in the *Third Millennium*? Voluntas：*International Journal of Voluntary and Nonprofit Organizations*，Vol. 11，No. 1，p. 4.

秘的面纱,不暴露出重大问题时人们无法知晓其内幕。"① 赫茨琳杰将非营利组织所出现的问题分为四类:(1)低成效的组织;(2)低效率的组织;(3)中饱私囊;(4)风险过高②。赫茨琳杰解释了导致非营利组织失灵的原因,是缺乏企业所具有的三种责任机制。具体来说就是,(1)缺乏个人利益的存在;(2)缺乏提高效率的竞争机制;(3)缺乏显示企业最终业绩的晴雨表——利润③。人们应该清晰地认识非营利组织自身的缺陷以及建立相应的责任机制的必要性。赫兹琳杰进一步指出:"没有分析,信息的透明度就失去意义;没有对大众的信息发布,二者就无效用可谈;只有这三者(而)没有制裁措施,整个体系就会失效。"④ 因此,赫兹琳杰还提出了"披露—分析—发布—惩罚"(DADS)法,以彻底解决非营利组织的失灵问题。

萨拉蒙也指出了非营利组织所面临的危机与挑战,例如财政危机、合法性危机、可持续性危机以及信任危机等。⑤ 政府支持的减少,使非营利组织的财政来源出现了问题,而私人捐赠又无法及时弥补这一缺口。因此许多非营利组织开始觊觎市场领域,与企业等开展了竞争,收费等随之成了非营利组织的重要收入来源。萨拉蒙利用具体的数据论证了自己的观点,并超越了传统理论单纯依赖技术性措施来解决志愿失灵现象,而是将宏观与微观层面的手段相结合,重新审视政府与非营利组织的角色与作用等。萨拉蒙的理论是以拉尔夫·M. 克雷默和里贾纳·E. 赫茨琳杰(Regina E. Herzlinger)等许多学者的思想为基础的,并对以往学者的思想进行了超越。

二 回应神话:萨拉蒙的志愿失灵论

萨拉蒙认为,非营利组织自身同样存在着消极性的作用与特征。再

---

① [美]里贾纳·E. 赫茨琳杰:《非营利组织管理》,北京新华信公司译,中国人民大学出版社2000年版,第4页。

② 同上书,第4—6页。

③ 同上书,第6页。

④ 同上书,第9页。

⑤ Lester M. Salamon (1996), *The Crisis of the Nonprofit Sector and the Challenge of Renewal. National Civic Review*, Vol. 85, No. 4.

加上目前全球化过程中所产生的一系列挑战，志愿性失灵问题已经逐渐突出，很值得关注。萨拉蒙也论述了非营利组织的失灵问题，而这种缺陷正是政府存在和发展的原因。萨拉蒙指出，应该放弃那种认为政府是对市场失灵的反应，把非营利组织视为替代性的主要反应机制的观点。①非营利组织有时也可能会偏离它的公益性目标，造成资源浪费，产生非公平性的分配，从而无法将服务传递给最需要的人群，更无法满足社会的多元化需求等。"萨拉蒙所提出的 NPO 志愿失灵问题绝非理论上的'舶来品'。致力于 NPO 研究的先驱们在分析萨拉蒙观点的过程中，发现各国非营利组织在参与社会治理时都广泛存在着志愿失灵的现象。按照这些学者的分析：NPO 志愿失灵不仅会带来其'目标扭曲''自主性丧失''财政不稳定'等潜在威胁，即使在其进行社会治理的实践中也可能引发 NPO 的各种行为失范。基于此，也就有了霍金森的预想：'志愿性丧失对公民组织步步紧逼的威胁和由实践失败所萌发的支持减少'。"②

萨拉蒙的"志愿失灵"理论并不把非营利组织的产生看作是由于政府作为提供集体物品的机制有着固有的局限性而弥补"政府失灵"的派生性制度。萨拉蒙是把这种观点倒过来，把政府的产生看作是为弥补非营利组织的固有局限性所产生的"志愿失灵"现象的回应性机制。非营利组织会对被察觉的"市场失灵"做出最迅速的反应，只有在非营利组织回应不足的情况下，才会依靠公共部门。政府的优势在于，其在提供集体物品的时候所产生的"交易成本"通常情况下会比利用非营利组织的志愿性行动或者市场部门所产生的成本要高。这样考虑的话，政府的参与就不是对非营利组织的替代，而更为重要的是，这种对市场失灵理论的修正，可以更好地理解广泛存在的政府与非营利组织的关系这一基本事实。萨拉蒙将"志愿失灵"的情形分为四个方面，即慈善不足（phi-

---

① Lester M. Salamon（1987）Of Market Failure, Voluntary Failure, and Third-Party Government: Toward a Theory of Government-Nonprofit Relations in the Modern Welfare State, *Nonprofit and Voluntary Sector Quarterly*, Vol. 16, No. 1 - 2.

② 林淞、周恩毅：《我国 NPO 志愿失灵的有效治理——兼论与"第四域"的融合》，《华中科技大学学报》2009 年第 3 期。

lanthropic insufficiency）、慈善的特殊主义（philanthropic particularism）、慈善的家长式作风（philanthropic paternalism）以及慈善的业余主义（philanthropic amateurism）①。

（一）慈善不足

萨拉蒙认为，"作为集体物品的提供者，志愿制度的一个重要缺陷在于，它无法产生充足的、可靠的资源，来处理发达工业社会中的人类服务问题，且经常无法涵盖所有的地理范围，使得问题最严重的地方反而无法得到必要的帮助"②。这就是常说的"搭便车"现象。由于人们不管是否对成本进行支付，都可以在非营利组织的活动中受益，这样每个人都不愿意付出成本，而期望他人承担成本。因此，除非是政府通过税收方式来制止搭便车现象，否则的话单单依赖志愿性的奉献，非营利组织的可利用资源都比较容易出现不足。同时，由于非营利组织的资金来源一般是来自于慈善募捐或者政府，这样"除了'搭便车'问题以外，慈善不足也产生于经济财富的波动"③。当经济出现波动尤其是经济萎靡的时候，非营利组织的资金来源会受到很大的影响，使得非营利组织可利用的资源不足。可见，虽然非营利组织具有降低交易成本，培养社会责任感等优势，但是也存在着一些缺陷，无法利用可靠的收入来源来回应民众的需求。

（二）慈善的特殊主义

非营利组织的一个优点就是，关注的对象大多数是社会中的特殊群体，例如弱势群体等。但是这种优点也会导致一些问题的出现。"首先，一些社区中的亚群体，可能并不能在志愿组织的结构中得到充分体现。长期以来，私人非营利部门倾向于接待更'应该获得救济'的穷人，而把最困难的情况留给了公共机构。"④ 而且由于非营利组织的服务对象往往是特定的人群，这样会产生局部性的利益团体，而无法形成统一的公

---

① ［美］莱斯特·M. 萨拉蒙:《公共服务中的伙伴——现代福利国家中政府与非营利组织的关系》，田凯译，商务印书馆2008年版，第47—50页。

② 同上书，第47页。

③ 同上。

④ 同上书，第47—48页。

众利益诉求。再由于这些人群的资源与能力存在差异，尤其是那些真正弱势的群体往往无法建立自己的组织，或者无法获得足够的资源，因此他们的利益就不能在社会上或者政府政策中引起关注。

萨拉蒙还指出，非营利组织的志愿性活动会产生重复和浪费的现象。"特殊主义以及由此相伴而生的偏爱，不仅会导致覆盖面上的严重缺口，而且会带来服务的重复和浪费。志愿组织和慈善活动，并不仅仅是由社会需求方面的考虑所推动，也由社区或个人的自豪感所激发。每个群体都想拥有自己的机构，对捐赠人的呼吁经常是沿着宗教的、民族的或宗派的方向展开的。结果，机构的数量超出了规模经济允许的范围，减少了制度的整体效率，增加了成本。机构的重复以及由此带来的资源浪费，视为私人志愿机构最大的缺陷之一。"①

（三）慈善的家长式作风

萨拉蒙的志愿失灵理论的第三个表现就是慈善的家长式作风。他指出，"志愿机构对社区问题作出回应时，面临的第三类问题是，这种方法不可避免地把界定社区需求的权力授予了那些控制着最重要资源的人。只要私人慈善是志愿部门的唯一支持，那些控制慈善资源的人就能决定该部门做什么、为谁服务。因此，这个部门的特性不是由整个社区的偏好而是由社区中的富人来塑造的"②。因此，非营利组织的运作并不总是民主的，同样会出现如政府部门中的官僚制作风。一般来说，非营利组织的最主要的资源支持方也往往拥有着对组织的治理权和影响力，例如非营利组织中的关键捐赠者、董事会主要成员等。而受益人作为弱势群体与受惠者，在组织决策与资源运用中一般都没有足够的发言权。

（四）慈善的业余主义

志愿失灵理论的最后一个表现就是慈善的业余主义。"它用业余的方法来处理人类的问题。"③ 虽然说非营利组织主要依赖志愿精神的人们来

---

① ［美］莱斯特·M. 萨拉蒙：《公共服务中的伙伴——现代福利国家中政府与非营利组织的关系》，田凯译，商务印书馆2008年版，第48—49页。

② 同上书，第50页。

③ 同上书，第49页。

从事具体的工作，从而为非营利组织运作降低了成本，这是非营利组织的优势。但是这也为非营利组织的发展带来了问题，产生无效的结果。例如这些志愿者一般都未受过正规的和专业的训练。而且非营利组织又无法为其雇员提供较好的薪水，因此也并不能吸引比较专业和优秀的人才，从而使非营利组织呈现了业余主义的特征，影响了这些组织的运作绩效。萨拉蒙还认为，非营利组织一般无法达到一定的需求规模，也比较难于利用最新的技术和工具。另一方面，非营利组织的发展有时候会过分地依赖某一个特别的领导或者个人，由于这样的人才具有不可复制性，这样就会影响到该组织的可持续性发展。再或者，非营利组织有时候会变得过于专业化，从而赋予了专业性比较强的员工很大的控制权，并将其他人如组织会员与服务对象排斥到了组织的决策之外。

总之，非营利组织作为回应人类服务的机制有着天然的积极性优势，也有着自身固有的缺陷。例如，它不能产生足够的资源，容易受到特殊主义和小团体思想的影响，还经常表现出很大的业余性，缺乏专业的行动。随着规模的扩大，组织运作也会日益复杂起来，这样组织治理就会呈现出家长式的作风和官僚制的局限性，反应不够及时迅速，工作模式比较陈旧等。萨拉蒙认为，总体来说非营利组织在这些方面的缺陷程度相比于政府与市场可能会小些，但是依然无法摆脱在效率与责任之间的紧张关系。

本章主要梳理了萨拉蒙志愿失灵的理论。非营利组织的规模与数量在全球范围内激增，目前已经发展成为一个重要的经济力量。同时非营利组织的主要收入来源并不是慈善捐赠，而是收费与政府资助。尤其是为了适应新形势的需要，非营利组织的服务日趋商业化，服务对象也多样化。萨拉蒙揭示了"全球结社革命"这一现象，论述了隐藏在这一现象背后的推动因素。按照萨拉蒙的解释，非营利组织的发展主要归因于四次危机与两次革命性变化。虽然非营利组织的激增反映了其自身的能力与优势，但也遇到了很多挑战，即合法性挑战、效率挑战、可持续性挑战与合作性挑战等。接着萨拉蒙对非营利组织进行了另类的反思，在认识到非营利组织的正面性以外，还分析了非营利组织的消极性作用。

除了"市场失灵"与"政府失灵"外，还存着"第三种失灵"，即志愿失灵。非营利组织也会存在非民主、竞争性、官僚主义等特征，如果单纯地信赖非营利组织，只会适得其反。萨拉蒙又开始为解决这一难题寻求出路。

第 五 章

新治理:萨拉蒙对非营利组织理论的超越

既然无论是政府、市场还是非营利组织,都存在着自身不可逾越的局限与障碍,即所谓的政府失灵、市场失灵与志愿失灵并存,那么是不是就意味着人们在"失灵"面前束手无策呢?在这一理论困境面前,萨拉蒙对传统理论进行了超越,提出了一系列新的补救办法。为了避免非营利组织的志愿失灵所带来的问题,同时发挥非营利组织的积极性功能,与政府的角色相得益彰,扬长避短,萨拉蒙最初认为应该发展一种合作伙伴的政府与非营利组织的关系,从而对国家与社会之间的关系进行了重新定位,否定了传统意义上的"零和博弈"假设。之后,萨拉蒙又模糊了国家与社会之间的分野,提高公共服务不能单纯依赖某一主体或者某些主体,而是要依赖工具的选择,发展了新的路径即政府工具论。最终萨拉蒙基于治理视角,对他的思想进行了再升华,提出了一个新的治理理论。该理论不仅明确地了解了各种公共行为主体的优势,也清晰地意识到了它们各自的缺陷与劣势。总的来说,萨拉蒙"新治理"理论的主要概念为工具性、网络制、公私合作、谈判和劝服、赋能等。

第一节 国家与社会关系的视角:一种新的伙伴关系

从历史角度来看,政府与非营利组织的关系类型学可以追溯到政治哲学家对国家与公民社会关系的争论上去。争论的关键在于对社会应该如何进行控制或者管理,社会服务是应该依靠国家还是公民社会去提供。传统思想家就国家与公民社会的关系产生了分歧。"霍布斯从社会契约的角度强调国家干预公民社会;洛克从发生学的角度认为公民社会先于国家；潘恩从力量对比的角度主张强公民社会弱国家；黑格尔从伦理地位的角度倡导国家高于公民社会。"① 可见，分歧就在于是应该坚持"国家范式"还是"公民社会范式"。但是这两种观点都坚持认为，国家与公民社会的关系是一种零和博弈关系，也就是一种竞争模式。"竞争范式是一个法律的、经济理论的和保守主义社会思想的范式。它强调志愿部门的独特性，并假定志愿组织与国家之间存在内在冲突，国家的扩张被视为对志愿组织生存发展的威胁。伙伴关系模式是一个实践的、自由主义的范式。它承认志愿组织的独有特点，但强调志愿组织和国家重合的领域以及潜在的合作关系。"② 合作伙伴的关系模式虽然承认非营利组织的独有特点，但也强调非营利组织和政府重合的领域以及潜在的合作关系。萨拉蒙的新治理理论打破了竞争模式的零和博弈困境，认为国家与公民社会的关系为一种正和博弈，并且它并不是一种理想化的模式，而是切实存在这个世界上。

一　国家与社会的传统定位：零和博弈

一直以来，学者们对于公民社会与国家关系的讨论很少考虑关系的多面性。而仅仅从一个方面来考虑，即必须在国家控制与公民社会控制之间做一个选择。这种模式将国家与公民社会的关系描述为经济学家称为的零和博弈——"你死我活"的一种竞争关系③。所以，传统理论一般普遍性地认为公民社会与国家是一种冲突关系。传统理论认为，自发的志愿性行为与合作会遭到正式的组织机构的阻碍甚至破坏。随着一个社会越来越现代化、组织化与富裕，市民参与水平也在下降，并逐渐变得冷漠化。反而是在那些不发达的地区和国家中，倒是经常可以看见充满活力的志愿主义和自发的社会行动主义。并推论说过去 50 年福利国家的

---

① 姜正君：《现代市民社会与国家对立关系的学理之思》，《武汉科技大学学报》2010 年第 1 期。

② ［美］莱斯特·M. 萨拉蒙：《公共服务中的伙伴——现代福利国家中政府与非营利组织的关系》，田凯译，商务印书馆 2008 年版，第 203 页。

③ Burton Weisbrod (1977), *The Voluntary Nonprofit Sector: An Economic Analysis.* Lexington, MA: Heath.

扩张是以志愿性组织为代价的。同时还描绘了一个虚幻的非营利组织纯洁的"黄金时代"，非营利组织的这种纯洁由于接受了政府资助而遭到了破坏。西方传统学者对公民社会与国家的对立关系不相同，大概可以分为两类看，即"公民社会范式"和"国家主义范式"。

"公民社会范式"是属于自由主义的竞争模式。它强调公民社会的独特性，并认为非营利组织与政府之间存在内在冲突，国家的扩张被视为对非营利组织生存发展的威胁。"这一冲突概念深深地扎根于自由主义的政治哲学理念中，并可以追溯到洛克和密尔，二者均强调个人主义和政治自由。保守者如埃德蒙·伯克（Edmund Burke）将这一概念用于保护家庭和社会团体，并宣称这种协调性的结构可以保护个人免于国家权威的控制。"[1]"公民社会范式"认为，公民社会是先于并外在于国家而存在的，强调社会自身的自治与调节能力，对国家的态度比较消极。实际上，这种观点从洛克、斯密、孟德斯鸠再到托克维尔等都坚持这一"公民社会范式"。这种古典自由主义式的消极自由观和国家观认为，政府权力和个人权利是一种此消彼长的关系，掌握公共权力的政府最容易也最倾向于侵犯个人自由。例如洛克就对国家充满了不信任，国家的强大容易阻碍公民社会的发展，侵犯公民社会的利益。他通过自然状态解释了国家存在的必要性，同时也意识到了国家的局限性。"公民社会内部存在着各种矛盾和冲突，这不但可以引出国家干预的必要性，而且值得指出的是，这种矛盾和冲突如果处理不当还很可能导致公民社会本身的分崩离析。"[2]新古典自由主义的代表人物如哈耶克也认为私有制和市场自由竞争是维护个人自由的必要条件；国家追求绝对结果平等的分配正义，是对真正意义上的正义观的滥用，而且与现代市场的自发秩序和个人自由是矛盾的。只有减少正式的组织结构，组织机构的自然力量才能够重新兴起，并为一系列社会问题提供解决方案，如消除贫困，促进经济发展，保护环境，提高生活水平等。

---

[1]　Benjamin Gidron, Ralph M. Kramer, and Lester M. Salamon, *Government and the Third Sector*: *Emerging Relationships in Welfare States*, San Francisco: Jossey-Bass Publishers, 1992, p. 5.

[2]　邓正来、景跃进：《建构中国的公民社会》，引自邓正来主编《国家与市民社会：中国视角》，上海人民出版社 2011 年版，第 20 页。

许多学者如霍布斯与黑格尔则强调国家的控制与指导角色，走了一条"国家主义范式"的道路。例如在黑格尔看来，公民社会是个人欲望与利益相互博弈的领域，是受非理性力量所驱动的，呈现出一种无政府状态，并缺乏一种普遍的伦理价值。而国家则体现着伦理的最高价值准则，是一种道义力量的象征，因此也只有国家才能维护公民社会，并通过干预来引导公民社会的良性发展。一些左派学者则看到了非营利组织等机构的无效性，认为对志愿性行动的过分依赖，阻碍了国家建立统一有效的公共福利体制。根据"国家主义范式"的逻辑，解决公民社会自身的弊病，避免市场经济的混乱与社会的分裂，就需要国家的强制性力量。但是虽然国家主义范式能够避免自由市场经济中的消极面，但是其也不能解决社会中的所有问题。自20世纪30年代开始的西方资本主义社会的经济危机频发，就是一个佐证。

"公民社会范式"与"国家主义范式"对西方的政治思想产生了深远的影响。这两种理论架构的共同点就是，都陷入了对国家与公民社会之间关系的零和博弈误区中。例如竞争模式作为一种零和博弈模式，意味着一方的所得就是另一方的损失。[1] 但是，萨拉蒙主持的霍普金斯项目的数据却"驱散了在先进民主国家中公民参与下降的流行假说"[2]。萨拉蒙认为，国家与公民社会的发展是相辅相成的，缺一不可。如果按照这种逻辑，既然福利国家在过去得到了前所未有的扩张，那么可以推论说非营利组织在很大程度上已经不存在了。而这种推论显然是不符合实际的。因为萨拉蒙等对全球范围的非营利组织做了实证调查研究，发现非营利组织在全世界中是一股相当强大的力量。

二 萨拉蒙的新定位：合作伙伴

"第三部门成长的最有决定性的因素是它所能锻造的同国家的关系。

---

① Robert Nisbet, *The Quest for Community*: *A Study in the Ethics of Order and Freedom*, New York: Oxford University Press, 1953.

② Lester M. Salamon, Wojciech Sokolowski (2001), Volunteering in Cross-National Perspective: Evidence From 24 Countries. Working Papers of the Johns Hopkins Comparative Nonprofit Sector Project, No. 40. Baltimore: The Johns Hopkins Center for Civil Society Studies.

第三部门组织的任务是找到一种同政府的妥协办法,在得到政府足够的法律和财政支持的同时又保持相当程度的独立性和自主权。"① 为了避免非营利组织的志愿失灵所带来的问题,同时发挥非营利组织的积极性功能,与政府的角色相得益彰,扬长避短,萨拉蒙认为应该发展一种合作伙伴的政府与非营利组织的关系。

(一) 政府—非营利组织关系的类型学

萨拉蒙于 1992 年与吉德伦(Gidron)、克莱默(Kramer)提出了政府—非营利组织关系的类型学理论。首先,就将人类的社会服务活动分为了两类,一是社会服务的资金筹集和授权,二是社会服务的实际提供者②。萨拉蒙等认为,虽然政治学的话语中很少清晰地界定两类活动的差异,但实际上这两类活动在不同的社会与国家中是由不同的主体来承担的,根据这些差异可以对政府与非营利组织的关系进行分类。政府与非营利组织关系模式主要取决于国家功能的分散程度。③ 因此,政府与非营利组织二者的关系要远比当今流行的政治修辞学更为复杂。具体来说,政府与非营利组织的关系可以分为四个类别④:即政府主导型模式,第三部门主导型模式,双重模式以及合作模式。

1. 政府主导型模式。"在这一模型中,政府在财政资助和人类服务提供中承担着双重的支配性的地位。这是人们一贯理解的现代福利国家。"⑤但是这并不是福利国家模型,因为这在现有的福利国家中是找不到实例的。政府依赖税收体制资助福利事业,并依赖政府雇员传送服务。

2. 第三部门主导型模式,即萨拉蒙指出的,"在政府主导型模式的另

---

① [美] 莱斯特·M. 萨拉蒙:《非营利部门的崛起》,谭静译,《马克思主义与现实》2002年第 3 期。

② Benjamin Gidron, Ralph M. Kramer, and Lester M. Salamon, *Government and the Third Sector*: *Emerging Relationships in Welfare States. San Francisco*: *Jossey-Bass Publishers*, 1992.

③ Ibid., p. 15.

④ 萨拉蒙在他的著作中并没有刻意去区分非营利组织与非营利部门之间的差异,在很多地方都混合用的。不过这里为了遵循原文翻译的准确性,姑且暂时取"第三部门"。

⑤ Benjamin Gidron, Ralph M. Kramer, and Lester M. Salamon, *Government and the Third Sector*: *Emerging Relationships in Welfare States*. San Francisco: Jossey-Bass Publishers, 1992, p. 17.

一端，是志愿性组织在财政与服务供应占主导角色的情形"①。非营利组织承担着双重角色，即财政支持与服务传送，这一模式就是第三部门主导型的模式。这一模型在那些反对国家干涉社会福利提供的国家中，或者福利还没有被广泛接受的国家。

表5—1　　　　　　　　　　政府—非营利组织的关系模型

作用	模式			
	政府主导型	双重模式	合作模式	第三部门主导型
财政资助方	政府	政府/第三部门	政府	第三部门
服务提供方	政府	政府/第三部门	第三部门	第三部门

资料来源：Benjamin Gidron, Ralph M. Kramer, Lester M. Salamon（1992）*Government and the Third Sector：Emerging Relationships in Welfare States*，San Francisco：Jossey-Bass Publishers, p. 16。

3. 双重模式。"在政府主导型与第三部门主导型之间，存在着两种传统的模型，其中人类服务的财政资助与传送是由政府与第三部门共同承担的。"② 虽然结构是有差异的。我们可以将此类模式称为"双重模式"或者"平行线模式"，政府与非营利组织都广泛地参与到了人类服务的资助与供应，不过每一方都有属于自己独立的活动领域。"这模式可以采取两种形式。首先，非营利组织补充国家所提供的福利，虽然传送的具体服务相同，但是服务对象是那些国家没有满足的群体。另一个是，非营利组织通过提供政府活动尚未满足的需求来补充政府的供应。在任何情形中，关键特征就是同时存在规模较大的而且是相对自治的服务资助和传送的两种体制形式。"③ 政府和非营利组织都承担着筹集资金和配送服务的角色，只不过非营利组织重在弥补，向政府没有关注与顾及到的群体提供公共服务，或者提供政府尚未提供的服务等。

---

① Benjamin Gidron, Ralph M. Kramer and Lester M. Salamon, *Government and the Third Sector：Emerging Relationships in Welfare States*，San Francisco：Jossey-Bass Publishers, 1992, p. 17.

② Ibid. .

③ Ibid. .

4. 合作模式。在这种模式中，政府与非营利组织也同样发挥着关键性的作用，但它与双重模式的主要差别就是，在合作模式中政府与非营利组织是共同行动，而非单独地运作。其中政府提供对非营利组织或项目提供资金支持，而非营利组织则实际提供具体的服务。这一模式在美国比较普遍。不过，根据服务提供者在双方交易中所拥有的自由裁量权大小，合作模式也存在着重要的差异。萨拉蒙解释道:"一方面，非营利组织仅仅作为政府项目的代理机构，拥有较少的自由裁量权或者谈判能力，可称为'合作的卖方'模式（collaborative-vendor model）。另一方面，如果第三部门的组织在项目管理中或者政治过程中可以拥有一定程度的裁量权，则可称为'合作的伙伴关系'模式（collaborative-partnership model）。"①

由于很多人都认为"谁买笛子谁决定曲调"的假设，许多观察者都认为"合作—卖方"模式相对较为普遍。但萨拉蒙认为，由于非营利组织也可以有实际的政治影响，而且政府在监督合同承包方上存在一定的困难，因此在实际中"合作的伙伴关系"模式更加普遍。例如，"20 世纪 70 年代美国福利国家的一个主要特点是，政府与志愿部门之间广泛存在的伙伴关系模式。面对公众对于官僚化国家的敌意，各级政府广泛地求助于已有的及新创立的私人非营利部门，帮助其履行日益扩大的福利国家功能。结果，通过直接和间接的补助金以及第三方支付，政府资助轻易地超过私人慈善，而成为私人非营利部门收入的主要来源"②。

当然，一个国家中政府与非营利组织之间的关系模式并不是一成不变的，在不同的历史时期或者不同的政府机构之间也是在变化中的。责任的分配也不是完全独立于服务层次的。从历史看，福利事业的扩张需要有国家的参与，虽然参与的形式是多种多样的。这就可能说明第三部门主导型可能与福利提供的高水平是不一致的。所以这些模型可能在服务层次上是有差异的，在公共与私人部门之间的财政和传送责任分配中

---

① Benjamin Gidron, Ralph M. Kramer, and Lester M. Salamon, *Government and the Third Sector: Emerging Relationships in Welfare States*, San Francisco: Jossey-Bass Publishers, 1992, p. 19.

② ［美］莱斯特·M. 萨拉蒙:《公共服务中的伙伴——现代福利国家中政府与非营利组织的关系》，田凯译，商务印书馆 2008 年版，第 216 页。

也不是单一的。

（二）志愿失灵的解决路径：合作伙伴

萨拉蒙指出，政府与非营利组织由于在组织特征、运作机制、主要关注群体和融资模式等方面的差异，政府和非营利组织的优劣势也呈现出不同的特点。而这种差异也恰好使得政府与非营利组织之间可以做到优势互补，从而为二者之间建立合作关系的模式提供了关键性条件与基础。萨拉蒙认为"志愿部门的弱点正好是政府的长处，反之亦然。至少政府有潜力提供更为可靠的资源，可以在民主政治程序的基础上，而不是根据富人的希望，确立优先考虑的事情，可以通过建立权利而不是特权来部分抵消志愿组织的家长式作风，可以通过建立质量控制标准保证照顾的质量。但是出于同样的原因，志愿组织比政府更能提供个人化的服务，可以在更小范围内运作，可以根据客户的需求而不是政府机构的结构来调整服务，可以允许服务提供者之间一定程度的竞争。在这种情况下，无论是志愿部门替代政府，还是政府替代志愿部门，都没有二者之间的合作有意义"①。

与市场失灵和政府失灵理论对政府与非营利组织关系的解释不同，萨拉蒙假定非营利组织是集体物品提供的主要机制，不过正是由于非营利组织的"志愿失灵"现象，所以才需要政府的出现与合作。所以，"政府和非营利部门的合作伙伴关系，不仅对政府重要，对非营利部门也很重要。实际上，政府已经成为非营利人类服务机构的唯一最重要的收入来源，远远超过了作为生计来源的私人捐赠和服务收费。简而言之，政府与志愿部门的合作，已经成为这个国家人类服务供给系统的支柱，成为私人非营利部门生存的主要资金来源"②。萨拉蒙发现，那些非营利组织发展比较迅速、规模大、功能比较完备或者更能促进经济发展的国家与地区，往往也伴随着政府对非营利组织的财政支持，例如在美国、英国、荷兰与比利时等国家。同时，在西方发达国家中政府与非营利组织

---

① ［美］莱斯特·M.萨拉蒙：《公共服务中的伙伴——现代福利国家中政府与非营利组织的关系》，田凯译，商务印书馆2008年版，第51页。

② 同上书，第34—35页。

的合作模式深深根植于历史当中,并不是近年来才出现的新情况。例如"志愿部门在美国的蓬勃发展,并不是与政府无关的,而在很大程度上正是由于政府的作用,因为政府已经广泛地转向由私人非营利部门提供公共出资的服务。在某些情况下,政府甚至在没有非营利部门的地方创建了新的非营利部门。在其他情况下,政府为个人支付以购买由非营利部门提供的服务(如高等教育、医疗),非营利部门会从中获益"[1]。萨拉蒙认为,正式组织并不会阻碍志愿行为和非营利组织的发展,相反,志愿行为和非营利组织的扩展恰是国家与政府支持的结果。

　　不同类别的非营利组织在实际中对政府资金的依赖程度也不相同。萨拉蒙根据非营利组织的资金结构把非营利组织分成了三种不同的类型或"模式"[2]:第一种是政府主导模式,它是指政府是主要资金来源的机构类型。第二种是收费主导模式,该模式中机构的最大收入来源是各种收费。第三种是慈善主导模式,该模式中私人捐赠——不论来自个人、企业,还是基金会——是最大的收入来源。"当然这里的机构分组,模糊了每种类型内部单个机构之间多样性的程度。例如尽管某些领域如社会服务机构中大部分的收入来自政府,但如果考虑到机构的多样性程度,许多社会服务机构无疑几乎没有从政府得到什么收入,而许多其他机构则达到了90%—100%。"[3] 政府对非营利组织的资助形式主要有现金、购买合同、贷款或贷款担保等。尤其是在20世纪70年代出现了福利国家危机以后,西方发达国家的政府纷纷求助于现有的非营利组织或者创建新的非营利组织,来接收政府转移的部分公共责任。这样"通过直接和间接的补助金以及第三方支付,政府资助轻易地超过私人慈善,而成为私人非营利部门收入的主要来源"[4]。当政府与非营利组织直接签订合同或者政府直接对非营利组织进行补助时,政府的影响力比较大;当把政府直接对市民个人进行援助,然后由市民个人自由选择是否要购买或者购

---

　　[1]　[美]莱斯特·M.萨拉蒙:《公共服务中的伙伴——现代福利国家中政府与非营利组织的关系》,田凯译,商务印书馆2008年版,第34页。

　　[2]　同上书,第96—98页。

　　[3]　同上书,第99页。

　　[4]　同上书,第216页。

买谁的服务时，政府的影响力就会比较弱些。

虽然说合作模式并不是一个放之四海而皆准的模式，但是该模式的显著优点就是，它可以把非营利组织提供服务的优势，与政府的税收优势以及政府民主决策的优势结合起来。而且它还使政府的资金与非营利组织的资金结合起来，比双方独自运作能够提供更优质的社会服务。非营利组织"重要的社会价值，包括群体和个人自由、多样性、社区感、公民行动主义和慈善。长期以来，这些特点使得为了国家利益，即使付出成本，也要保护和培育志愿部门"[1]。而且非营利组织在供给公共服务中，还具有其他的优势。"（1）相当程度的灵活性。它来自于非营利机构可以相对容易地形成和解散，以及理事会对行动领域的熟悉。（2）在许多项目领域已经存在的制度结果。它等于这样一个事实，在一些领域，志愿机构在政府项目开展之前，就已经频繁开展活动了。（3）普遍较小的运作规模。这为根据顾客需要提供服务提供了更多的机会。（4）更有可能避免零碎的方法，集中关注家庭或个人的所有需求，来对待个人或家庭，而不是关注单个问题。（5）更容易利用私人慈善资源和志愿者活动，提供服务质量，'减少'公共支出。"[2] 虽然非营利组织的参与可以改善公共服务的质量，但是这并不否定政府在社会服务中的作用与价值。萨拉蒙从财政、公平、多样性以及公民决策权等方面解释了政府存在的价值与意义。首先，完全依赖非营利组织来提供公共服务，是不切实际的。其次，如果没有政府机制，很多时候并不能保障社会的公平性。例如最需要帮助的人反而无法获得应有的重视。再次，非营利组织缺乏整体视野，可能会因为宗教或者意识形态偏好而产生片面化或者区域性的决策等。最后，政府存在的另外一个价值就是，能够保证公民通过民主的政治程序来确立优先考虑的事情等。

总之，在合作模式中萨拉蒙将政府的角色定位为资金的提供者，而非营利组织则是服务的实际提供者。具体来说就是，非营利组织通过采

---

[1]　[美] 莱斯特·M. 萨拉蒙：《公共服务中的伙伴——现代福利国家中政府与非营利组织的关系》，田凯译，商务印书馆 2008 年版，第 116 页。

[2]　同上书，第 116—117 页。

纳市场化和商业化的运作模式,实现服务供应的灵活性和创新性,学习企业的治理经验和模式,避免官僚作风,也可以防止政府规模的膨胀,节约公共开支等,提高政府的合法性。萨拉蒙认为政府的角色是对非营利组织缺陷的弥补,其角色应该是资金的提供者,以多数人的利益为前提通过制度、规则和义务要求来纠正非营利组织的志愿失灵问题,促进非营利组织提供服务的持续性,保持非营利组织自身的优势,确保非营利组织在承担公共责任过程中尊重民意,保证服务公平分配到受惠者手中,实现组织的最终目标。萨拉蒙以美国的非营利组织为例子,在美国政府与学者都未将政府作为资金提供者和作为服务实际提供者区分开来。按照美国的实际情况,政府的普遍角色是资金的提供者,而不是服务的实际提供者。因为大量的服务是由第三方机构,如非营利组织、地方政府与银行等来提供的。可以说目前美国政府的运作体制也是"第三方政府"模式,其中政府发挥的更多是融资与监督的角色,而将相当大的处理权交给了第三方。这一模式能够调和公众对政府机构的"敌意"与对社会服务机制的需求之间的矛盾,而且也有利于建立一个高效与小规模的政府机构。

三　新挑战:"第三方政府"模式

萨拉蒙意识到了合作模式所带来的机遇,也意识到了合作过程中"第三方政府"所带来的挑战。"第三方政府"模式反映了政府和私人组织之间对共同责任的分享,以及政府部门和私人组织的大量混合。为了有效地规制新的公共行为主体和解决"第三方政府"模式带来的挑战,公共管理的模式与理念也都需要进行更新与改变。

(一) 合作伙伴的挑战

政府和非营利组织之间复杂的伙伴关系构成了现代福利国家的核心,不过这种伙伴关系在近年来也遇到了一些挑战。许多社会学家都反对政府对非营利组织的资助,认为这种资助把对公共资源的控制权实际是交给了家长式的和保守的非营利组织,而这些组织往往被狭隘的种族和伦理观念所控制,从而根本无法建立一个现代的公共体系。近些年来,人们开始关注政府资助对非营利组织本身的影响,认为政府资助会削弱非营利组织的独立性，使它们偏离了组织目标，破坏了志愿性根源。同时也有人担心间接的政府即"第三方政府"的行为所带来的管理层面的挑战，以及非营利组织介入政府和受惠群体之间可能给大量资助的公共福利活动所带来的潜在损失。萨拉蒙总结了普遍认为的政府对非营利组织资助所可能带来的问题，"首先，失去自治或独立性，尤其是会弱化该部门的倡导作用；其次，'卖方主义'，或者是，机构在寻求政府资金时扭曲自己的使命；最后，官僚化或过度专业化，失去灵活性和地方控制，而这些被认为是该部门最大的长处"[1]。

　　但就此类担忧，萨拉蒙提出了不同的看法。首先，过分强调非营利组织的独立性是会产生误导的。由于非营利组织的非利润分配性特征，"在资金方面，非营利组织几乎不可避免地是依赖性的——不是依赖公共资金，就是依赖私人来源。在历史上，私人资金像政府一样，也伴随着很多附件条件，威胁到机构的独立性"[2]。因此，萨拉蒙指出不需要夸大政府资助对非营利组织独立性的影响，即便是仅仅接受私人资助也同样会对非营利组织的独立性带来挑战。另外，非营利组织虽然得到了政府的资助，但是还有其他方面的收入来源，如私人与企业的捐赠以及收费等。同时政府也并没有阻碍非营利组织去执行它们的使命，因此萨拉蒙认为政府与非营利组织并不是权力与依赖的关系，而是相互合作的关系。其次，过分担心卖方主义所带来的影响。例如，担心政府资助会使得非营利组织根据政府的要求或者意愿去行动，而忽略了非营利组织自身的目的。萨拉蒙指出，"与此相反，绝大多数机构认为，政府资金使它们能够更好地实施已有的使命。为了接受政府资金，它们在使命上仅有的一种重要变化是，它们让政府相信，会把更多的服务集中在穷人身上"[3]。再次，错误地认为政府资助为促使非营利组织日趋官僚化。萨拉蒙认为，单单的政府资助非营利组织，并不能产生使得非营利组织更加官僚化。总的来说，萨拉蒙认为对合作模式的许多担忧在实践中是

---

　　[1]　[美]莱斯特·M. 萨拉蒙：《公共服务中的伙伴——现代福利国家中政府与非营利组织的关系》，田凯译，商务印书馆 2008 年版，第 109 页。

　　[2]　同上书，第 111 页。

　　[3]　同上书，第 112 页。

没有被证实的,而且对非营利组织的独立性、使命转移与管理模式管理化等方面的威胁,很可能是由于非营利组织所参与的公共项目的独特性造成的,而与政府是否资助了非营利组织无太大的直接关系。例如,当非营利组织提供公共服务的时候,它的服务功能与倡导性功能之间就产生了冲突。而且参与政府项目也会威胁到非营利组织的志愿性、非正式与非官僚化的特征等,最终有可能会使得非营利组织偏离它们的发展方向。

虽然合作关系带来了风险,但是关键还是要看政府是如何恰当地平衡其与非营利组织之间的关系。当然萨拉蒙也意识到,虽然说政府与非营利组织之间在财政方面的合作已经相当普遍,但是在实际操作中却是独立运作的。例如政府并未对资金的实际去向进行时时监督,非营利组织很多时候也因为不能了解政府对公共资金的具体分配而无法参与其中。但是,尽管合作模式也同样有问题,但却有很多值得采纳的地方,因为它把政府的征税能力和民主的决策程序,与非营利组织的灵活性与个性化服务相结合。

(二)"第三方政府"模式的挑战

虽然在萨拉蒙看来政府与非营利组织的合作是一种正常态,是符合逻辑和理性的,但萨拉蒙认为正是这种合作才导致了西方发达国家中出现了间接政府行为,非营利组织分享了部分公共权力,许多本来该由政府来完成的任务都交由第三方来承担。萨拉蒙将这一政府组织形式和体制模式称为"第三方政府"模式,即"依赖各式各样的第三方机构——商业银行、私立医院、社会服务机构、企业公司、高等教育机构、日托中心、其他层级的政府机构、投资机构、建筑公司等——来提供政府资助的服务,实现公共政策目标"的体制模式[①]。这也正是新管理主义所推崇的解决公共管理问题的路径之一。萨拉蒙质疑道,"公共部门改革中,为何新公共管理是正确的答案,然而回答的却是错误问题"[②]?问题的关

---

　　① ［美］莱斯特·M. 萨拉蒙:《新政府治理与公共行为的工具:对中国的启示》,李靖译,《中国行政管理》2009 年第 11 期。

　　② 同上。

键不在于改变政府机构和提高政府绩效，而是要关注目前最急需解决的社会问题，然后寻求该问题的解决方案，才能做到有的放矢。萨拉蒙给出的答案是"学会如何理解并管理在许多国家已经被重塑的政府，学会如何设计并管理近年来逐渐成为解决公共问题之核心的各种复杂的合作体系"①。

在萨拉蒙看来，不仅新公共管理理论不能解决问题，而且新公共管理积极提倡的"第三方政府"体制模式所体现的间接政府行为本身就引起了很多问题。换句话说就是，"第三方政府"模式自身引来很多质疑与挑战。根据萨拉蒙的观点，这种挑战主要表现在三个方面：（1）管理挑战。随着政府私有化的进程，越来越多的第三方将会与政府签订合同，这就出现了问责制问题。以前在政府内部能够解决的问题，目前变得十分复杂，需要新的制度和政策来确保目标的完成。同时，政府还需要设计合理的激励制度，鼓励有益行为，惩罚不良行为。还需要将分散的参与者成功地纳入到一个有效的网络中，以达成共同认识和一致行动。这对于公共部门的知识和策略等提出了更高的要求。（2）责任挑战。新公共管理主义和公共治理理论都提出了新的方法和工具。而这些工具往往需要赋予新的执行主体以一定的自由裁量权和独立的权力来源。而政府的控制力就受到了限制。"第三方政府体制并没有通过使各种组织的行为公开透明来控制其自由裁量权，而是先把管理权限分散，然后再给予各个第三方，后者则与政府管理者分享管理权力，共同进行项目运作。"②在行为结果无法满足民众需求的时候，各个主体之间容易产生互相扯皮的现象。（3）合法性挑战。民主制一般假定，经过选举产生的议员等一般都会在政策和管理中注重实现选民的需求。目前由于"第三方政府"使得大量间接的公共行为工具出现，并在很大程度上取代了传统的民主机制。因此，在公民的权利与政府的责任之间多了一个新的第三方，割裂了双方之间直接的控制与被控制关系，从而有可能会威胁到传统的民

---

① ［美］莱斯特·M. 萨拉蒙：《新政府治理与公共行为的工具：对中国的启示》，李靖译，《中国行政管理》2009 年第 11 期。

② 同上。

主理论,产生了合法性问题。

第二节　工具主义视角:一种新的政府工具论

20世纪80年代以来,随着"政府再造"运动在西方各国的进行,政府工具日益多样化,随之政府工具理论也成为政治学研究的一个热点。西方国家中的政府改革可被视作为一场变革政府工具、转变政府治理模式与提高政府绩效的运动。实际上,政府工具的研究为公共治理提供了一种新的视角。萨拉蒙的政府工具理论是对传统政府工具理论的一种拓展,强调公共行为工具在解决合作模式和解决间接政府行为所引起的风险与挑战,以及应对"第三种失灵"中的重要作用。可以说萨拉蒙的思想又有了一次再创新。

一　政府工具论的历史回顾

对政府工具理论的研究与关注始于20世纪70年代前后。政府工具是指政府为实现公共治理目标的手段和方法。除了传统的行政工具外,发展至今市场化和社会化的工具也被囊括其中。政府工具理论在市场经济模式上,强调发挥市场力量的同时,不过分强调政府的规模、责任和回应性,而是关注政府、私营组织、非营利组织等社会主体通过政府工具的选择、组合和创新形成有效的治理模式。

目前政府工具理论的研究已经在世界范围内引起重视,不仅在美国,而且在西欧如德国与荷兰等国家的研究已经十分成熟。荷兰学者弗兰斯·K. M. 冯尼斯潘意识到了20世纪70年代之前,政府工具的研究是相当少的,许多学者都认识到这一研究的必要性。后来,这一研究迅速发展,学者不仅对政府工具概念进行了界定,还根据不同的标准和属性对政府工具进行了分类。

表5—2   四种不同的政府工具研究途径

学派	关键要素	评估模式	与政治的关系
工具论	工具特质	在约束条件下的最佳性	政策设计不包括政治
过程论	适应性	演化中的相容性	政治不包括政策设计
备用论	互适性	政策工具与任务相匹配	政策设计塑造政治
构造论	引发的意义	对于相互竞争的意义的解释	作为政策设计的政治

资料来源：［美］B. 盖伊·彼得斯、弗兰斯·K. M. 冯尼斯潘：《公共政策工具：对公共管理工具的评价》，顾建光译，中国人民大学出版社2007年版，第42页。

美国学者 B. 盖伊·彼得斯（B. Guy Peters）和荷兰学者弗兰斯·K. M. 冯尼斯潘（Frans K. M. Van Nispen）所主编的《公共政策工具：对公共管理工具的评价》一书认为，目前政府工具研究主要有四个思想流派。一是工具论。这一学派的主要观点是"了解一种具体的政策工具，在于了解其内在的功能；这种工具的效能或者是已经得到证明的，或者是具有很高的可信度。我们期待它能够在最可预见的环境中将是有效的"①。该学派强调工具的普遍性，认为有效的工具可以改变政策结果，达到最佳绩效。二是过程论。过程论学派更关注工具的具体性，"强调的是政策实施的作用，将政策工具的研究至于政策实施之中，而不是政策过的公式化的那些阶段"②，过程论学派反对工具论学派的多数主张。三是备用论。该学派认为首先需要确认具体的环境与目标，然后从工具箱中去寻找最为匹配的工具。"所以，政策工具的研究包括两个方面。一方面是形成关于要求解决问题的情景需要，并加以表达；另一方面提出确保选择最为合适政策工具的理性方法。"③ 四是构造论。该学派更注重工具的"主观意义"，"对于政策工具与政策问题的理解是一个主观的过程，这一过程受到社会或者专业互动作用的塑造，同样也受到思辨的影响"④。

---

① ［美］B. 盖伊·彼得斯、弗兰斯·K. M. 冯尼斯潘：《公共政策工具：对公共管理工具的评价》，顾建光译，中国人民大学出版社2007年版，第36页。

② 同上书，第38页。

③ 同上书，第39页。

④ 同上书，第40页。

这四个学派其实也可以看作是一个逐渐发展的四个阶段(具体参见表5—2)。他们还认为政府工具是多元的,包括命令条款、财政补助、管制规定、劝诫、征税、契约等。

具体来说,1964 年荷兰经济学家艾蒂安·萨蒂·科臣(Étienne Sadi Kirschen)和其同事的研究可被视作政府工具研究的发端。为了回答是否存在能够实现最优化结果的政府工具的问题,科臣对政府工具进行了尝试性的分类研究,他一共整理了 64 种一般化的政府工具,但是并没有详细地探讨每种工具的源起和具体适用情景等问题。[1] 1971 年,耶赫兹克尔·德洛尔(Yehezkel Dror)指出,对政府工具研究的漠视,导致公共行政学缺乏一种说明力的知识体系。[2] 麦克唐纳尔和艾莫尔(L. M. McDonnell and R. F. Elmore)根据工具所要获得的目标将政府工具分为五类,即命令性工具、激励性工具、能力建设工具、系统变化工具和劝告工具。[3] 亚瑟·B. 里格林(Arthur B. Ringeling)引用了 A. Hemerijck 用来检验工具适用性的四个标准,即有效性、可行性、可接受性和合法性,他将工具概念描述为"致力于影响和支配社会进步的具有共同特性的政策活动的集合"[4]。英国学者乔丹(Andrew Jordan)、乌泽尔(Rudiger Wurzel)和济托(Anthony Zito)也对政府工具进行了分类研究,例如认为政府工具的形式有强制性的工具、市场化的工具、志愿性协议等[5]。

加拿大学者迈克尔·豪利特(Michael Howlett)和 M. 拉米什(M. Ramesh)认为,在私有化传播反映了政策工具的使用模式的快速和根

---

① Étienne Sadi Kirschen, *Economic Policy in Our Time*, Amsterdam: North-Holland, 1964.

② Yehezkel Dror, *Design for Policy Science*, New York, London and Amsterdam: Elsevier, 1971, p. 72.

③ Lorraine M. McDonnell, Richard F. Elmore (1987)。Getting the Job Done: Alternative Policy Instruments, *Educational Evaluation and Policy Analysis*, Vol. 9, No. 2.

④ Arthur B. Ringeling, *Instruments in Four: The Elements of Policy Design*, in Pearl Eliadis, *Margaret M. Hill*, *Michael Howlett*, *Designing Government: From Instruments to Governance*. Montreal: McGill-Queen's University Press, 2005.

⑤ Andrew Jordan, *Rudiger Wurzel and Anthony Zito* (2000) *Innovating with "New" Environmental Policy Instruments: Convergence Divergence in the European Union*, Paper Presented at the Annual Meeting of the American Political Science Association, 31 August-3 September.

本性的变化。然而，有关政策工具研究的文献并没有关注到这一变化。因此，迈克尔研究了那些能够解决长期性的与跨国变化的问题的政策工具，并重塑了政策选择的概念。[①] 他们还提出了一个新的分类标志，即"政府提供物品与服务的水平"，并利用这个标准"将不同的公共政策工具放在一条以完全自愿（提供）和完全强制（提供）为两端的轴上"[②]。排除比较极端的"绝对自愿"与"完全强制"这两种情况，可以按照政府或公众参与程度的高低将政府工具分为三大类：（1）自愿性工具，包括家庭与社区、自愿性组织和市场；（2）强制性工具，包括规制、公共企业和直接提供；（3）混合型工具，包括信息与劝诫、补贴、产权拍卖、征税与用户收费[③]。

欧文·E. 休斯认为"政府工具是政府的行为方式，以及通过某种途径用以调节政府行为的机制"[④]。休斯将政府的工具分为四类："（1）供应，即政府通过财政预算提供商品和服务；（2）补贴，这事实上是供应的一种补充手段，政府正是通过这种方式来资助私人经济领域的某些个人，生产政府需要的商品和服务；（3）生产，这是政府生产在市场上出售的商品和服务；（4）管制，这是政府运用国家强制力批准或禁止私人经济领域的某种活动。"[⑤] 可以说政府工具为政府管理方式的创新奠定了重要基础，并为政策的具体实施提供了方法论指导。总之，"政府工具成为 20 世纪八九十年代西方公共管理学和政策科学研究的一个焦点"[⑥]。

二　创新：萨拉蒙的政府工具论

萨拉蒙认识到了现代公共行动中合作关系的重要性，同时也预示了

---

① Michael Howlett, M. Ramesh（1993）, Patterns of Policy Instrument Choice: Policy Style, Policy Learning and the Privatization Experience, *Policy Studies Review* 12.

② ［加］迈克尔·豪利特、M. 拉米什：《公共政策研究：政策循环与政策子系统》，庞诗等译，生活·读书·新知三联书店 2006 年版，第 144 页。

③ 同上。

④ ［澳］欧文·E. 休斯：《公共管理导论》，张成福译，中国人民大学出版社 2001 年版，第 99 页。

⑤ 同上。

⑥ 陈振明：《政府工具研究与政府管理方式改进——论作为公共管理学新分支的政府工具研究的兴起、主题和意义》，《中国行政管理》2004 年第 6 期。

其所面临的挑战。目前政府工具的运用已经成为解决公共问题的新途径和新方法，并成为连接公共目标与政策效果的桥梁。萨拉蒙从工具主义视角出发，将政府工具理论研究的主题从项目与组织主体转移到了对公共项目所需要的工具上来，为转变政府职能和提高公共服务绩效提供了一种新的解决路径，也避免了在国家与社会主体之间进行选择的窘境。而且相比于以往的政府工具研究，萨拉蒙对政府工具的分类标准是相对比较全面的。与冯尼斯潘所归类的四种政府研究流派有所出入，即萨拉蒙认为工具的选择实际上是对公共管理与政策实施的参与主体的选择，因为有些工具更适合于特定的主体。

（一）政府工具的定义与分类

萨拉蒙构建了一个比较系统的和完善的政府工具分析体系。他指出，所谓"工具，是指某种清晰可辨的方法，通过该方法，为解决某个公共问题可以形成集体行动。该途径体现了如下构想：各式各样的政策项目所使用的基本操作工具其实很有限，它们有着共同的特征，而与具体的政策领域无关。每种工具都有自身的操作程序、特有的任务、特别的运作法则以及自身的实施机构"[①]。萨拉蒙对政府工具理论的定义如下，"公共行动工具是一种可辨认的通过集体行动致力于解决公共问题的方法或途径"[②]。这个定义的具体含义如下：（1）各种工具具有共同的特征。不过除了一些相同的特征外，各种工具还具有可以与其他工具相区别的设计性特征。例如，"补助金"涉及一个层级的政府向另一层级政府机构或者私人机构的支付转移，但是不同的拨款项目会因为对目的、受益人范围、资金如何分配以及其他特征的差异而不同。（2）工具将公共行为"结构化"。工具所促进的是一种制度化的关系，公共活动中的参与主体、作用与合作模式等都得到了界定。（3）工具所结构化的行动是"集体行动"，解决"公共问题"，不过这种集体行动包括政府与私人主体的两种行为模式。

---

① ［美］莱斯特·M. 萨拉蒙：《新政府治理与公共行为的工具：对中国的启示》，李靖译，《中国行政管理》2009 年第 11 期。

② Lester M. Salamon, *The Tools of Government*: *A Guide to the New Governance*, New York：Oxford University Press, 2002.

萨拉蒙认为公共行为工具的特征是多方面的。首先，工具可以是一种物品或者活动。例如现金或者实物支付，限制或禁止，信息提供等。其次，工具可以是物品或者活动的传送载体。例如通过贷款，无条件资助，凭单制，服务的直接供给，税收系统等。再次，工具可以是一个传送系统，即参与物品、服务或者活动供给的一系列组织。例如中央政府、非营利组织、地方政府与营利性组织。最后，工具也可以是一套规则，这些规则可以是正式地也可以是非正式地来界定那些构成传送系统的各种参与之间的关系。①

从萨拉蒙对工具特性的分析中可以得知，用来对工具进行描述或分类的标准是比较多的。而且根据不同的标准也会得出不同的分类模式。萨拉蒙认为已存在的政府工具分类不够清晰，比较笼统。萨拉蒙对政府工具进行了分类，一共介绍了20种不同的工具，如直接政府，政府公司和政府赞助的公司，经济规制，社会规制，保险，公共信息，矫正税、收费和流通许可证，合同，购买服务合同，津贴，贷款和贷款担保，税式支出，凭单，侵权责任，间接政府管理，等等。这些工具分为直接性工具与间接性工具。直接性工具主要包括直接政府、政府公司（国营公司）、经济规制、公共信息以及直接贷款等。间接性工具主要有社会规制、合同、贷款保证、补助金、税收支付、费用和收费、保险、侵权法、凭单制以及政府赞助的公司等②。

表5—3　　　　　　　　　公共行动常用工具及其特征

政府工具	物品/行动	载体	传送系统
直接政府	物品或服务	直接供给	公共机构
社会规制	禁止	规则	公共机构/管制者
经济规制	价格公正	进入和比率控制	监管委员会

① Lester M. Salamon, *The Tools of Government: A Guide to the New Governance*. New York: Oxford University Press, 2002, p. 20.

② Ibid., p. 39.

续表

政府工具	物品/行动	载体	传送系统
合同	物品或服务	合同和现金支付	商业,非营利组织
补助金	物品或服务	奖励补助金/现金支付	下级政府,非营利
直接贷款	现金	贷款	公共机构
贷款保证	现金	贷款	商业银行
保险	保护	保险政策	公共机构
税收支付	现金,奖励	税收	税收系统
费用,收费	财政付款	税收	税收系统
债务法	社会保护	侵权法	法院系统
国营公司	物品或服务	直接提供/贷款	准公共机构
凭单制	物品或服务	消费者补贴	公共机构/消费者

资料来源：Lester M. Salamon（2002），*The Tools of Government：A Guide to the New Governance*，New York：Oxford University Press，p. 21.

(二) 政府工具的评价标准

在新治理模式中，政府工具的选择与效度评价等问题决定着新治理目标能否最终实现的问题。不同的工具具有不同的优势与特征，其所适用的项目与范围也是有差异的。因此，萨拉蒙提出了五个评价政府工具的标准，即有效性、效益性、公平性、可管理性与政治合法性。

1. 有效性

"有效性是测量公共行为是否成功最基本的标准"[①]。它测量的是一种行为或者活动最终完成目标的程度，而不是对成本的测量。因此，最有效的工具，也就是那些使得解决公共问题的行为能够达成它们所追求的任务。

当然对政府工具有效性的测量，并不是一件容易的事情。一方面，

[①] Lester M. Salamon，*The Tools of Government：A Guide to the New Governance*，New York：Oxford University Press，2002，p. 23.

很多时候政府项目的目标比较模糊，这样就很难通过具体的评价指标来测量；另一方面，工具的选择应用还需要与具体的环境相结合。因为具体环境不同，工具的有效性也会有差异的。

2. 效益性

"效益性"关注的是结构与成本的平衡问题。最有效的工具不一定效益也最好。最有效益的工具就是那种能够在收益与成本之间达成一个最优平衡的工具。萨拉蒙指出"与工具效益性有关的成本不仅仅是政府授权项目所需成本。施加于非政府机构的成本也是相关的，而且对于某些工具而言此类成本反而是相当大的"①。随着政府财政压力的增加，采取能够节约成本的工具就显得十分吸引人。

3. 公平性

第三个评价标准是公平性。公平性包括两个层面的意思，一个是基本性的公平，即在所有人之中收益与成本的分配差不多是均等的。第二个则与再分配有关。公共行为的一个主要原则就是实现再分配平等。可以说，政府存在的意义就是为了修正这种不平等，以在人们之间实现机会均等。"分配项目就是在受益阶层中实现公平的收益分配；而再分配项目，是对弱势群体进行利益的倾斜分配。"② 总的来说，一些工具相比于其他工具更能实现再分配的目标。

4. 可管理性

目前一个工具的可管理性也变得十分重要。因为"工具越是复杂和令人费解，所涉及的独立参与者越多，管理的难度就越大。一些工具相比于其他工具，更难于操作。虽然有些工具在理论上可以保证比较大的有效性与效益，但是却因为管理上的困难而在实践中无法使用"③。就是说，越简单、越直接的工具的可取性越强。

---

① Lester M. Salamon, *The Tools of Government: A Guide to the New Governance*, New York: Oxford University Press, 2002, p. 23.

② Ibid., p. 24.

③ Ibid..

5. 政治合法性

"工具选择还会影响到政治可行性与公共行动的合法性。"[1] 选择工具的时候还需要决定哪些主体和利益与项目执行有关，哪些是受到支持或者反对的项目等。也就是说，即使一个政府工具效率与效益都很好，但是如果得不到政治支持，最终还是无法得以采纳。另外，工具选择也会影响到公众对公共行为合法性的认知情况。在一定的国家背景中，有些工具比其他工具更具有合法性。而且有些工具可以使得公共资金的使用更具责任感。总之，根据这一标准来看，最好的工具就是政府在公众眼中最具政治合法性的工具。

（三）工具选择的关键性维度

除了利用"评价标准"这个单一维度对政府工具进行分析外，还可以通过多维度的视角来对政府工具进行研究与分类，更充分地认识到每种政府工具的优劣与所适用的环境。萨拉蒙从强制性程度、直接性程度、自动化程度与可见性程度对政府工具进行了分类。

1. 强制性程度

强制性是对工具进行分类的最基本的一个维度。在萨拉蒙看来"强制性就是测量一个工具限制个人或者团体行为的程度，而不仅仅是鼓励或者阻止它"[2]。工具的强制性程度会影响到个人的自由空间，就是说工具的强制性越大，政府的权力就越大，那么个人的自由空间就越小，个人自由也更容易遭到侵犯。

一般来说，政府工具都会不同程度地存在着强制性，不过各类工具在强制性上的程度还是存在差异的。从表5—4中可以得知，强制性程度比较低的政府工具主要有侵权责任、信息、税式支出。这些工具一般是依赖个人与团体的志愿性合作。强制性程度为中等的政府工具主要有凭单制、保险、补助金、政府公司、贷款保证、直接贷款、合同、标签规定、矫正税。而强制性程度比较高的政府工具主要是经济规制与社会规

---

[1] Lester M. Salamon, *The Tools of Government: A Guide to the New Governance*, New York: Oxford University Press, 2002, p. 24.

[2] Ibid., p. 25.

制。萨拉蒙还指出如果其他条件相同的话，工具的强制性程度越高，它的效率也会越高，更容易产生再分配性的结果，因此公平性也越强。

表5—4　　　　　　　　根据强制性程度对政府工具的分类

强制性程度	工具	可能的影响				
		有效性	效益性	公平性	可管理性	政治合法性
低	侵权责任、信息、税式支出	低	中	低	中	高
中	凭单制、保险、补助金、政府公司、贷款保证、直接贷款、合同、标签规定、矫正税	中	高	中	中	中
高	经济规制、社会规制	高	高/低	高	低	高/低

资料来源：Lester M. Salamon（2002），*The Tools of Government*：*A Guide to the New Governance*，New York：Oxford University Press，p. 26.

2. 直接性

"直接性测量的是授权、融资或者发起集体行动的实体在多大程度上也去执行这些行动。"[①] 萨拉蒙对这一概念做了进一步解释，一方面处理一个公共问题的行为实际上是由许多个独立的活动构成的；另一方面，这些不同的活动也不是由一个实体来完成的。例如公共服务的资助方与供应方就可以是分开的，每一部分可以是由公共部门或者私人部门来处理。这样就产生了四种组合模式（具体见表5—5）：（A）公共部门融资和公共部门供应，如国防；（B）公共部门融资和私人部门传送，如租赁；（C）私人部门融资和公共部门传送，如政府提供的收费性服务；（D）私人部门融资和私人部门传送，如私人托儿所。当然这四种模式并不能穷尽所有的政府工具类型，因为有些工具如规制根本不涉及服务或财政，

---

① Lester M. Salamon，*The Tools of Government*：*A Guide to the New Governance*，New York：Oxford University Press，2002，p. 27.

而只有限制性的规定。

表5—5　　　　　　　　　　公共问题的解决模式

供送	融资	
	公共	私人
公共：1）全国 　　　2）地方	A	C
私人：1）非营利 　　　2）营利	B	D

资料来源：Lester M. Salamon（2002），*The Tools of Government：A Guide to the New Governance*，New York：Oxford University Press，p. 28.

　　直接性程度比较低的工具有侵权责任、补助金、贷款保证、政府发起的公司、凭单制。直接性中等水平的工具有税式支出、合同、社会规制、标签规定、矫正税/收费。直接性程度比较高的工具有保险、直接贷款、经济规制、公共信息、政府公司、直接政府（具体见表5—6）。每种工具的直接性程度是不一样的。萨拉蒙认为，"公共活动执行中所涉及的不同责任越是由同一实体来完成，这一工具就越具有直接性。因此，直接性工具就是授权、融资，以及（或者）执行也有全部由政府来承担的工具。间接性工具就是将这些不同责任分配给其他主体——半自治性机构，其他层级的政府，社区团体，非营利组织，商业银行，医院和其他等"①。就是说，许多责任越由"第三方"来承担，这些第三方就享有越多的自治性，同时第三方在完成任务时享有的自由裁量权越大，这一工具的直接性就越高。因此政府工具越是直接性的，受政府控制的程度就越高，虽然有效性、公平性与可管理性比较强，但是效益性和得到的政治支持则相对较少。相反，政府工具越是间接性的，就更容易得到民众的政治支持，效益性会比较高，这说明间接性的政府行为有更多的优势。因此，萨拉蒙的理论从始至终都强调在公共服务供应中第三方的重要性。

———————————

① Lester M. Salamon，*The Tools of Government：A Guide to the New Governance*，New York：Oxford University Press，2002，p. 28.

表5—6 　　　　　　　　　根据直接性程度对政府工具的分类

直接性程度	工具	可能的影响				
		有效性	效益性	公平性	可管理性	合法性/政治支持
低	侵权责任、补助金、贷款保证、政府发起的公司、凭单制	低	高	高	低	高
中	税式支出、合同、社会规制、标签规定、矫正税/收费	低/中	中	中	低	高
高	保险、直接贷款、经济规制、公共信息、政府公司、直接政府	高	中	高	高	低

资料来源：Lester M. Salamon（2002），*The Tools of Government*：*A Guide to the New Governance*，New York：Oxford University Press，p. 29.

3. 自动化程度

"自动化测量的是工具利用已有行政机构去产生作用，而不是再创建它自己的行政机构"。政府工具越是依赖现有的第三方来提供服务，其自动化程度就越高。例如利用市场机制提供服务的政府工具，如凭单制、矫正税与收费，则它的自动化程度就比较高。其中凭单制就是将购买权力交给项目的受益者，而不是提供服务的机构。萨拉蒙认为，"第三方"除了包括市场体制外，还包括其他机制如税收系统、法院系统、地方政府与私人非营利组织等。由于自动性关涉政府工具是利用现有的机构还是建立新的机构来提供公共服务，因此自动化程度与直接性程度存在一定程度的重合，都涉及是否由政府直接来提供服务的问题。但是，二者也不是完全重合的，自动化的政府工具也不一定都是间接性的，反之亦然。税式支出是直接性的，主要由第三方来提供服务，但是它的自动化程度并不高。

　　自动性程度比较低的政府工具有经济规制、社会规制、直接政府、政府公司、信息、直接贷款、保险。自动性程度中等的政府工具有补助金、合同、贷款保证、标签规定。自动性程度比较高的政府工具有凭单制、税式支出、矫正税/收费、侵权责任（具体见表5—7）。因此按照萨拉蒙的观点，利用非营利组织等第三方来提供服务的工具，自动化程度比较高，效益也比较高，但是公平性与有效性比较低。相反，自动化程度比较低的政府工具大多是由政府以及其所创建的新机构来提供服务的，公平性与有效性高，但是效益却比较低。

表5—7　　　　　　　　　　根据自动性程度对政府工具的分类

自动性程度	工具	可能的影响				
		有效性	效益性	公平性	可管理性	合法性/政治支持
低	经济规制、社会规制、直接政府、政府公司、信息、直接贷款、保险	高	低	高	中/低	高
中	补助金、合同、贷款保证、标签规定	中	高	中	低	中
高	凭单制、税式支出、矫正税/收费、侵权责任	低	高	低/中	高/中	中

　　资料来源：Lester M. Salamon（2002），*The Tools of Government：A Guide to the New Governance*，New York：Oxford University Press，p. 33.

4. 可见性

　　"可见性测量的是用于工具的资源多大程度上在正式的政府预算和政策评审过程中反映出来。"[1] 如果工具的成本收益能够在政府预算过程中清晰地体现出来，那么这些工具的可见性就比较强。例如，保险与规制的成本与收益不太容易计算，因此它们的可见性程度不是特别强。

---

　　[1]　Lester M. Salamon，*The Tools of Government：A Guide to the New Governance*，New York：Oxford University Press，2002，p. 35.

表5—8   根据可见性程度对政府工具的分类

可见性程度	工具	可能的影响				
		有效性	效益性	公平性	可管理性	合法性/政治支持
低	经济规制、社会规制、标签规定、保险、侵权责任	无	低	低	低	高
中	合同、信息运动、贷款保证、税式支出	无	中	中	中	中
高	直接政府、政府公司、补助金、直接贷款、凭单制、矫正税/收费	无高	高	高	低	低

资料来源：Lester M. Salamon （2002），*The Tools of Government：A Guide to the New Governance*，New York：Oxford University Press，p. 37.

　　具体分类如下：可见性程度比较高的政府工具有直接政府、政府公司、补助金、直接贷款、凭单制、矫正税/收费。可见性程度比较低的政府工具包括经济规制、社会规制、标签规定、保险、侵权责任。可见性程度中等的政府工具有合同、信息运动、贷款保证、税式支出。萨拉蒙提到了可见性比较高的政府工具在现实中不一定被采纳的事实，目前可见性不高的工具在政治上更受欢迎。例如矫正税相比于税式支出，具有很多优势，但是被采纳的机会却比较少，因为矫正税的可见性程度高，比较不容易操作。因此"工具的可见性越低，就越难于对其进行追究责任"①，这也解释了为什么可见性程度不高的工具在政治上却更具吸引力。萨拉蒙认为"工具的可见性对于它们用于所追求的公平性目标的程度有着重要的意义，因为在政治领域中公平性目标与合法性是相联系的。因此，一个项目所使用的工具的可见性越高，这一项目就越可能服务于再

_____

　　① Lester M. Salamon，*The Tools of Government：A Guide to the New Governance*，New York：Oxford University Press，2002，p. 37.

分配的目标。反之，越多的特殊团体如石油拥有者或者大投资者来谋求利益，可见性较低的工具更具有吸引力"①。

结合萨拉蒙对政府工具的分类与政治现实来看，那些间接性的、非可见性的与自动化的政府工具更容易被采纳。这些工具可以减少对政府行为的抵制，吸纳新的人才与资源来解决公共问题，并可以避免政府规模的膨胀。但是也需要意识到新政府工具也为公共问题的解决带来了挑战，例如公共管理更加复杂，造成公共目标偏离等。

第三节　治理视角：一种新的治理理论

基于公共治理视角，萨拉蒙重新梳理了自己的思想理论，提出了一种新的治理理论即"新治理"理论。萨拉蒙不仅关注传统政府的积极作用，还关注非营利组织等第三方在公共行为中的作用，以及间接性政府行为对政府管理所带来的挑战。萨拉蒙不仅强调各类主体合作的重要性，还从工具主义角度发展了一种新的政府工具理论。在萨拉蒙看来，他的新治理理论的核心思想包括两个方面："首先，公共问题的解决已经需要广泛依靠协作关系，远远不能只依靠政府本身，因此需要用'政府治理'（Governance）代替政府管理（Government）；其次，与私有化或'新公共管理'理论的观点不同，这些协作关系导致严峻的管理与设计上的挑战，需要公共部门持续且远较以前复杂得多的参与。因此，当代公共管理的核心任务是如何设计上述的参与过程，为公共部门的参与做好准备。"②

一　透视公共治理路径

西方公共管理理论经过了政治与行政二分阶段、行政原则阶段、公共行政阶段、新公共管理再到公共治理的发展阶段。在这一过程中，公共管理的理念、主体、方式等都发生了很大的变化。虽然乔治·H. 傅德

---

① Lester M. Salamon, *The Tools of Government: A Guide to the New Governance*, New York: Oxford University Press, 2002, p. 36.

② ［美］莱斯特·M. 萨拉蒙：《新政府治理与公共行为的工具：对中国的启示》，李靖译，《中国行政管理》2009 年第 11 期。

瑞克森（George H. Frederickson）和凯文·B. 史密斯（Kevin B. Smith）认为治理实际上已成为公共管理和公共行政的同义词①。为了弥补新公共管理主义的不足和缺陷，公共治理理论也日渐形成。萨拉蒙指出，在20世纪90年代前后，一种新的治理范式出现。一方面，公共治理理论将公民社会和非营利组织融入到公共管理中来，公共治理理论就成了由政府、市场和非营利组织共同治理国家和解决公共问题的一种理论。另一方面，公共治理理论还意识到了市场与政府在社会资源配置中的失灵现象，并建立在福利经济学的市场失灵论和公共选择学派的政府失灵论基础上。因此，公共治理理论是一种综合了各种公共管理研究学说的理论。

治理理论的创始人之一——詹姆斯·N. 罗西瑙在其代表作《没有政府的治理》文章中将"治理"定义为一系列活动领域里的管理机制，即"与统治不同，治理指的是一种由共同的目标支持的活动。这些管理活动的主体未必是政府，也无须依靠国家的强制力量来实现"②。公共治理理论学者杰瑞·斯托克（Gerry Stoker）对不同学者的治理理论做了概述：（1）治理涉及一系列来自政府但又不限于政府的机构和行动者。（2）治理意识到了解决社会和经济问题中存在着界限和责任方面的模糊性。（3）治理肯定了集体行为中各个机构之间存在着相互权力依赖。（4）治理认识到了行动参与者将会形成一个独立的自治性网络。（5）治理认识到了解决问题的能力并不依赖政府的发号施令或者运用强权，而在于政府能运用新工具和新技术进行掌舵和指导的能力③。

一般而言，公共治理理论包括多样的参与主体，如政府、公共组织、非营利组织、私人组织、社会个人等，以及多样化的治理方式，强调各种机构、团体之间自愿的和平等的合作。总的来看，公共治理理论有三个层面的基础。（1）在制度层面上，政府职责是有限的，但是却以政府

---

① George H. Frederickson, Kevin B. Smith, *The Public Administration Theory Primer*, Boulder, CO：Westview Press, 2003.

② ［美］詹姆斯·N. 罗西瑙：《没有政府的治理》，张胜军等译，江西人民出版社2001年版，第5—6页。

③ Gerry Stoker（1998），Governance as Theory：Five Propositions. *International Social Science Journal*, Vol. 50, No. 155.

管理的新方式为起点。（2）在个人层面强调个人自由，但是又强调个人与其他主体的网络关系。（3）在社会层面上，重视非营利组织的自发性和自主性，但是又强调政府、市场和非营利组织之间的合作和协商对公共管理的重要性。与传统的管理理论不同，公共治理理论强调多层级的治理，并不认为公共管理权仅仅属于政府，任何国家的治理中心都不止一个，非营利组织将会越来越多地参与到公共服务的供给中来。

　　萨拉蒙也十分赞同公共治理理论对合作关系的强调。他说:"公共问题解决的一个显著特征就是其合作性，打破以往公共问题的解决局限于政府，现在范围广泛而有丰富的社会主体加入进来，其中有公共部门也有私人部门，有营利组织也有非营利组织。这些主体的参与活动不受政府的指挥和控制，完全处于其主动的自愿的行为;其次，参与公共活动的多元组织体系不能消化产生于其中的所有问题，并因此对公共领域的管理和组织提出了挑战。但这种挑战并不同于传统政府管理所面临的问题，这些挑战和问题的解决和突破最终必须以一种不同以往的新途径和新方法来应对。"①

二　再创新:萨拉蒙的新治理

　　萨拉蒙的新治理理论建立在前人丰富的理论上，又经历了从初级到高级的发展过程，并糅进了一些新元素。但是它也不会全部替代过去所有的公共管理研究成果或者说完全颠覆了他自己最初的思想理论。"新治理"，"是一种在'第三方政府'时代解决公共问题的新方法"②。按照萨拉蒙的解释，"新治理"主要具有两个独特的特征:"第一个特征，可以从用术语'治理'（governance）代替'政府'（government）中得以体现，即是对在可预见的将来公共问题解决中可能出现的现实——也就是说，它的合作性本质（collaborative nature），在解决公共问题与追求公共

---

①　Lester M. Salamon, Odus V. Elliot, *Tools of Government: A Guide to the New Governance*, Oxford: Oxford University Press, 2002, p. 102.

②　Ibid. , p. 8.

目的中对除了政府之外的大量第三方的依赖"①;"第二个特征,可从术语'新'(new)中得以体现,是这样一种认知,即这些合作方法虽然很难说是新颖的如今必须从一种新的、更加连贯的方法来进行处理,并能够清晰地意识到它们所造成的严峻挑战以及它们所创造的重要机遇的认知"②。新治理是一个新的范式,几个关键思想构成了这一理论的核心:工具性、网络制、公私合作、谈判和劝服、赋能。

1. 从组织和项目到工具的转变

所谓"工具性",指的是在新治理范式中关注点已经从公共部门或单个的公共项目转移到对解决社会问题的工具和技术选择上。萨拉蒙认为,目前的政府改革所致力解决的问题就是"如何重塑层级制的政府官僚机构以提高其绩效"。但是这一观点所提倡的政府行为模式不但不能成为解决问题的灵药,反而产生了很多挑战与问题。"新治理"的核心问题转成了为"解决最急迫的社会问题,目前各种解决办法所面临的核心挑战是什么?如何应对?"③。近年来,各种治理工具在数量和规模上都得到了发展,这些政府工具的引入改变了公共问题解决的本质,成为"新治理"理论的重要部分。萨拉蒙认为,由于每种工具都有自身独特的操作方式和运作法则等,工具的选择其实已经成为对项目实施的过程中行为主体的选择。同时每种参与主体的行为方式和价值理念差异是很大的,选择了一种工具形式,其实就等于选择了某一主体。因此"工具的选择就不单纯是技术性的,从根本上讲是政治性的。选择了某些主体,就是选择了某个角度、某种价值,也就选择了政策将如何被执行"④。

2. 从等级制到网络制

"网络制"指的是"新治理"范式将关注点从科层制机构转移到组织网络上,更强调对组织之间的运作关系的研究。这种对"关系"的强调,

---

① Lester M. Salamon, *The Tools of Government: A Guide to the New Governance*, New York: Oxford University Press, 2002, p. 8.

② Ibid. .

③ [美]莱斯特·M. 萨拉蒙:《新政府治理与公共行为的工具:对中国的启示》,李靖译,《中国行政管理》2009 年第 11 期。

④ 同上。

可以从萨拉蒙的"公民社会"定义中得到体现,所谓"公民社会已经不是一个单独的部门,而是代表不同部门之间的、部门与市民之间的一种关系,在这种关系中所有主体都积极参与到公共问题的解决中来"①。新公共管理主义认为,这些网络关系并不太难于管理,而且强调公共部门引入竞争模式来改善部门内部的管理。不过萨拉蒙则认为现有的改革模式本身已经成为问题,并带来了很多严峻的挑战,如管理挑战、责任挑战和合法性挑战等。萨拉蒙用"委托代理理论"与"网络理论"对新公共管理主义的模式做了解释。一方面从委托代理理论来看,在合同外包中经常出现关于委托人与代理人关系的一个问题,即委托人虽然掌控财政权,但是由于信息不对称和成本等问题,在与代理人较量中经常处于下风,并没有办法真正掌控项目的运作。这样关键性权力实际掌握在了代理人手中。另一方面从网络理论来看,即使代理人遵从了委托人的利益和目标,可见在合作关系中,委托人的目标总是比较难于实现。"因为复杂的网络关系通常具有以下四个属性:首先是多元性(pluriformity)——它们涉及各种各样的组织和组织类型,其中许多组织并不具备充足的合作经验,也不了解彼此的运作方式;其次是自我参照性(self-referentiality)——通常各组织都有其自身的利益和参照,因此也是从自己的角度与需要参与到网络之中;再次是不对称的互相依赖性——同一网络中的各方,包括州政府在内,尽管互相依赖,但这种依赖关系并不完全平衡,即使各方追求同一目标,他们仍然可能难以全面合作,因为它们对此目标的需求程度不同、排序不同或时间安排不同;最后是动态性——网络即便在实施其愿景时,所有的因素也仍会随时间的变化而发生变化。"② 所以,新治理理论不仅强调工具的重要性,而且更清楚地了解各参与主体的公共特性,网络关系的结构化,目标一致,相互信任,分享与分担,管理与转变等。可以说,对政府工具的选择和运用,就必

---

① Lester M. Salamon (2001), The Third Sector and Volunteering in Global Perspective. Presentation at the 17th Annual International Association of Volunteer Effort Conference, Amsterdam, the Netherlands.

② [美] 莱斯特·M. 萨拉蒙:《新政府治理与公共行为的工具:对中国的启示》,李靖译,《中国行政管理》2009 年第 11 期。

然要产生一种网络制模式，需要涉及活动的参与主体并决定这些主体的角色等。

3. 从公私对立到公私合作

相比于传统理论，萨拉蒙的"新治理"理论强调从公共与私人对立的关系转移到公共与私人合作的关系，并强调在公私合作中对各种第三方独立性和特殊性的尊重与保护。也就是说，组织间的合作关系代替了传统理论中组织之间的竞争关系。萨拉蒙的"新治理"理论比较青睐政府与非营利组织的合作伙伴关系，他认为这种伙伴关系模式将政府筹资的优势与非营利组织在服务提供中的灵活性优势相结合。目前在许多国家中政府都已经或者开始利用大量的第三方来承接政府的一部分公共权力，共同实施对公共资源的配置等。这一模式也会逐渐成为政府依赖非营利组织来实现各种公共目标的模式。萨拉蒙的这种观点得到了许多学者的支持。合作伙伴关系也是研究政府与非营利组织关系最流行和最常用的观点之一。

4. 从命令与控制到谈判与劝服

传统管理理论通过运用命令与控制的方式来实施公共项目，而新公共管理理论则强调私有化的意义而忽视了政府控制的重要性。而萨拉蒙的"新治理"理论则强调协商、谈判和劝说等方式的重要意义。"当今的公共管理者必须学会如何为他们只有部分控制权的行为主体设计合理的激励机制以实现预期目标，而不是只会颁布行政命令"①。因此，在政策制定和执行过程中，应该鼓励采纳激励措施，而不是行政命令。

5. 从管理技术到赋能技术

新公共管理主义强调管理技术、内部控制与公共部门的作用等。而"新治理"理论在不否认政府权威性的前提下，将关注点转移到政府与私人组织之间的授权技术上来。同时尽管"新治理"中也强调间接工具，但是该理论并不忽视政府在治理中的关键性角色，政府的角色是不可或缺的。政府将权力授予具体的第三方，并激励各方主体不断地解决公共

---

① ［美］莱斯特·M. 萨拉蒙：《新政府治理与公共行为的工具：对中国的启示》，李靖译，《中国行政管理》2009 年第 11 期。

问题,从事具体的社会服务供给工作。就是说,不能消极地等待政府去行动,第三方应该采取积极主动的态度。具体来说,包括三个方面:(1)激发能力。"这是一种解决公共问题越来越需要的、激发网络中行为主体的能力。"① 要主动激发网络中各个组织的主体积极解决公共问题的行为。萨拉蒙认为激发能力不仅仅可以来自于政府,各类第三方也同样可以发挥这一作用。(2)指挥能力。"这种能力不仅在于网络的创建,还在于网络的运作和维持。"② 指挥强调的是协调,而非命令与权威。(3)调控能力。这一能力就是指"要求管理者能合理使用奖惩手段,以促进复杂的政策工具网络中互相依赖的行为主体之间的合作,而又不为其提供任何大举敛财的机会"③,强调利用各种激励措施来调控参与主体的行为与合作。

可见,"新治理"理论对公共管理提出了更高的要求。萨拉蒙认为,首先要改变过去对公务员的狭隘理解,提出了"职业公民"概念以代替传统意义上的"公务员"。所谓"职业公民"是"指这样的公共服务人员:他们接受专业的培训,以有薪或志愿的形式为解决公共问题而工作,其中包括对公共问题的辨识、分析,设计解决方案以及实施方案,而不管是受聘于政府部门、非营利组织、甚至营利性公司中关注解决公共问题的部门"④。"新治理"还强调除了政府以外的其他机构在实现公共目标中承担的任务,并强调各种工具的结合。

本章基于萨拉蒙思想发展的高级阶段,介绍了萨拉蒙为公共管理问题所提出的三种路径,即政府和非营利组织间的合作模式、政府工具理论、"新治理"理论。这三种路径并不是孤立存在的,而是有着一种内在的递进逻辑。萨拉蒙认为,在传统理论中左派与右派为了证明自身理论的合理性均片面地因为肯定或者否定国家的作用,而忽略了对其他参与主体的重视。为了解决公共治理主体的"失灵"问题,萨拉蒙认为应该

---

① ［美］莱斯特·M. 萨拉蒙:《新政府治理与公共行为的工具:对中国的启示》,李靖译,《中国行政管理》2009 年第 11 期。

② 同上。

③ 同上。

④ 同上。

超越传统理论的研究视角，强调国家与社会之间的合作关系。但是合作模式也不是完美无缺的，非营利组织等第三方在承担公共项目中的时候，容易破坏其自身的优势，也容易产生合法性困境，再加上政府无法及时监督这些间接性的公共行为，因此这就呼唤一种更新的理论。因此，萨拉蒙的政府工具论旨在模糊国家与社会主体的差异，主张将关注点转向对工具或者技术的特性上来。在公共治理理论的影响下，萨拉蒙又将他的思想进行了再升华，提出了"新治理"理论。萨拉蒙指出，"新治理"更强调谈判与劝服而非命令与控制，强调授权技术而非管理技巧，强调公私合作而非分离。

第 六 章

结论与启示

从历史发展的角度，我们对萨拉蒙的思想做了系统性与逻辑性的阐述。萨拉蒙不仅建立了系统的非营利组织概念，对非营利组织的定义、分类与功能进行了独到的界定与分析，他还用社会起源理论来解释了非营利组织产生的原因，描述了目前全球范围内非营利组织的兴起与发展。公共服务的提供主体也发生了变化，目前在发达国家主要由第三方进行直接提供，政府的角色退居二线，产生了间接性政府行为。他还意识到了非营利组织的"异化"，提出了"志愿失灵"理论。最后，萨拉蒙的理论并不局限于对非营利组织理论的系统探讨，他在意识到了"第三种失灵"基础上，又为公共管理困境的解决积极寻求出路。萨拉蒙先后通过国家与社会关系的视角到工具主义的视角再到治理的视角，对他的非营利组织理论进行了一种再超越。

第一节　萨拉蒙非营利组织理论的贡献及其缺陷

非营利组织作为一种新的组织形式，已经成为政治学、公共管理学、经济学、社会学等学科共同关注的研究对象。萨拉蒙的非营利组织理论也横跨了不同的学科领域，重新阐释了传统政治学领域中的国家与社会的关系，借用了新制度主义经济学的交易成本理论，也体现了公共管理学中的管理理念和研究主题。同时，作为一种当代西方社会理论，萨拉蒙的思想也呈现出了当代西方非营利组织理论的发展趋势与特征。

一　萨拉蒙非营利组织理论的贡献

萨拉蒙的理论在世界范围内产生了重要影响，具有重要的理论与实践意义。在理论层面上，推动了传统政治学、公共管理学和行为主义科学的发展。在实践层面上，促使了非营利组织研究在全球范围的开展，以便人们更深刻、更全面地理解全球公民社会的发展情况，相互借鉴，取长补短。

（一）超越了"国家与社会"对立的传统观念

萨拉蒙的非营利组织理论推动了传统政治学的发展，超越了国家与社会关系。在传统政治学中，自由主义思想家的关注点是，如何防止政府权力的过度膨胀，表现出了对国家与政治权力的高度不信任。自由主义学者认为，分散的单个人在强大的政府权力面前，往往不堪一击，只有组织起来才能更好地防止政府对公民权利的侵犯。而非营利组织却可以将分散的个人聚集起来，从而限制政府权力的滥用。国家主义学者强调的是，市场与社会无法自我满足，需要国家的干预。这两种观点的争论最终形成了两种截然不同的社会与国家的关系架构，一是以洛克为代表的自由主义者"公民社会先于国家"的架构，主张公民社会的权利高于国家。二是以黑格尔为代表的"国家高于公民社会"的架构，主张公民社会必须要接受国家的管理与监督。这两种架构都将国家与社会的关系界定为一种竞争对立关系，忽略了二者关系的多面性，而仅仅从单方面来考虑，即必须在国家控制与公民社会控制之间做一个选择。萨拉蒙指出，这些理论是20世纪80年代以后西方国家中政府与非营利组织的合作逐渐减少甚至终止的重要影响因素。虽然各个学者的观点不同，但都是在寻求国家与社会之间权利的平衡，都致力于对国家、市场与公民社会权限的界定，也都假定国家与社会的权利是此消彼长的关系。因此，"国家、市场、社会等组织之间的复杂关系既需要在理论上完善，也需要人们在分析方法上摆正三者的位置"①。

萨拉蒙根据非营利组织和政府所承担的角色，即服务提供与资金支持，将目前政府——非营利组织的关系模型分为四个模式，即政府主导型模式、双重模式、合作模式和第三部门主导型模式。萨拉蒙比较推崇合作模式。在合作模式中，在公共服务领域中政府将提供公共服务的任

---

① 何增科、包雅钧：《公民社会与治理》，社会科学文献出版社2011年版，前言第3页。

务委托给非营利组织，二者形成一种优劣互补的分工，发挥各自的优势，从而减少了提供公共服务的成本，并提高了公共服务的质量。公共产品不再由政府部门垄断性地提供，非营利组织已经成为"第三方政府"的角色。这一模式提高了公共服务供给的效率，避免了官僚制所带来的问题，所以比单纯地将市场化模式植入公共服务供给中更胜一筹。例如，政府由于以公共权力为基础，每项决策都要经过多数人的一致性通过，就使得这种制度缺乏灵活性和及时性，不能兼顾各个群体的多元化需求，同时所需成本也很高，因此可以利用非营利组织的弹性和灵活性特征，以满足各个群体的多样需求。一个国家中唯一合法的政府只有一个，但是非营利组织的数量却是比较大的，因此也容易在服务供应过程引入竞争机制，从而降低服务的成本。可见，非营利组织与政府之间是一种互补与合作的伙伴关系，而不是竞争与排斥的关系。同时，萨拉蒙认为伙伴合作关系是对现实中已经广泛存在的政府与非营利组织之间的合作关系的描述。他对国家与社会关系的重新建构打破了传统政治学中将二者关系定义为"零和博弈"的困境，从而挑战了自由主义、保守主义和新左派等传统思想。萨拉蒙认为国家与社会两者之间实际上是一种正和博弈，是可以达到一种"双赢"结果的。而且也只有当公民社会与国家、市场建立一种高度合作的关系，才能真正解决世界上出现的许多问题。

萨拉蒙重新建构了政府与社会的角色，将二者界定为一种合作伙伴的关系，并极力赞扬了国家与社会的合作关系在社会现实中的积极作用，从而突破了传统学者对国家与社会关系的狭隘性认识。虽然萨拉蒙超越了传统理论对国家与公民社会关系的认识，根植于自由主义的思想传统。例如，萨拉蒙强调公共服务中参与主体的多元化，参与主体并不再仅仅局限于政府，也包括了其他社会行为主体。还认为主体间的权限也需要明确化，国家权力应该向社会回归，强调有限政府等。虽然萨拉蒙从积极的层面来看待政府在公共管理中的角色，政府作为公共事务的管理者，它的作用也是有限的。更重要的是，他的思想依然没有脱离传统的思维逻辑，即依然"将国家与社会视作两个不同的领域"的观念。

随着他对非营利组织研究的深入，萨拉蒙意识到了第三种失灵与

"第三方政府"模式的缺陷与挑战。他发展了一种新的政府工具论,认为在提供公共物品中应该将关注点放到对工具的选择上,从而跳出了传统的思维窠臼,避免了在国家与社会主体之间进行选择的尴尬,模糊了国家与社会的差异,颠覆了传统意义上的"国家"概念。他的这一思想引发了当代学者对国家角色与功能的再认识。例如,H. 布林顿·米尔沃德和基思·普罗文①提出了"国家空洞化"理论,介绍了政府对第三方参与主体的控制工具。所谓"空洞化国家",是指那些依赖第三方,通常所指的就是利用非营利组织来提供社会服务的国家。同时,非营利组织也经常以政府的名义进行活动。这样,政府与第三方相互依赖,并与非营利组织共享国家权威来提供集体物品。所以说,国家空洞化理论与萨拉蒙的思想理论是紧密相连的,更是与萨拉蒙的"第三方政府"概念如出一辙。但是这一合作模式产生了一个问题,即国家如何有效管理、监督这些合作性网络?用来控制第三方的结构、动机和机制等类型如何促进合同效度一直是研究的中心,他还提出了政府与第三方的合作模式能够在多大程度提高国家的合法性等问题。

(二) 推动了公共管理学的新发展

萨拉蒙在遇到困惑后,并没有因此而终止他的学术研究。为了解决非营利组织的失灵问题和"第三方政府"所带来的挑战,萨拉蒙提出一种新的政府工具论。萨拉蒙的政府工具论提供了一个系统完整的政府工具分析框架,超越了以往学者对政府工具的研究,推动了政府工具理论的新发展。例如与新公共管理主义的工具理论相比,萨拉蒙不但强调市场领域中的工具,还强调传统行政领域和社会领域的工具。政府工具理论不仅为政府的实际运作提供了一个丰富的工具箱,还为工具理论更为系统的研究提供了一个基本研究框架。萨拉蒙的政府工具理论全面地研究了政府工具的特征与属性,而且还基于大量的实例分析了工具的运行机制,以及各类工具的优缺点和具体应用情景等。萨拉蒙还分别概括了各个工具的基本特征、应用形式、主要任务、政治层面和实质性的逻辑,

---

① H. Brinton Milward, Keith G. Provan (2000), Governing the Hollow State. *Journal of Public Administration Research and Theory*, Vol. 10, No. 2.

以及每个工具所面临的主要问题与管理挑战。这一工具分析方法可以促使政府更注重工具的选择和总体绩效。萨拉蒙对政府工具的研究是从三个层面进行的："首先，工具知识，即关于不同工具的操作性特征、使用的主体以及结构如何运作等方面的知识；其次，设计知识，即如何根据要寻求的目标与存在的政治环境来将工具与要解决的问题进行匹配；最后，操作性知识，即如何以最有效的方式来恰当地操作新工具来实现这些目标。"① 总的来说，萨拉蒙的政府工具论有重要的理论与实践意义，为公共行为的研究提供了一个新的路径与视野，也促进了公共管理学的新发展。

在政府工具理论的基础上，萨拉蒙又对自己的思想进行了再创新，发展出了一种新的治理理论。"新治理"理论的核心可以概括为：工具性、网络制、公私合作、谈判和劝服、赋能技巧。"治理理论的提出实际上是为第三部门亦即非政府组织在理论上谋得了一个合法的地位。因为按照传统的政府与市场非此即彼的治理结构来看，事实已经证明在很多社会领域存在着政府与市场同时失败的情形。"② 可以说，萨拉蒙的新治理理论超越了新公共管理主义和公共选择理论等，促进了公共管理学的发展。萨拉蒙理论的产生与发展也不是纯粹偶然的，21 世纪的时代背景呼吁能够解决社会公共问题的新范式。因为无论是传统公共行政的层级制和集权式的政府管理方式，还是新公共管理主义的市场化的政府管理方式，在实践中这两种方式都存在缺陷。萨拉蒙认为"试图解释公共部门运作的现有范式无一能提供可靠的指引，以解决公共行为新工具所带来的挑战。传统的行政管理理论源自世纪之交进步主义对科学管理的迷信，希望把当时占统治地位的理论框架移植到行政管理的思考与实践中，并且过于强调政府机构内部的管理。相反，近期的私有化与重塑政府浪潮虽然承认市场力量的重要性，强调对第三方的依赖，却似乎轻视了间接政府行为引起的严峻挑战。因此，为了应对新的现实，新范式是需要

---

① Lester M. Salamon, *The Tools of Government：A Guide to the New Governance*, New York：Oxford University Press, 2002, p. 39.

② 王建芹：《非政府组织的理论阐释——兼论我国现行非政府组织法律的冲突与选择》，中国方正出版社 2005 年版，第 66 页。

的，它应该对我们如何应对公共问题提出新的解释"①。他不仅强调合作型的组织模式和政府工具的重要性。而且还指出，非营利组织的缺陷恰好是政府的优势所在。非营利组织是最初的公共服务提供者，当非营利组织提供服务出现不足时，政府才能够发挥作用。萨拉蒙认为，在治理网络中，政府的角色是不容忽视的。正如彼得·J. 勃特克和大卫·L. 普雷契特科指出，萨拉蒙不仅关注非营利组织对于现代福利国家的支持和帮助，更重要的是萨拉蒙还注重国家对非营利组织的支持②。但是勃特克与普雷契特科却认为，萨拉蒙的新治理理论与后共产主义学识属于同一类属，都为社会和经济计划中的强国家行动提供新的基础。

萨拉蒙思想中的各个理论也不是零散的，而是自成体系。在萨拉蒙看来"新治理"是对政府工具在理论上的高度概括，而政府工具就是"新治理"在公共管理实践中的具体手段与途径，是新治理理论中的核心内容之一。"新治理"理论通过政府工具为解决"第三方政府"模式所带来的挑战与问题提供了具体的方法。

（三）促进了当代非营利组织理论的研究

萨拉蒙的思想促进了当代非营利组织理论的发展。一方面，为了适用于全球范围的非营利组织研究，萨拉蒙建立了统一的非营利组织概念，目前已被人们广泛接受与应用；另一方面，还打破了非营利组织的神话，提出了"志愿失灵"理论。

1. 构建了系统的非营利组织体系

萨拉蒙建立了统一的非营利组织概念，目前已被人们广泛接受与应用。在萨拉蒙看来，只有符合五大特征即组织性、私有性、非利润分配性、自治性、志愿性，才能被称为真正意义上的非营利组织。在纷繁复杂和多种多样的全球社会中，其实这些特征对于我们综合地界定和认知非营利组织是非常有意义的。正如萨拉蒙所言，非营利组织之所以一直

---

① ［美］莱斯特·M. 萨拉蒙：《新政府治理与公共行为的工具：对中国的启示》，李靖译，《中国行政管理》2009 年第 11 期。

② Peter J. Boettke and David L. Prychitko（2004）Is an independent nonprofit sector prone to failure? Towards an Austrian School interpretation of nonprofit and voluntary action. Conversations on Philanthrophy 1，pp. 1 – 40.

都未曾被看作一个独立的部分，并不是实践层面的原因，也不是因为非营利组织的作用不够突出，在很大程度上是因为没有统一的理论认识。世界上各国学者自说自话，视野比较狭窄，大多是基于单一国家或者区域范围内对非营利组织进行探讨。因此，各色各样的定义模式，不仅让国家与公众对非营利组织的认识越来越模糊，而且也让非营利组织失去了对自身的认同，无法清晰地辨认自己的身份。最终，阻碍了非营利组织作为一个如市场或者公共部门这样层次上的独立性部门。而萨拉蒙在认识到这一个问题的严重性之后，对现有的定义模式进行了评价，并致力于发展出一个比较完备和应用范围广泛的定义模式。结构—运作式定义模式的容纳性是比较大的。

萨拉蒙根据非营利组织的活动领域对非营利组织进行了系统分类，为经验性研究和国际性的比较研究做了铺垫。萨拉蒙的非营利组织国际分类体系根据活动类型，将非营利组织划分为 12 个主要活动组，这样几乎所有的非营利组织都被囊括进来。萨拉蒙将非营利组织的角色分为五个方面，即服务性功能、创新性功能、倡导性功能、表达性功能和领导发展功能，以及社区建设和民主化功能。他对非营利组织功能的分类相对来说归纳性是比较好的。不仅从经济层面对非营利组织的角色做了分析，例如非营利组织的服务性功能，这也是非营利组织存在的基本功能。萨拉蒙还从组织理论的角度出发提出了非营利组织的倡导性功能、表达性功能与领导发展功能，这些功能是单独的个人所无法达到的。很多时候只有当人们聚集在一起形成一个正式的组织后，许多表达性倡议才能引起政府的关注，最终影响社会决策。同时，萨拉蒙还从文化视角意识到了非营利组织所带来的社会资本，对建立和谐、多元与团结的社区的重要性。对社区的责任意识，也会促使非营利组织关注国家政治稳定与政治民主化的实现。

萨拉蒙还开创了将社会起源理论用于对非营利组织进行分析和研究的先河。萨拉蒙利用社会起源理论，从历史发展的角度来解释非营利组织的产生与发展，也很具有可信度与解释力。从人类社会发展以来，邻里间的互帮互助，富人对穷人的救济等，就已经存在。当人们组成正式的组织以后，这些基本功能并不会消失，或者减少，反而是得到了更大范围的推动。可以利用更低的成本来为弱势群体或者会员带来更高质量的服务。尤其是相对于市场失灵/政府失灵理论、契约失灵理论、供给方理论、社会福利理论等传统理论利用经济学的研究方法来探讨非营利组织的起源问题，可以说萨拉蒙的理论是比较具有独特性的。

萨拉蒙的非营利组织理论掀起了全球范围内研究非营利组织的新浪潮。例如，利昂·戈登克（Leon Gordenker）和托马斯·G. 维斯（Thomas G. Weiss）将非营利组织的特征概括为：私性、自治性、正式性和非营利性。① 而私有性（即不依附于政府）和自治性（即自我管理）是非营利组织的两个关键性特征。由于如今非营利组织已经趋向于专业化，他们认为"志愿性"不是非营利组织的主要特征。加拿大温莎大学的学者安娜·C. 瓦基尔（Anna C. Vakil）赞同萨拉蒙关于目前尚未形成一个统一有效的非营利组织概念影响了非营利组织的研究等的观点。② 萨拉蒙对非营利组织的定义模式的分析，以及提出的政府——非营利组织分类体系为非营利组织的研究提供了一个很好的开端。在对以往的非营利组织分类学的基础上，瓦基尔根据"必然性"和"偶然性"两个叙述元提出了一个新的非营利组织分类框架。中国学者也对非营利组织进行了广泛关注。例如在萨拉蒙思想的基础上王名将非营利组织的功能归纳为资源动员、社会服务、社会治理和政策倡导等功能。③ 刘晓佳认为非营利组织的特性表现为非政府性、非营利性、志愿参与性、多元性。

萨拉蒙利用社会起源理论对非营利组织的存在进行了解释，也引发了许多学者的再思考。露埃拉·摩尔指出，萨拉蒙的社会起源理论可以解释非营利组织的起源和存在，但是并不能解释国家和非营利组织所提供的社会福利的相对规模差别。④ 摩尔以法国和日本的非营利组织提供福利性服务为例，说明了国家可以在一段时间内放松对非营利组织的法律

---

① Leon Gordenker, Thomas G. Weiss (1995), Pluralising Global Governance: Analytical Approaches and Dimensions. Third World Wuarterly, Vol. 16, No. 3.

② Anna C. Vakil (1997), Confronting the Classification Problem: Toward a Taxonomy of NGOs. *World Development*, Vol. 25, No. 12, pp. 2057 – 2070.

③ 王名：《社会组织概论》，中国社会出版社 2010 年版，第 21 页。

④ Louella Moore (2001), Legitimation Issues in the State-nonprofit Relationship. *Nonprofit and Voluntary Sector Quarterly*, Vol. 30, No. 4.

性地位和功能的限制，也可以严格限制非营利组织的功能发挥和发展。基于此，摩尔提出了非营利组织合法性对非营利组织发展影响的理论。以色列本·古里安大学的学者波拉·卡巴罗（Paula Kabalo）在萨拉蒙理论的基础上又做了经验层面的检验与延伸。卡巴罗把犹太人的结社生活做一个新的国家模式对萨拉蒙的社会起源理论进行了重新思考。[①] 以社会起源理论为基础，萨拉蒙认为为了掌握影响非营利组织的范围和本质的其他因素，分析一个社会的历史是相当必要的。波拉对社会起源理论做了详尽分析和调整，以便把该理论应用到更多的国家和地区以及更广泛的历史环境中。卡巴罗的分析对于那些在 1945 年以后独立的并经历了去殖民化的过程的国家具有重要的意义。因为这些国家的社会结构以及社会与国家的关系，与欧洲和北美等国家的模式是不相同的。所以，卡巴罗建议了另外一种理论框架，即第五种非营利体制，以便解释根据那些拥有不同的历史经验的、新成立的国家中的公民社会的结构和特征。纽约新大学的学者安东南·瓦格纳（Antonin Wagner）则用制度分析的方法重构了萨拉蒙的社会起源理论。[②] 瓦格纳指出，虽然说社会起源理论关注更广泛的社会和政治背景，但是萨拉蒙的分析并没有摆脱政府失灵理论和社会"二分法"模式的影响。而制度分析理论认为不应该把非营利组织视作为一个形成机构的一部分，而是在公共领域中相互连接的组织网络中的一个组成部分。所以，瓦格纳根据制度分析理论的视角发展了另外一种制度框架，以分析公共领域中的结构转变以及非营利组织在这一转变中所承担的角色。瓦格纳认为，相比于萨拉蒙的社会起源理论，他的概念模式比较能够更准确地描述西欧国家的福利体制模式，以及社会中组织的相互依赖等。

2. 创立了研究"非营利组织异化"的新视角

萨拉蒙认为，非营利组织才是一种最初的制度形式。由于非营利组

[①] Paula Kabalo（2009），A Fifth Nonprofit Regime: Revisiting Social Origins Theory Using Jewish Associational Life as a New State Model, *Nonprofit and Voluntary Sector Quarterly*, Vol. 38, No. 4, pp. 627–742.

[②] Antonin Wagner（2000），Refaming "Social Origins" Theory: The Structural Transformation of the Public Sphere. *Nonprofit and Voluntary Sector Quarterly*, Vol. 29, No. 4, pp. 541–553.

织自身也存在缺陷，并产生与自身属性相背离的"异化"现象，因此才
需要政府与市场发挥进一步的作用。这不仅颠倒了传统理论对政府、市
场与非营利组织的先后角色的认知，还打破了有关非营利组织的神话，
首次提出了"志愿失灵"理论。同时萨拉蒙还指出了目前广泛存在的间
接性政府行为即"第三方政府"模式所带来的挑战与问题。

　　一方面，虽然许多学者也意识到了非营利组织所固有的缺陷。保
罗·斯特里滕指出，非营利组织"一般不善于做那些它们作为长处宣扬
的事，但是它们拥有那些经常没有明显显示的价值。特别是，它们难得
接触极度贫困的人，在很多方面都要依靠政府的支持，并且它们通常不
具参与性。另一方面，它们适用性强，提倡自信。它们更多的是将参与
作为一个口号而不是作为经过缜密考虑的战略"①。但是"志愿失灵"概
念却是由萨拉蒙最早提出来，并发展成为一种理论的。萨拉蒙意识到了
非营利组织作为一种组织类型，同样会出现其他组织所具有的一般特征。
例如，"随着其规模和复杂性的增加，它们同样易受那些反应迟钝、行动
缓慢、墨守成规等折磨官僚性机构的一切局限性的影响。非营利组织受
这些缺陷影响的程度可能会比政府机构小些，但它们很难完全不受由灵
活性和效能、基层控制和行政责任制之间产生的不可避免的紧张关系的
影响"②。萨拉蒙对于非营利组织所固有的缺陷的理性研究引发了民众的
深刻思考，尤其是对于那些企图依赖非营利组织与公民社会的发展来实
现民主化的国家而言，更应该清晰地意识到非营利组织并不总是发挥积
极性的角色，强有力的政府对于一个国家的稳定与发展是不可或缺的。

　　萨拉蒙的志愿失灵理论有助于人们对非营利组织进行理性的认识，
而不会被非营利组织表面的光环所迷惑。近年来，非营利组织的志愿失
灵问题也引起了人们的反思。新保守主义者如罗伯特·尼斯贝（Robert
Nisbet）、内森·格拉泽（Nathan Glazer）以及彼得·比格尔（Peter Bur-
ger）等认为，僵化的官僚体制缺乏灵活性，还限制了创新，破坏了非营

---

　　① ［美］保罗·斯特里滕：《非政府组织和发展》，何增科《公民社会与第三部门》，社会
科学文献出版社 2000 年版，第 319 页。
　　② ［美］莱斯特·M. 萨拉蒙：《非营利部门的崛起》，谭静译，《马克思主义与现实》2002
年第 3 期。

利组织等中间协调性组织的发展。斯特里滕认为，非营利组织在向发展中国家和地区开展活动和提供服务时，存在着一些问题，如更倾向于服务特殊的利益而不是到最贫穷的地方服务，更倾向于自上而下的管理模式，组织计划缺乏创新意识和持续性，在个别情况下还对人类和平构成了威胁。[①] 美国学者霍尔（Richard H. Hall）认为，"志愿失灵"的三个主要原因是领导无力、决策失败和沟通不畅[②]。

萨拉蒙提出了"第三方政府"模式，分析了这一模式所引发的挑战与问题。在新公共管理主义的影响下，许多国家开始将公共项目外包为各类市场主体或者非营利组织来执行。这样使政府的公共行为具有了间接性，那么第三方行为的责任监督就出现了空缺。同时由于第三方并未得到民众的授权，这就产生了对这些主体合法性的质疑。再加上许多国家还没有意识到"第三方政府"模式的存在，在制度上与规则上也没有形成成熟的或者切实可行的手段和方法以保证这些"第三方"能够严格按照合同的内容来执行项目，这也对各国政府提出了新的挑战。如何有效地管理这些"第三方"行为主体，是目前公共管理中亟待解决的问题之一。

3. 非营利组织的指数化践行了当代政治科学的理念

萨拉蒙的思想反映了当代西方政治科学的特点。20 世纪 80 年代以后，交易成本理论与委托代理理论等新制度经济学的理论开始被运用到公共管理学的研究中。而萨拉蒙则将新制度经济学中的理论应用到对非营利组织的研究中，利用交易成本理论建构了非营利组织的法律环境指数构架，可以说是一种创新。萨拉蒙还重视对现代科学方法的应用，重视客观的和动态的经验事实，并建构了一套测量非营利组织的指数体，利用统计学的方法和数据来佐证自己的理论。他不但更新了分析非营利组织的视角，而且引入了研究非营利组织的新的方法论，对当代非营利组织理论的发展产生了重要影响。

---

① ［美］保罗·斯特里滕：《非政府组织和发展》，何增科《公民社会与第三部门》，社会科学文献出版社 2000 年版。

② ［美］理查德·H. 霍尔：《组织、结构、过程及结果》，张友星、刘五一、沈勇译，上海财经大学出版社 2003 年版。

就萨拉蒙的非营利组织指数本身而言，也是比较完备的一套操作化体系。第一，萨拉蒙的非营利组织指标并不简单地把一个国家中的非营利组织数量作为衡量标准，而是不仅强调经过法律注册的正式的非营利组织，还将大量未登记的非正式的非营利组织囊括其中。这样，就扩大了该指标体系所能够应用的范围，比较符合如中国等发展中国家的情况。

第二，萨拉蒙基于非营利组织的指数体系对全球许多个国家中的非营利组织进行了测量。从所得出的结果来看，萨拉蒙的这套指标体系能够基本反映各个国家的非营利组织发展的实际情况。总体设计基本合理，有比较强的实际应用价值。萨拉蒙的指标体系将公民社会的测量指数分为三个维度，即能力、可持续性和影响力。相对来说，这三个维度可以全面地来测量一个国家非营利组织的发育轮廓，比较准确地反映了各个国家的公民社会发展情况。另外，该指标体系的具体测量比较少涉及主观性的问题与评价，大部分指标都需要基于具体的统计数据才能够得出，可以说削弱了各个国家研究者与参与评价者的主观因素的影响，提高了结论的可信性。这有助于人们在经验数据的基础上对非营利组织进行深入了解，还可以推动各个国家之间的对话和互鉴，对非营利组织的发展至关重要。

第三，萨拉蒙的指标体系还很注重对每个国家中非营利组织发展和运作的具体环境的考评。例如在可持续性维度中，涉及了政治环境与法律环境方面的测量指标。其中萨拉蒙对有关非营利组织的法律问题总结为十大基本问题，是具有很大的普遍适用性的。而且还借鉴了新制度经济学中交易成本理论的思想，从交易成本的角度考虑了法律环境对非营利组织的产生和发展所能够起到的影响。非营利组织的法律环境被划分为两个维度进行考量，即需求维度的交易成本和供给维度的交易成本，然后又具体量化为各个指标，并对世界许多国家的法律环境进行了测评。萨拉蒙能够从错综复杂的法律环境中发展出一个关于非营利组织的基本法律框架，是难能可贵的，使得我们能够从实证的角度进行国际性比较研究，从而使得我们更深入地了解法律环境的作用。

第四，除了做描述性的研究外，还可以利用萨拉蒙的指标体系进行跨时间与地域的纵向与横向研究。从相对的角度来看一个国家或者地区的非营利组织发展情况，总结促进非营利组织发展或者阻碍其发展的原因，使得彼此之间可以互相借鉴与学习。"只有通过对不同环境中公民社会信息的反复和多样化应用，只有在可以更好地理解公民社会和其组成部分的时候，只有当结论可以改善政策的时候，我们才能得出结论说，这里提出的体系才是有用的和有价值的。"①

4. 体现了当代非营利组织理论研究的新趋势

在西方学术界，关于公民社会和非营利组织的理论也是层出不穷，赞扬与批评的声音此起彼伏。自从 20 世纪 70 年代以来，在北美和欧洲，学术界对非营利组织的研究急剧增加，即使在东欧，对非营利组织也给予了高度关注。克拉默（Ralph M. Kramer）曾经指出，自 19 世纪 70 年代开始短短 20 年的学术研究成果比过去 50 年的总和还要多②，许多有代表性的理论也是在这一时期出现的。可以从萨拉蒙的思想中透视当代非营利组织理论的发展特点。

第一，关于非营利组织的研究主题日益丰富化。各式各样的志愿性组织在近些年来蓬勃发展，无论是它们的组织形式还是组织目标与功能都呈现出了多样性的特征，所以当代学者面对的非营利组织与以前已经大不相同。当代学者根据不同的视角丰富了非营利组织的研究主题，不仅对非营利组织的内部管理进行了深层次的研究，还对非营利组织的发展和转型模式、与外界环境的关系做了详细探讨。更诠释了非营利组织的兴起，创立了市场失灵理论、政府失灵理论、委托代理理论、交易成本理论、治理理论及志愿失灵理论。

第二，关注非营利组织的失灵等异化问题，重构了国家与社会的合作关系，提出了公民社会理论、国家主义理论、法团主义理论和多元主义理论等。国家与社会的关系一直是传统政治学理论关注的核心问题，一直以来二者的关系也是被界定为消极对立的关系。但是当代非营利组织研究者在坚持这一思路时，却对国家与社会的关系做了更深层次的了

---

① Helmut K. Anheier, *Civil Society: Measurement, Evaluation, Policy*, London: Earthscan, 2004, p. 138.

② Ralph M. Kramer, *Privatization in Four European Countries*, New York: M. E. Sharpe, 1993, p. 24.

解。不再单纯地坚持将国家看作"守夜人"的角色，也反对将国家看作唯一的解决路径，而是强调国家与社会的合作关系。萨拉蒙更是挑战了传统学者对国家与社会角色的定位，模糊了"国家"的概念，促使了"国家空洞化"理论的产生。

第三，在研究非营利组织的视角上，呈现出了一种跨学科的趋势。自20世纪以来，特别是第二次世界大战后，一场借助新工具使社会科学研究更加科学化的运动得以兴起。人们开始大量运用科技手段与数学、统计学、经济学等学科中的方法和成果，为社会科学的发展提供了新的方法与手段，使政治学、公共管理学逐渐与其他学科相互融合与渗透，导致了政治社会学、制度经济学、行为主义政治学和组织行为学等交叉性学科的发展。非营利组织的研究也呈现出了跨学科的特点，形成了新政治经济学、新制度主义与多元主义等方面的解释逻辑。

第四，在研究方法上更注重实证性研究。为使社会科学像自然科学那样具有精确性，现代科学更加注重方法论，强调对事实与现象的描述，而一般不注重对终极价值的追求。例如"行为主义学者认为，政治科学的思维特点是分析的而不是综合的，最终成功是经验理论而不是规范理论"[1]。当代非营利组织的研究者也十分重视对社会科学中新方法论的应用，并建立了各种测量非营利组织的指标体系。还超越了单纯的理论探讨，将各种理论与学说应用到具体的国家与组织上，进行实证性研究，促进了对非营利组织的微观层面的研究。

第五，对非营利组织的研究呈现出了全球性的视野。当代学者开始关注不同国家与地区中非营利组织的发展状况以及与非营利组织发展相关的社会环境、经济情况与政治民主化程度等，还进行国别和区域间的比较研究，并关注跨国性的非营利组织和非营利组织在国际事务中的积极性作用等。

总之，萨拉蒙的非营利组织定义丰富了公民社会的概念，促进了全球范围内对非营利组织的实证性研究。萨拉蒙对国家与社会关系的正相关性的阐释，也引领了当代西方非营利组织理论的新发展。

---

① 徐大同：《现代西方政治思想》，人民出版社2003年版，第471页。

二　萨拉蒙非营利组织理论的缺陷

虽然萨拉蒙的理论具有前沿性和创新性，但是却也有自身的局限性，也并不是放之四海而皆准的真理。萨拉蒙的思想深深地烙下了西方主义的痕迹，这也使他的理论适用范围具有狭隘性。同时萨拉蒙比较重视数据与实证分析，许多理论大多是通过具体数据来证实的，却少从理论层面来进行更深入的解释，有些概念与理论的界定并不是特别清晰和明确。

（一）萨拉蒙的理论具有西方中心主义的倾向

萨拉蒙把非营利组织的体制模式分为四类，即自由主义模式、社会民主主义模式、社团主义模式、国家主义模式。这一模式分类显然是不全面的。在世界的所有国家中，发达国家类型也只是一部分而已，而前三种模式全都是西方发达国家的划分。占世界大部分的大多数发展中国家与不发达国家，却仅仅被归类为一种体制模式，就是国家主义模式。这显然是带有很强的西方色彩，并是以西方的社会发展轨迹为基础的。除了对第三世界国家中的模式数量上的显著的匮乏外，萨拉蒙的这一体制模式还缺乏动态性。萨拉蒙忽视了很多发展中国家的社会转型状态。其实第三世界的一些国家目前已经不再是纯粹的国家主义模式了。在亨廷顿所谓的"第三波"民主化浪潮中，许多发展中国家都已经开始逐渐步入民主化的轨道。即使说民主化路径与西方发达国家存在很大差异，但是并不能因此就以西方国家的发展模式为标准而将这些第三世界中的社会看作非民主的。实际上许多发展中国家已经处于转型时期，例如正从国家主义向自由主义，或者国家社团主义向自由社团主义逐步过渡。

同时，萨拉蒙认为解决"志愿失灵"的最佳途径是在政府与非营利组织之间建立的一种合作伙伴模式。当然，注重非营利组织与其他行为主体合作的思路是很好的，这也是非营利组织保持发展的重要思路。但是"新治理"理论中所体现的核心思想，也只是一种理想状态或者发展方向而已。毕竟"志愿失灵"问题并不仅仅只有萨拉蒙提出的四种表现形式，在不同国家中或者在一个国家的不同历史发展时期中，志愿失灵的表现形式也是有差异的，这就使得具体的解决路径应该根据具体情况而定。更何况并不是每个国家都具有普遍的"第三方政府"模式，非营利组织在西方国家中可能出现的挑战与问题，不一定就适用于其他国家。这就使得萨拉蒙关于政府与非营利组织的互补逻辑遭到了质疑。不过，在萨拉蒙的新治理理论中，政府的角色还是主导性的，就像一场交响乐的指挥家，虽然在表演中不操作具体的乐器，但是却承担着关键性的角色。

就萨拉蒙的非营利组织指数体系而言，其分析框架和具体指标虽然为我们提供了很好的计量与评估非营利组织发展情况的参照系，但也存在一定的问题与不足。在具体指标设计上，测量的范围比较窄，很多关涉非营利组织关系的数据不能体现，而且也没有将一个国家的文化背景与经济发展程度考虑进去。当然面对大千世界的高度负责性和异质性，每一种指标体系都不可能尽善尽美。

（二）萨拉蒙理论的适用范围比较狭隘

萨拉蒙的非营利组织概念虽然容易抓住非营利组织的本质特征，但是也产生了一定的狭隘性。萨拉蒙对非营利组织的定义更多是建立在美国等西方发达国家的社会背景基础之上的，并没有真正结合发展中国家的实际情况。"萨拉蒙等人定义的那些特征，只有现代西方社会的非营利组织才完全具备，而在中国大陆，完全具备上述特征的组织是很少的，绝大部分非营利组织只拥有部分特征。"[①] 例如，萨拉蒙对非营利组织的自治性特征的强调，其实是不太适合用来分析发展中国家的非营利组织的。例如东欧等国家、亚洲的许多国家中，由于政府在社会中的作用范围比较广泛，民主进程发展缓慢，市场经济比较落后，并没有给非营利组织的发展留下足够的空间与经济支持。可以说，社会政治环境与法律环境都不是特别有利于非营利组织的发展。因此，许多发展中国家的非营利组织为了生存，发展出了一套特殊的策略与模式。有些非营利组织与政府关系比较近，或者直接就是由政府发起或者由政府人员直接担任非营利组织的领导者等，从而使非营利组织的内部治理缺乏民主性，在实际操作中也缺乏独立性。如果按照萨拉蒙的组织定义，此类组织很难被称作是非营利组织。同时，许多发展中国家的非营利组织，如消费者

---

① 康晓光：《非营利组织管理》，中国人民大学出版社 2011 年版，第 4 页。

合作社等，在发挥公益性角色的同时，却也会进行利润分配。这又违背了萨拉蒙的"非利润分配性"的特征。因为根据萨拉蒙的观点，即便是这些组织在提供社会服务或者推动社会民主发展中具有重要的作用，但是进行利润分配，即使不被认为是市场领域的私人组织，最起码也只能是不纯粹的非营利组织。总的来说，萨拉蒙的非营利组织定义忽视了一个该组织类型很重要的一个目的性特征，即它的公益性。公益性是非营利组织的重要特征。它以部分群体或者全体公民的公共利益为宗旨，依赖利他和志愿精神来实现这些公共利益，而且公益性是非营利组织目前活跃于国际舞台与国内公共领域中的重要伦理依据。非营利组织以这种高尚的伦理精神以赢得民众的信赖，也逐步成为公共机构的合作伙伴。另外，萨拉蒙在对当代非营利组织兴起的原因进行解释时，强调是外部因素如科技革命、经济危机等的影响，而忽略了非营利组织自身的内部动力。

（三）萨拉蒙的某些观点不够严谨

纵观萨拉蒙的研究成果会发现他对许多概念的称谓并不太严谨。例如，萨拉蒙会经常混用"非营利组织""公民社会组织"与"非营利部门"等术语来表示这一领域中的组织实体。同时也没有明确区分"公民社会""第三部门""非营利部门""第三域"以及"公民社会部门"等术语之间的差异。萨拉蒙有时指出，为了全球范围的非营利组织的统一性和可比性研究，术语"第三部门"更适合用来描述在市场与国家之外的"第三域"。有时又认为非营利组织更具有普遍性，尤其是在西方国家如美国从法律层面比较强调此类组织的非营利性以获取免税资格等。有时却又青睐于"公民社会组织"这一称谓。例如，在《全球公民社会：非营利部门国际指数》一书中，萨拉蒙认为应该用"公民社会组织。他指出："我们将用'公民社会组织'（civil society organization）或'公民社会部门'（civil society sector）统称这一类型广泛的机构。虽然这是描述这类机构所用的几个名词之一，但似乎是国家上最通用的一个。尽管有些人可能有保留意见，认为它只是指所有私人、非政府、非市场机构的一个次类，如从事倡导和赋权活动的组织，但我们有充足理由将它广泛适用于描述更大范围的组织。不过，我们会区别'公民社会组织'和

'公民社会'。前者指一种组织。后者是个更广义的名词，包括法治、言论自由等特点，以及一个社会中各个部门之间的关系"①。因此，在探讨非营利组织的定义模式之前，为了论述的统一性，本书就采纳萨拉蒙在大多数主要著作中的称谓——即"非营利组织"——来表示活跃于市场与政府领域之外的第三域中的实体，"非营利部门"来表示市场与政府领域之外的第三域。

萨拉蒙的"志愿失灵"正如"市场失灵"与"政府失灵"等理论也不是完美无缺的，因为萨拉蒙并没有对"志愿失灵"假设做理论层面的推理，而更多是描述性与介绍性的。萨拉蒙没有建立一个有效的非营利组织的志愿失灵概念以及国家的有效性角色，他的志愿失灵理论更多的是依赖具体的量化数据来证明的，而缺乏理论层面的解释。同时，萨拉蒙采用了与韦斯布罗德不同的分析逻辑。例如，韦斯布罗德认为非营利组织产生于政府与市场之后，是一种替代性的机制，而萨拉蒙则认为，非营利组织才是最初的公共服务供给制度，非营利组织是先于政府而存在的，而且只有当非营利组织出现失灵时，政府才能发挥作用。由于非营利组织与政府各有所长，自身的运作模式也是存在差异的，因此二者可以优劣互补，最终建立成合作伙伴的关系。但是，萨拉蒙忽视了目前学术界研究的另外一个热点问题，即政府资金支持已经是另外一种形式的控制。例如凯瑟琳·O. 里根阿（Katherine O'Regan）和莎朗·奥斯特（Sharon Oster）② 通过对政府资助与非营利组织董事会关系的研究发现，政府资助可以在一定程度上降低非营利组织的独立性。斯蒂芬·拉特格布·史密斯（Stephen Rathgeb Smith）与迈克尔·利普斯基（Michael Lipsky）③ 则关注了非营利组织作为社区代理与作为政府代理之间的张力问题，认为非营利组织对政府的资金依赖能够影响非营利组织的绩效与

---

① ［美］莱斯特·M. 萨拉蒙：《全球公民社会——非营利部门国际指数》，陈一梅等译，北京大学出版社 2006 年版，第 6 页。

② Katherine O'Regan and Sharon Oster（2002），Does Government Funding Alter Nonprofit Governance? Evidence from New York City Nonprofit Contractors. *Journal of Policy Analysis and Management*, Vol. 21，No. 3.

③ Stephen Rathgeb Smith，*Michael Lipsky*，*Nonprofits for Hire：The Welfare State in the Age of Contracting*，Cambridge，MA：Harvard University Press，1993.

优先考虑的事情，使非营利组织更倾向于政府而不是社区的利益。郭超（Chao Guo）[①] 则将非营利组织的董事会绩效作为一个分析视角探索了政府资助对非营利组织代表能力的影响。他也得出了相似的结论即对政府资助的依赖可以影响到非营利组织的代表性。所以，政府资助往往可以影响非营利组织的自治性和独立性等问题。而萨拉蒙将政府定位为资金的提供者，将非营利组织定位是服务的直接提供者，然后得出的政府与非营利组织的合作模式。可见萨拉蒙忽视了合作伙伴关系中的新问题与挑战。而且这一模式也是建立在美国等西方国家社会实际的基础之上的，并不具有普遍性。而且这一合作模式也是和特定的社会历史背景相结合的，是否在其他国家也具有普适性，目前尚未有例子来说明。同时，萨拉蒙对"志愿失灵"表现形式的介绍只有四种形式，并无法全面反映非营利组织的失灵现象。虽然说萨拉蒙的思想还以强调非营利组织与政府之间的互补与合作关系，但是除了在非营利组织的消极性作用时意识到了政府对非营利组织的互补性作用，而在涉及非营利组织的积极功能时，萨拉蒙却未曾从非营利组织与政府的比较视角中进行来解释非营利组织的积极性功能。在发展中国家，非营利组织在积极参与社会政策的同时，对于监督政府与市场和提高政府执行力方面，以及推动政治稳定和非暴力等方面也是相当重要的。

　　萨拉蒙在利用社会起源理论解释非营利组织起源的时候，并没有切实地考虑到各个国家的历史发展轨迹的差异性，其分析方法并不是历史制度主义。制度经济学的"路径依赖"理论认为，一个社会制度的发展路径和模式是与特定的历史情景紧密相关的。而萨拉蒙的定义模式事实上假设了所有的非营利模式都有着共同的发展路径。萨拉蒙认为，非营利组织并不是为了应对 20 世纪 30 年代的市场失灵与 70 年代前后的政府失灵等问题才得以产生的。虽然说在全球化背景下非营利组织得到了兴起与迅速发展，但是非营利组织的形成并不是近代的事情。但是萨拉蒙并没有从理论层面追本溯源地解释非营利组织的起源，萨拉蒙的研

---

　　① Chao Guo（2007），When Government Becomes the Principal Philanthropist: The Effect of Public Funding on Patterns of Nonprofit Governance. *Public Administration Review*，May/June.

究也并没有真正在理论上去寻求佐证。他只是通过经验数据来努力证实自己所提出的理论模式。实际上，在很多国家中，无论是从政治层面还是文化层面来看，都没有形成有利于非营利组织形成所需要的基础与前提，或者说非营利组织的出现一直是受到压抑的。只有当许多落后国家在看到西方社会崛起的时候，或者说开始去分析西方国家发展与崛起原因的时候，除了制度模式上的优势外，它们还发现了西方国家中活跃的公民社会与非营利组织。因此，虽然发展中国家在历史中存在志愿性的活动，但是并未形成一个正式与独立的非营利组织，也没有形成一个成熟与自由的公民社会。非营利组织在发展中国家的出现，是近代以来的事情，是政府与民众意识到了市场主体与公共机构在全球化浪潮中力不从心时，无法满足民众所有的要求时，才意识到了非营利组织的优势。非营利组织在第三世界国家中的发展模式一般都是自上而下的，是在政府推动下才得以兴起与迅速发展的。那么，显然韦斯布罗德的市场失灵/政府失灵理论与汉斯曼的契约失灵理论对于发展中国家的非营利组织的起源更有现实性。因此，实际上萨拉蒙的非营利组织定义和起源性解释，与其他理论并不是相互排斥的，也不存在孰优孰劣的问题，而是这些理论可以一起来解释这个世界中纷繁复杂和形形色色的非营利组织。

第二节　萨拉蒙理论对中国非营利组织建设的启示

自改革开放以来，中国进入了一个由经济变革向政治改革和社会变革的转型时期，也是一个"国家"主动变革、逐步让权"市场"与"社会"的过程。中国的非营利组织借此机遇发展迅速，成为了一种无法取代的制度性力量。[①] 但是由于非营利组织在中国起步比较晚，目前还有很大的发展空间。运用萨拉蒙的非营利组织理论可以为研究中国的非营利组织提供一个概念工具和分析框架，同时他提出的政府工具论和"新治

---

① Clement Chu S. Lau（2009），The Role of NGOs in China. *Quarterly Journal of Ideology*, Vol. 31，No. 3 – 4.

理"范式对建构中国的公共治理模式也有一定的借鉴和指导意义。因为中国非营利组织在发展过程中也会产生失灵现象，在公共行政改革中也有"第三方政府"模式所带来的挑战与问题。当然由于萨拉蒙的思想是建立在西方的社会背景基础上的，在公共管理过程中并不能完全照搬萨拉蒙的理论。

一　与国际接轨，提高非营利组织的独立性

近年来人们目睹了有组织的志愿活动的急剧增加，不过这种活动并不是凭空出现的，它在世界上几乎每个地方都有着深厚的历史基础。而在中国这类活动自古代就已出现，并至少从 8 世纪起在佛教的影响下而得到加强和制度化。① 在中国民间结社的历史也比较悠久，例如一些政治性结社（如东汉的"朋党"）、经济性结社（如唐代的"钱会"）和慈善性组织（如清代的"留养堂"）等，而具有现代意义上的非营利组织形式是近代以来才出现的。

尤其是改革开放以来，随着社会利益的多元化，政府已无法独自满足民众的多样化需求，因此各种行业协会和基金会等发展迅速。由于非营利组织可以填补政府和市场留下来的空缺，政府对非营利组织采取了宽容和默许的态度。市场的开放也促进了经济与政治领域的改革。为非营利组织参与社会政策的制定等提供了机遇，而且一些由政府垄断的公共服务也逐步下放给非营利组织来提供。在 20 世纪 80 年代中期，文化沙龙、出版社和校友会等陆续出现。全国范围的社会组织增至 1600 个，区域性和地方性的社会组织超过了 20 万。② 1989 年 9 月，国务院颁布了社会组织的管理法规，并在民政部设立了社团司。1989 年后经过清理整顿，非营利组织的规模变小。根据《中国民政统计年鉴（2011）》中的数据资料得知，1999 年注册的社会组织从 181318 个减少到了 142665 个；到了 2000 年社会组织数量才稍微发展到了管理条例修订之前的规模；到了

---

① ［美］莱斯特·M. 萨拉蒙：《非营利部门的崛起》，谭静译，《马克思主义与现实》2002年第 3 期。

② Keping Yu, *The Emergence of Chinese Civil Society and Its Significance to Governance*. Brighton，U. K.：Institute of Development Studies，2000。

2003 年，基金会从社会组织类型中分离出来，接着非营利组织得到了稳步发展；而目前中国已经有 431069 个社会组织，年增长率为 4.2%，其中社会组织为 238747 个，民营非企业单位为 190479 个，基金会 1843 个。

虽然中国的非营利组织数量近年来一直攀升，但是由于起步较晚，资源不足，而且与政府的关系过密等原因，目前国内外学界对于中国非营利组织的发展情况意见是不统一的。例如就中国是否存在真正独立的非营利组织与成熟的公民社会方面，根据不同的标准出现了不同的观点。菲利普·黄（Philip C. C. Huang）批评了那些试图在中国寻找独立非营利组织的做法①。而高登·怀特（Gordon White）以浙江萧山的非营利组织为例，认为在当代中国已经出现了公民社会的萌芽②。迈克尔·弗洛里可（B. Michael Frolic）认为中国非营利组织独立性不高，中国的公民社会是一种"国家领导的公民社会"③。杰斯卡·C. 蒂斯（Jessica C. Teets）则以"汶川大地震"为例，认为中国的非营利组织发展已经到了比较成熟的阶段。不过杰斯卡·C. 蒂斯认为不能单纯地依赖"自治性"特征来判断中国是否存在真正的非营利组织，而应该采取"以行动为基础的分类法"（an action-based category）来解释中国的非营利组织④。也有些学者为了适应发展中国家的实际情况而调整了非营利组织的概念。例如，王名将非营利组织的特征归纳为三点，即非营利性、非政府性、志愿公益性。但是他指出这些特征"在我国社会组织身上表现得都不鲜明，无论非营利性、非政府性还是志愿公益性，在我国的大多数社会组织身上，都多少包含与之相悖的一些东西，如许多组织都在开展一定形式的经营活动，大多数组织和政府间保持着密切的联系，很少有组织能够真正动

---

① Philip C. C. Huang (1993), "Public Sphere" / "Civil Society" in China? The Third Realm between State and Society, *Modern China*, No. 19.

② Gordon White (1993), Propects for Civil Society in China: A Case Study of Xiaoshan City, *The Australian Journal of Chinese Affairs*, No. 29.

③ B. Michael Frolic, *State-Led Civil Society*, *in Timothy Brook and B. Michael Frolic*, *Civil Society in China*, New York: M. E. Sharpe, 1997.

④ Jessica C. Teets (2009), Post-Earthquake Relief and Reconstruction Efforts: The Emergence of Civil Society in China? *The China Quarterly*, No. 198.

员志愿者资源等等"①。康晓光认完全西方意义上的非营利组织在中国是几乎不存在的，但是中国又确实存在与政府、市场不同的非营利组织。

可以利用萨拉蒙的非营利组织定义来衡量中国非营利组织的发展情况。第一，从组织性来看，在中国非营利组织可以分为已经注册为社会组织的、注册为企业形式的、尚未以任何形式登记注册的三种类型。中国官方的统计数字显示，截至 2009 年在民政部已经注册的非营利组织已经超过 40 万个。根据 1998 年的《社会团体登记管理条例》规定，每一个社会组织具有社会组织注册资格的一个前提就是，需要有一个规范化的名称、相应的组织框架和固定的住所。那些没有在民政局进行登记的非营利组织，例如注册为企业形式的组织，同样需要将自己组织成为一个"实体"或者"单位"，并拥有自己的章程去处理管理工作和日常活动。而且一旦注册成功，这些组织都具有法人资格。即使那些没有以任何形式注册的非营利组织，只要它们拥有一定持续性的机构，如有固定的成员、日常会议、规章制度等都可以称为非营利组织。可以说，大部分非营利组织都具有"组织性"这一特征。第二，从私有性来看，中国的非营利组织在法律意义上都不是国家行政系统的一部分，都不隶属于政府。但是从实际情况来看，由于中国施行"双重管理"体制的模式，很多非营利组织依附于或者挂靠在政府机构门下，使得中国非营利组织的"私有性"特征并不十分明显。同时，中国的一些非营利组织在组织结构上也呈现了一定的官僚制和等级制的特征。但不可否认的是，在中国确实存在一些不依靠政府的资助，也不在民政局进行注册的非营利组织。只不过此类组织不太多。第三，从它的非利润分配性特征来看，中国的社会组织管理条例明确禁止社会组织在其成员间分配利润，也不允许其以营利性活动为主要目的。因此"非利润分配性"特征在法律层面上也适用于中国大部分的非营利组织。但是由于政府对非营利组织的监管与问责制度还尚不完善，也有一些组织打着"非利润分配性"的旗号来从事营利性活动。处于转型时期的中国，为了鼓励企业从事慈善性活动，政府对那些直接隶属于企业的非营利组织管制也不太严格，所以有

---

① 王名：《社会组织概论》，中国社会出版社 2010 年版，第 89 页。

些非营利组织的收入与支出也会与所属企业直接挂钩。第四，从自治性
来看，中国的非营利组织只拥有部分的自治权，业务主管单位等政府机
构仍保留很大的支配权，而且在非营利组织治理中的角色还是比较普遍
的。非营利组织所能做的事情是有限制的。邓国胜就认为虽然"近年来
在中国草根性的、自下而上的非营利组织蓬勃发展，而且官办的、自上
而下的非营利组织也逐步改革，但是中国的非营利组织志愿性、自主性
都比较弱"①。第五，从志愿性来看，在中国非营利组织一般都会有志愿
者的参与和捐赠。2008 年的汶川大地震中，成千上万名志愿者通过不同
类型的非营利组织参加了抗震救灾工作，就可以说明中国非营利组织中
"志愿性"的程度。但是中国的非营利组织有时候成了政府部门精简机构
过程中裁员的接收站。因此，有些非营利组织中的一部分员工的编制是
直接隶属于政府的。另外，政府机构为了解决非营利组织的人员不足等
情况，也会直接临时调任一部分公务员从事非营利组织的日常管理工作
等。而且"中国的很多志愿活动，是通过行政方式自上而下地组织的，
同真正起自民间的志愿活动还是有很大不同的。而这种具有自治地位的
民间组织，数量很少，成立时间短，组织建设尚还很不成熟"②。

关于萨拉蒙提出的非营利组织的五个特征是否适合中国的情况，每
个学者的看法是不同的。比如陈坚指出中国非营利组织具有一些有别于
国际公民社会的特殊特征，完全符合国际公民社会一般性定义的非营利
组织在中国的比例极低，因此萨拉蒙对非营利组织的界定与中国情况是
否适应还有待商榷。也有学者认为，虽然利用萨拉蒙的五个标准来衡量
中国的非营利组织，会使得中国的非营利组织规模变小。马秋莎等学者
认为，非营利组织相对于政府的自治性程度，并不能作为衡量中国是否
存在真正意义上的非营利组织的唯一标准。麻省理工学院城市发展规划
教授比什瓦普利亚·桑亚尔（Bishwapriya Sanyal）也指出，传统理论多认
为为了实现非营利组织的有效性，就必须保证非营利组织相对于国家与

---

① 邓国胜：《民间组织评估体系：理论、方法与指标体系》，北京大学出版社 2007 年版，
第 22—34 页。

② 赵黎青、兰天山：《非营利部门与中国发展》，香港社会科学出版社 2001 年版，第
64 页。

市场的自治性，但是过分强调非营利组织的自治性会降低这些组织的效率而不是增强组织的效率，这一情况尤其在发展中国家的扶贫组织中尤为明显。他还进一步认为，可以找到一种既不损害非营利组织规划自己命运的能力，又可以得到国家与市场控制的资源的制度战略。

因此，如果不过分强调非营利组织的自治性特征，那么结合萨拉蒙的非营利组织五个特征看来，中国是存在真正意义上的非营利组织的。但是，从长远之计来看，中国非营利组织需要进一步增强自身的私有性与自治性特征，这不仅关涉非营利组织的绩效与关注受惠群体需求的能力，还会影响到组织的募捐收入等问题。而且虽然说中国社会与民众的志愿意识正在提升，但是相比于西方发达国家，志愿性程度还是比较低的。总之，为了发展中国的非营利组织，使其发挥积极的作用，那么我们就必须与国际标准接轨，向现代性的非营利组织看齐，建构独立自治的非营利组织。

二　均衡发展非营利组织，推进民主发展

根据萨拉蒙的观点，非营利组织主要具有五种积极性功能，即服务性功能、创新性功能、倡导性功能、表达性和领导发展功能、社区建设功能。中国的非营利组织是否也具备了这五种基本功能呢？如果使用萨拉蒙的框架来评估中国非营利组织的角色，那么绝大多数的中国非营利组织都满足服务性功能这一角色。虽然有一些非营利组织旨在影响公共政策，促进政治改革和民主化的进程，但是倡导性功能并不太适用于大多数的中国非营利组织。陈光耀曾经提到，政府希望非营利组织能够在八个方面起到协助性的作用。具体如下[①]：（1）非营利组织加强可以帮助企业提高其领导力与服务的能力；（2）非营利组织保护商业利益，并代表协会会员的声音；（3）非营利组织协调同一行业内企业间的竞争与合作；（4）非营利组织可以协助行业内的研究与学习的发展以及产业战略

[①]　Guangyao Chen（2001），China's Nongovernmental Organizations：Status，Government Policies，and Prospects for Further Development. *The International Journal of Not-for-Profit Law*，Vol. 3，No. 3.

性问题；（5）非营利组织协助政府做基础性工作；（6）非营利组织协助发展技术和学术研究；（7）非营利组织在公共服务和慈善工作中发挥作用；（8）非营利组织帮助解决社会问题。从中我们可以看到，六个方面都是在讲中国非营利组织的经济性功能。

裘德·霍威尔（Jude Howell）和孙炳耀也认为，目前中国新兴的社会组织的功能集中在经济—社会方面：（1）作为国家与社会之间的中介形式；（2）代表和保护日益多样化的人群；（3）为经济主体提供一种协调和合作的手段，超越市场的雾化效果；（4）抵御市场所带来的不稳定，不安全和不平等等问题。① 可见中国非营利组织被鼓励更多地提供社会服务和经济发展。康晓光认为，"第三部门的各项功能还处于'初级阶段'，与西方社会的第三部门根本无法相比。而且，第三部门所能发挥的功能具有明显的不平衡性，比如，在促进市场和经济发展、提供社会公共服务、引领和推动社会创新等对政府、企业有益的方面，第三部门发挥了重要的作用，但在反抗市场暴政、参与公共政策、制约政府权力、促进政治民主化等反对或者限制政府、企业权益的方面，第三部门所能发挥的作用却很小。并且，官办第三部门组织所能发挥的功能明显要比民办第三部门组织要强"②。

虽然中国非营利组织的角色比改革开放前有了极大的拓展，在环境、卫生、教育、扶贫、社会福利和服务等领域中发挥了关键作用，但是中国非营利组织所涉及的活动领域还是有所偏重的。政治敏感性领域中的非营利组织比较少，比如从事维权的组织。大部分非营利组织都不会去挑战政府的权威③，也不会挑战国家政治体制④，或者保护社会以免遭到

---

① Jude Howell, Bingyao Sun, *Market Reform and Civil Society: A Chinese Case Study*. Geneva: United Nations Institute for Social Development, 1994.

② 康晓光，冯利：《中国第三部门观察报告（2011）》，社会科学文献出版社2011年版，第28页。

③ Yiyi Lu, NGOs in *China: Development Dynamics and Challenges*. Nottingham, U. K.: China Policy Institute, the University of Nottingham, 2007.

④ Jianguo Li (2005), *Plenty of Opportunities for NGOs*, Beijing Review, Vol. 48, No. 26.

国家的过度干涉①。为了在一种比较敏感的政治环境中生存下来，大多数非营利组织尽量与政府保持良好的伙伴关系②。还有一些非营利组织尽量远离政府，以避免不必要的麻烦，一些非营利组织甚至不参与任何与政府有关的活动。

总之，非营利组织在中国所起的作用是不平衡的，即经济社会发展领域中的积极性角色，同时政治领域中却没有声音。造成这种局面的原因是多样的，一是社会、政治和法律环境鼓励非营利组织从事如卫生和教育等公共服务方面的活动。因为国家希望非营利组织能够在国家与公众之间起一个桥梁的作用，并作为一种把国家政策传送到地方和社区而又将社区意见反馈给国家的工具。同时由于非营利组织对公共政策进行批评的渠道还不完全畅通，公民社会不太成熟，使得中国的"第三域"呈现了"去政治化"的特征。二是非营利组织自我界定为一种补充和协助国家的角色，而不是抵制国家过度干预社会的独立先锋的角色。中国的非营利组织不是为了监督政府，而是帮助政府来改善其与公众关系的一种工具。三是基础性教育或者扶贫等领域是政治敏感性比较低的领域。因此在这些领域中活动的非营利组织一般都会受到政府的欢迎与支持。也可以说，这是中国非营利组织为了适应特殊的环境而采取的一种生存策略。虽然大多数非营利组织不挑战政府，也不能在监督政府行为中起到关键性作用，但是不可否认的是，中国的非营利组织是中国经济和民主发展不可或缺的主体之一。从长远来看，必须促进不同领域中的非营利组织平衡发展，不仅强调它们的服务性功能，还要促进非营利组织倡导性与创新性角色的发展，以及在社会民主化进程中的作用。

三 放松管制，培育良好的法治环境

萨拉蒙通过 10 个基本性问题对非营利组织的法律环境，并利用新制度经济学的交易成本理论，建立了非营利组织法的指标体系。根据萨拉

---

① Qiusha Ma, *Non-governmental Organizations in Contemporary China: Paving the Way to Civil Society?* London & New York: Routledge, 2006.

② Amy E. Gadsden (2008), Earthquake Rocks China's Civil Society, *Far Eastern Economic Review*, Vol. 171, No. 5.

蒙的观点，法律环境也是一个影响非营利组织发展的至关重要的因素。中国目前还不是一个完全意义上的法治国家。目前尚无统一的和综合性的社会组织法来解释和说明社会组织的权利与责任，以保护这些组织不会受到国家权力的干涉。一些与非营利组织有关的规则制度是在计划经济时期形成的，也削弱了非营利组织的独立性。

目前中国的大多数非营利组织都受 1998 年颁布的《社会团体登记管理条例》的管理。虽然非营利地位的资格已经明文确定，但是政府对这些法规有着很大程度上的解释权。可以说，这些法规的目的与其说是促进非营利组织的发展，不如说是有效地管制了非营利组织。首先，"双重管理体制"意味着非营利组织要接受来自两个政府机构的层级性的控制体制，并成为在中国发展出一个充满活力的公民社会的瓶颈。为了能够在民政部（或当地民政部门）登记注册，并成为一个法人实体，社会组织首先需要一个与其活动领域相关的业务主管单位。业务主管单位主要负责非营利组织的日常性事物。其实要找到一个政府机构作为发起者，并不是一件容易的事。由于业务主管单位需要为非营利组织的不当行为负责，因此政府机构在决定是否要成为一个发起者是非常谨慎的。如果某一政府机构拒绝了非营利组织的申请，一般而言很难再获得其他机构的批准，而申诉权也不一定能够起到作用。而如果找不到业务主管单位，就没有注册的资格，也不可能在银行获得一个能够收取捐赠的账号。但是，一旦获得了一个业务主管单位，也就意味着一种依附性的关系开始了。这种依附性的关系，很多时候能为这些非营利组织带来很多未注册的草根性组织无法享受的特权。但是同时这些组织也被很大程度上控制了。例如，根据《社会团体登记管理条例》第 28 条和第 31 条的规定，业务主管单位负责社会团体筹备申请、成立登记、变更登记、注销登记前的审查；监督、指导社会团体遵守宪法、法律、法规和国家政策，依据其章程开展活动；负责社会团体年度检查的初审；协助登记管理机关和其他有关部门查处社会团体的违法行为；会同有关机关指导社会团体的清算事宜等。许多非营利组织的内部治理并不是独立的，尤其是政府型的非营利组织在很大程度上都依附于政府而得以生存。

即使非营利组织找到了业务主管单位，其实成为一个法人资格也是需要很多条件的。例如《社会组织登记管理条例》第 10 条规定，成立社会团体，应当具备下列条件：有 50 个以上的个人会员或者 30 个以上的单位会员；个人会员、单位会员混合组成的，会员总数不得少于 50 个；有合法的资产和经费来源，全国性的社会团体有 10 万元以上活动资金，地方性的社会团体和跨行政区域的社会团体有 3 万元以上活动资金等。这些对金融限制与要求实际上使得那种小型的和真正草根性的非营利组织无法进行注册。而且法规更多强调的是非营利组织应该接受来自业务主管单位与登记单位的监督与管理等，并无对非营利组织向民众公开信息等方面的具体要求。

1998 年《社会团体登记管理条例》第 4 条中明确规定，"社会团体必须遵守宪法、法律、法规和国家政策，不得反对宪法确定的基本原则，不得危害国家的统一、安全和民族的团结，不得损害国家利益、社会公共利益以及其他组织和公民的合法权益，不得违背社会道德风尚。社会团体不得从事营利性经营活动"。其实这已经对非营利组织的商业性活动许可和政治性活动进行了规定。而且从法律层面来看，个人收益也是受到限制的。第 19 条中规定，"任何单位和个人不得侵占、私分或者挪用社会团体的资产。社会团体的经费，以及开展章程规定的活动按照国家有关规定所取得的合法收入，必须用于章程规定的业务活动，不得在会员中分配"。

关于非营利组织的税收政策也会影响一个国家非营利组织的发展，在中国目前还没有形成统一、完善的非营利组织税收体系。根据我国现行税法，非营利组织的捐赠收入可以免企业所得税等，而对向非营利组织进行捐赠的企业和个人实行所得税税前扣除。1999 年《中华人民共和国公益事业捐赠法》得以通过。其中对公益事业的界定主要涉及四个方面：（1）救助灾害、救济贫困、扶助残疾人等困难的社会群体和个人的活动；（2）教育、科学、文化、卫生、体育事业；（3）环境保护、社会公共设施建设；（4）促进社会发展和进步的其他社会公共和福利事业。非营利组织可以享受所得税、不动产/财产税、印花税等方面的税收优惠。但是关于非营利组织的免税法律实际操作性不是太大，对于非营利组织可享受的税收待遇具体细则没有进行具体的规定或者解释，非营利组织免税待遇也经常是"有名无实"。企业和个人发生的上述范围之外的捐赠支出均不属于公益救济性捐赠支出，不能享受公益性捐赠支出相应的优惠政策。

无论是从需求方面还是从供应方面来测量中国的非营利组织法律，中国并没有为非营利组织提供一个较好的法律环境。例如，蓝煜昕认为中国的非营利组织法律环境指数，即使与发展中国家相比，也是比较落后的。中国的非营利组织法律环境指数排在印度与罗马尼亚之后。目前中国也已经逐步加入全球化的浪潮中，许多新的组织形式与发展问题也都出现。非营利组织也在这一进程中得到了迅速发展，形式多样，与政府的关系也开始发生变化。很多政府机构开始寻求非营利组织来提供社会福利，救济贫困人群，参与大型事故与灾难的救援当中。因此，非营利组织的发展潜力是很大的。因此，中国需要放松对非营利组织的过多限制，落实税收优惠政策，培育有利于非营利组织发展的法律环境。

四　完善问责机制，防止非营利组织的异化

聚焦中国非营利组织发展的实际情况，虽然它们也彰显了规模优势，但是质量层面的参差不齐也是显而易见的。虽然萨拉蒙的志愿失灵理论主要基于西方国家的情况，但是也同样适用于中国的情况，不过根据"中国特殊的制度背景和社会发展模式，中国的志愿失灵在实践中则也呈现出了一定的'中国特色'"[1]。

第一，中国的非营利组织也出现了慈善不足的问题。"在总体上看，资金不足是社会组织普遍面临的突出问题。"萨拉蒙指出，发达国家中非营利组织收入的48%来自政府，而在发展中国家非营利组织的收入仅有22%来源于政府。[2] 虽然中国的非营利组织并没有被包含在萨拉蒙的研究中，不过中国与其他发展中国家的非营利组织也存在着一定的相似性。出现这种情况的原因，一方面是由于人们认识所存在的问题，即把"政

---

① 孙婷：《政府责任视角下志愿失灵原因探析》，《学术界》2011 年第 5 期。

② Lester M. Salamon, S. Wojciech Sokolowski, *Global civil society: Dimensions of the Nonprofit Sector*, Volume II. Bloomfield, CT: Kumarian Press, 2004.

府资助"作为判断某一组织是否为真正的非营利组织的标准，并认为非营利组织的收入应该来自民间而非政府，才能保证非营利组织的福利性与非官办性。另一方面，是由于中国与西方发达国家的一个差别，在西方发达国家中非营利组织是公共服务的实际提供者，而政府是公共服务的资助者，所以发达国家非营利组织的大部分资金都来源于政府。在中国，非营利组织在公共服务供给上是一种补充的角色。同时中国传统文化中缺乏公共意识和个人主动性，而且单个家庭依旧承担着疾病和灾难性风险。许多捐赠更多的是义务性的，而不是自愿性的，而且很多人是通过党政机构进行捐赠的。例如尼克·杨（Nick Young）的研究显示，在中国超过64%的城市居民都进行过捐赠。但是中国的非营利组织的资源还是比较匮乏。第二，中国非营利组织中的特殊主义。非营利组织，尤其是会员制的非营利组织，所关注的群体是比较具体的人或者区域，代表的也是部分群体的利益，这使得非营利组织具有很强的针对性与即时性。但是当受益群体的利益与其他人群的利益相互冲突的时候，非营利组织的目标就显示出了狭隘性。第三，中国非营利组织的家长式作风较为明显，如官办色彩比较浓厚，缺乏相对独立性。中国的一些非营利组织有时候是政府发起与管理的，直接隶属于国家机关，还有一些非营利组织为了适应具体的社会环境和获得更多的机遇，则主动与政府靠拢。这使得中国非营利组织的"组织结构趋向行政机构，人员构成趋向官僚编制，资金构成趋向财政拨款，运作管理趋向科层结构，形成对上负责、脱离民众的官办色彩"①。再加上中国对非营利组织实行双重管理体制，更是限制了非营利组织的独立性，例如业务主管单位对非营利组织的监督与指导等行为，都特别容易对非营利组织的日常工作造成一定的影响。第四，中国非营利组织中的业余主义。非营利组织的一大特点就是它的志愿性。因此，非营利组织活动的志愿者一般都是临时性的参与，这些志愿者往往也缺乏专业知识与技能等，表现出了很大的业余特点。再加上受益者并不需要为非营利组织的服务付出成本，而且许多非营利组织

---

① 贾西津：《第三次改革——中国非营利部门战略研究》，清华大学出版社2005年版，总序第18页。

主要依赖公众的捐款，使得非营利组织活动的成本与资源之间产生了一个很大的缺口，所以也不能提供较好的待遇来吸引专业性人才，这样非营利组织就更需要依赖志愿性资源。还有一些人员是直接从政府机构中分流过来的，"许多原先在行政机构中工作的人员在'精简'后进入了依附于这些行政机构的事业单位。这些事业单位和有关的学会、协会就成为行政机构简编的'掩蔽所'、'收容站'"①。第五，中国非营利组织中志愿精神的缺失。在中国旧的道德伦理观念和社会价值体系受到巨大冲击，市场经济发展在一定程度上带来了拜金主义、利己主义等观念，而现代社会价值观念尚未真正地确立，非营利组织所依赖的志愿精神和参与意识不足。社会公众在潜意识中对非营利组织存在和活动的合法性有着强烈的怀疑，认为公益性事业应该由国家来承担与负责。中国内地的志愿者参与服务的比例是相当低的。第六，中国非营利组织中的问责问题。目前非营利组织的公信力比较缺乏，公益性腐败事件屡次发生，个别事件往往又容易波及整个领域的公信力问题，为中国的问责制敲起了警钟。

王立果也指出，中国的"第三部门失灵通常表现为：商业化经营；独立性缺失；志愿性不足；效率低下。由于受众对象以及内部治理结构混乱等方面原因，有时会显现出决不亚于某些政府行为的低效率"②。除了非营利组织内在的"失灵"外，中国非营利组织的"异化"现象更特殊一点，例如中国非营利组织的"异化"更多表现在组织结构与运作方式的变异，与营利性组织或者政府机构更为相似。邓国胜指出，"改革开放以来，我国在'政事分开'、'政社分开'的进程中，更多强调的是政府的分权与放松管制，而忽略了对非营利组织的监督与管理。政府现行的所谓管理更多只是表现为对社会团体、民办非企业单位、事业单位的审批，而不是监管。在缺乏有效监管的情况下，再加上非营利组织本身的三个先天不足（即缺乏个人利益的存在和动力机制、竞争机制不完善、

① 任晓：《中国行政改革》，浙江人民出版社1998年版，第223页。

② 王立果：《"第三部门缺失"与"志愿失灵"：浅析转型时期我国第三部门发展的双重困境》，《科教文汇》2008年10月下旬刊。

业绩难以衡量），因此，目前我国的非营利组织出现了许多问题"①。如果单单依赖非营利组织的"自律"，而不能有效地通过"他律"规制非营利组织的行为，必然打击民众的道德与信念，会影响非营利组织的可持续发展。必须发展完善非营利组织的评估体系，实现信息公开、财政透明、治理民主，建立政府与社会的监督机制，依赖法律与道德机制，防止非营利组织的"异化"现象。

　　总之，萨拉蒙的"新治理"理论体现了现代性的治理理念，强调治理网络、公私合作、工具性、谈判和劝服、赋能技术，这些都超出了公共行政学和新公共管理主义的范畴，拓展了公共治理的视野。借鉴萨拉蒙"新治理"理论的思路与理念，吸收其中的合理成分，可以为中国的公共行政改革提供一定的指导意义。

---

　　① 邓国胜：《构建我国非营利组织的问责机制》，《中国行政管理》2003 年第 3 期。

结束语

  民主和发展已经成为当今世界的两大潮流，非营利组织在推动这两大潮流中发挥着重要作用。一个成熟的公民社会可以提高政府的责任性。目前非营利组织在世界的民主化进程中开始起着重要作用，促进国家能够更快地回应民众的需求。同时，非营利组织广泛地参与到公共项目的实施与执行中来，体现了非营利组织自身的优势，也弥补了政府部门与市场机制的不足。事实证明，市场无法有效地供给公共物品，还会产生外部性、经济危机和贫富差距等问题，而政府则会出现信息不完全、提供的物品单一以及行政效率低下等问题。非营利组织同样会出现失灵现象。因此，社会中的各类主体应该相互合作，逐步形成了一个广泛的治理网络，已经是大势所趋。

  全球性公民社会的兴起，也使得公民社会理论在全球范围内再度流行起来。从理论上来看，公民社会与非营利组织已经成为当代政治学理论中一个重要的主题和话语。目前西方学者对公民社会的讨论由浅入深，已经到了一个相对成熟的阶段。不仅是公民社会的理论体系更加系统化，很多规范、可比、可操作化的指标也得以建立。除了萨拉蒙对全球公民社会进行的系统性研究外，还有许多学者对公民社会的研究做出了卓越贡献，为指导西方国家的政府治理改革提供了理论性指导。

  在发展中国家，非营利组织在社会发展中的作用还不是特别显著。以中国为例，在社会转型过程中，国家长期以来大多依靠行政手段对社会进行管理和调控，而较少用法律手段和其他制度化方式。同时，社会已经习惯于政府的安排与支配，从而失去了自身的独立性和自治。当代中国社会的转型需要一个成熟的健康的公民社会，也需要非营利组织的进一步发展。结合中国实际，深入研究非营利组织的理论，建设中国特色的非营利组织理论是当代中国学者的重要使命。

附　　录

附录1　联合国国际标准产业分类

（ISIC，即 the UN's International Standard Industrial Classification）

M80 教育

801 8010 初等教育

802 8020 中等教育

　　　8021 普通中学教育

　　　8022 技术和职业

803 8030 高等教育

804 8040 成人和其他教育工作者

N85 健康与社会工作

851 人类健康的活动

　　　8511 医院活动

　　　8512 医学和牙科实践

　　　8519 其他人体健康

852 8520 兽医活动

853 8530 社会工作活动

　　　8531 社会工作与住宿

　　　8532 社会工作不提供食宿

O 其他社会及个人服务活动

900 9000 污水与垃圾处理，卫生及类似活动

911 企业，雇主和专业团体

    9111 企业和雇主组织

    9112 专业组织

912 9120 工会

919 其他成员组织

    9191 宗教组织

    9192 政治组织

    9199 其他成员组织

921 娱乐活动

    9211 电影制作

    9212 电影放映

    9213 广播和电视

    9214 戏剧艺术，音乐和其他艺术活动

    9219 其他娱乐活动

922 9220 通讯社活动

923 图书馆，档案馆，博物馆和其他文化活动

924 运动和其他休闲活动

    9241 体育赛事活动

    9249 其他康乐活动

93 其他服务活动

附录 2　萨拉蒙的非营利组织国际分类

（ICNPO，即 International Classification of Nonprofit Organizations）

第一组 文化与娱乐

1100 文化

1200 娱乐

1300 服务俱乐部

第二组 教育与研究

2100 初级教育和中等教育

2200 高等教育

2300 其他教育

2400 研究

第三组 健康卫生

3100 医院和康复

3200 护理中心

3300 心理健康与危机干涉

3400 其他健康服务

第四组 社会服务

4100 社会服务

4200 应急和救济

4300 收入支持和维持

第五组 环境

5100 环境

5200 动物

第六组 发展和住房

6100 经济、社会和社区发展

6200 住房

6300 雇佣与培训

第七组 法律、倡导和政治

7100 公民与倡导性组织

7200 法治与法律服务

7300 政治性组织

第八组 慈善中介与志愿促进

8100 慈善中介和志愿主义促进

第九组 国际性活动

9100 国家性活动

第十组 宗教

10100 宗教集会与协会

第十一组 商业、专业性协会和工会

11100 商业、专业性协会和工会

第十二组 未分类的

12100 其他组织

附录3 安海尔 CSI 指标体系

1. 结构（Structure）

1.1 公民参与的广度（Breadth of citizen participation）

1.1.1 非党派性政治活动（Non-partisan political action）

1.1.2 慈善捐助（Charitable giving）

1.1.3 作为公民社会组织成员（CSO membership）

1.1.4 志愿（Volunteering）

1.1.5 集体社区行动（Collective community action）

1.2 公民参与的深度（Depth of citizen participation）

1.2.1 慈善捐助（Charitable giving）

1.2.2 志愿（Volunteering）

1.2.3 公民社会组织会员（CSO membership）

1.3 公民社会的多样性（Diversity within civil society）

1.3.1 公民社会组织会员（CSO membership）

1.3.2 公民社会组织领导层（CSO leadership）

1.3.3 公民社会组织的分布（Distribution of CSO）

1.4 组织水平（Level of organisation）

1.4.1 公民社会组织联盟的存在形式（Existence of CSO federations）

1.4.2 公民社会组织联盟的有效性（Effective of CSO federations）

1.4.3 自律（Self-regulation）

1.4.4 支持性基础（Support infrastructure）

1.4.5 国际联系（International linkages）

1.5 相互关系（Inter-relations）

1.5.1 交流（Communication between CSOs）

1.5.2 合作（Cooperation between CSOs）

1.6 资源（Resources）

1.6.1 资金资源（Financial resources）

1.6.2 人力资源（Human resources）

1.6.3 技术和基础设施资源（Technological and infrastructural resources）

2. 环境（Environment）

2.1 政治环境（Political context）

2.1.1 政治权利（Political rights）

2.1.2 政治竞争（Political Competition）

2.1.3 法治（Rule of Law）

2.1.4 腐败（Corruption）

2.1.5 国家效力（State effectiveness）

2.1.6 分权（Decentralisation）

2.2 基本自由与权利（Basic freedoms & rights）

2.2.1 公民自由（Civil liberties）

2.2.2 信息权（Information rights）

2.2.3 出版自由（Press freedoms）

2.3 社会经济环境（Socio-economic context）

2.3.1 社会经济环境及其影响公民社会有效机能发挥的程度

（Socio-economic context and how much do socio-economic conditions in the country represent a barrier to the effective functioning of civil society?）

2.4 社会文化环境（Socio-cultural context）

2.4.1 信任（Trust）

2.4.2 宽容（Tolerance）

2.4.3 公益精神（Public spiritedness）

2.5 法律环境（Legal environment）

2.5.1 公民社会组织登记（CSO registration）

2.5.2 合法的倡导行为（Allowable advocacy activities）

2.5.3 税法对公民社会组织的优惠（Tax laws favorable to CSO）

2.5.4 税法对慈善事业的优惠（Tax benefits for philanthropy）

2.6 国家与公民社会关系（State-civil society relations）

2.6.1 自治（Autonomy）

2.6.2 对话（Dialogue）

2.6.3 协作/支持（Cooperation/support for CSOs on the part of the state）

2.7 私有企业与公民社会关系（Private sector-civil society relations）

2.7.1 私有企业的态度（Private sector attitude）

2.7.2 企业社会责任（Corporate social responsibility）

2.7.3 企业慈善（Corporate philanthropy）

3. 价值（Value）

3.1 民主（Democracy）

3.1.1 公民社会组织内部对民主的实践（Democratic practices within CSO）

3.1.2 公民社会推进民主发展的行动（CS actions to promote democracy）

3.2 透明度（Transparency）

3.2.1 公民社会内部的腐败（Corruption within civil society）

3.2.2 公民社会组织的财务透明度（Financial transparency of CSO）

3.2.3 公民社会参与者提高透明度的行动（CS actions to promote transparency）

3.3 宽容（Tolerance）

3.3.1 公民社会领域内部的宽容性（Tolerance within the CS arena）

3.3.2 公民社会促进社会宽容的行动（CS actions to promote tolerance）

3.4 非暴力（Non-violence）

3.4.1 公民社会领域内部的非暴力（Non-violence within the CS arena）

3.4.2 公民社会参与者促进非暴力与和平的行动（CS actions topromote non-violence and peace）

3.5 性别平等（Gender equity）

3.5.1 公民社会组织内部的性别平等（Gender equitable practices within CSO）

3.5.2 公民社会参与者促进性别平等的行动（CS actions to promote

gender equity）

　3.6 消灭贫困（Poverty eradication）

　3.6.1 公民社会参与者消灭贫穷的行动（CS actions to eradicate poverty）

　3.7 环境保护（Environmental sustainability）

　3.7.1 公民社会参与者保护环境的行动（CS actions to sustain the environment）

　4. 影响（Impact）

　4.1 影响公共政策（Influencing public polity）

　4.1.1 社会政策影响力（Social policy impact）

　4.1.2 人权影响（Human rights impact）

　4.1.3 国民预算过程影响（Impact on national budget process）

　4.2 使政府及私有企业负有责任（Holding state & private corporations accountable）

　4.2.1 使政府负有责任（Holding state accountable）

　4.2.2 使私有企业负有责任（Holding private corporations accountable）

　4.3 对社会利益的反应（Responding to social interests）

　4.3.1 反应（Responsiveness）

　4.3.2 公众信任（Public Trust）

　4.4 赋权公民（Empowering citizens）

　4.4.1 公民认知/公民教育（Informing/educating citizens）

　4.4.2 构建集体行动的能力（Building capacity for collective action）

　4.4.3 赋权贫民（Empowering poor people）

　4.4.4 赋权妇女（Empowering women）

　4.4.5 建设社会资本（Building social capital）

　4.4.6 就业支持（Supporting livelihoods）

　4.5 满足社会需求（Meeting societal needs）

　4.5.1 游说政府提供公共服务（Lobbying for state service provision）

　4.5.2 直接满足紧迫的社会需求（Meeting pressing societal needs directly

4.5.3 满足边际团体的需要（Meeting needs of marginalized groups）

附录4　萨拉蒙的非营利组织法律环境指数

A. 需求维度指标

需求维度指标包括那些鼓励非营利组织公信力的法律结构信任。

法律特征	分数		
	0	1	2
非利润分配约束	未在法律中体现	在税法中体现	在一般法律中体现
个人收益限制	对任何 NPOs 均没有限制	对至少某些类型的 NPOs 有限制，或有对大部分 NPOs 适用的、有限的一般性限制	对所有或大部分类型的 NPOs 都有限制
报告要求	对任何 NPOs 均没有要求	对至少某些类型的 NPOs 有要求，或有对大部分 NPOs 适用的、有限的一般性要求	对所有或大部分类型的 NPOs 都有要求
公众可获得的信息	无	公众对大部分 NPOs 有有限的信息可得性，或对某些类型的 NPOs 有广泛的信息可得性	公众对大部分 NPOs 或所有 NPOs 都有信息可得性
治理	无要求	仅要求对责任机构有详细说明，或对某些类型的 NPOs 有详细说明和决策方式的规定	对所有或大部分 NPOs 有责任机构详细说明和决策方式的规定
融资规定	没有或在很小范围内有少量规定，或仅仅对某些 NPOs 有基本的要求	对所有或大多数类型的 NPOs 集资、筹款活动有基本的登记或许可规定，或对某些类型的 NPOs 有较多规定	对所有或大多数 NPOs 有较多限制（如筹资成本、活动类型和法律顾问等方面）

B. 供给维度指标

供给维度指标主要测量那些会影响民众建立与运作非营利组织的意愿与能力的法律特征。

B.1. 总体法律态度

法律特征	分数		
	0	1	2
结社权	无保障	通过法律或者法制传统实现的权利	体现在宪法中的保障
允许的组织目的	范围狭窄，如超出一般合法性、道德或公共秩序要求的重要限制	对不道德目的或违反公共秩序的活动进行普遍性禁止	范围宽松，即在一般合法性和非利润分配之外没有其他限制
所允许的政治活动	范围狭窄，如对游说和倡导都有限制	对政治运动有限制	范围宽松，即没有限制

B.2. 创立

法律特征	分数		
	0	1	2
无法人资格组织的存在许可	禁止	合法	一定程度上的法律保护
会员要求	未明确规定	明确规定，且负担较重	没有要求，或明确规定但没有不适当的负担
资金要求	未明确规定或有高负担的资金要求	有明确规定，且为中等程度的负担	明确规定，并没有不适当的负担
政府指定理事会成员的权力	对大部分或所有类型的NPOs，政府机关可指定理事成员以作为授予法人地位的条件	对某些类型的NPOs，政府机关可指定理事成员以作为授予法人地位的条件	政府机关对任何类型的NPOs均不得指定理事成员

续表

法律特征	分数		
	0	1	2
政府在授予法人地位中的裁量权	在已满足最低要求情况下仍对所有或大部分 NPOs 有裁量	在已满足最低要求情况下仍对一定类型的 NPOs 有裁量权	如果 NPOs 已满足最低法定要求，必须授予法人地位
上诉程序	不能对注册决定进行上诉	可向注册机构就注册决定提出上诉	可向独立的机构（如法院）就注册决定进行上诉

B. 3. 融资

法律特征	分数		
	0	1	2
组织免税范围	对有资格的组织有着有限的详细说明	对有资格的目的有着有限的规定	对有资格的目的有着广泛的规定
所得税免税	无企业所得税免税	在税收范围或税率上部分免除	几乎全免或全免企业所得税
不动产/财产税免税	无不动产和财产税免税	在税收范围或税率上部分免除	几乎全免或全免不动产和财产税
印花税和其他税	无印花税和其他税免税	在税收范围或税率上部分免除	几乎全免或全免印花税和其他税
间接税免税（如销售税、增值税）	无间接税免税	在税收范围或税率上部分免除	几乎全免或全免间接税
不相干的商业活动	不许可	许可但征收完全税	部分或全部免税，或降低税率
捐赠中组织的税务优惠	没有赠与税或遗产税免税等优惠	在税收范围或税率上部分免除	对捐助或遗赠几乎全免或全免征税
个人捐赠者的税收优惠	没有或者很少有所减免或者税收抵免	仅对有限的目的或者组织类型有所减免或者税收抵免	针对较大范围内的目的有减税或者税收抵免
企业捐赠者的税收优惠	没有或者很少有所减免或税收抵免	仅对有限的目的或者组织类型有所减免或者税收抵免	针对较大范围内的目的有减税或者税收抵免

参考文献

论文类

安云凤:《政府组织及其伦理功能》,《中国人民大学学报》2006 年第 5 期。

陈炳辉、韩斯疆:《当代参与式民主理论的复兴》,《厦门大学学报》2008 年第 6 期。

陈炳辉、王菁:《"社区再造"的原则与战略——新公共管理下的城市社区治理模式》,《行政论坛》2010 年第 3 期。

陈炳辉:《后马克思主义与当代社会科学的发展》,《马克思主义与现实》2012 年第 1 期。

陈炳辉:《试析哈贝马斯的重建性的合法性理论——兼与胡伟同志商榷》,《政治学研究》1998 年第 2 期。

陈炳辉:《直接民主与间接民主——〈代议制政府〉的重新解读》,《现代哲学》2006 年第 1 期。

陈坚:《公民社会评价指标体系之比较及基于中国情况的思考》,《中国非营利评论》2008 年第 1 期。

陈晏清、王新生:《市民社会观念的当代演变及其意义》,《南开学报》2001 年第 6 期。

陈振明:《政府工具研究与政府管理方式改进——论作为公共管理学新分支的政府工具研究的兴起、主题和意义》,《中国行政管理》2004 年第 6 期。

［英］D. 露易斯：《非政府组织的缘起与概念》，《国外社会科学》2005 年第 1 期。

邓正来：《关于"国家与市民社会"框架的反思与批判》，《吉林大学社会科学学报》2006 年第 3 期。

邓正来：《市民社会与国家——学理上的分野与两种架构》，《中国社会科学季刊》（香港）1993 年第 5 期。

顾敏燕：《上海志愿服务中的志愿失灵研究》，硕士学位论文，复旦大学，2009 年。

何增科：《市民社会概念的历史演变》，《中国社会科学》1994 年第 5 期。

胡辉华：《公民社会指数评述》，《中国行政管理》2005 年第 7 期。

黄浩明：《一个中国学人眼中的萨拉蒙教授和他的新著》，《中国非营利评论》2007 年第 1 期。

贾西津：《国际比较视野中的非营利部门——〈全球公民社会：非营利部门视界〉评介》，《管理世界》2002 年第 11 期。

姜正君：《现代市民社会与国家对立关系的学理之思》，《武汉科技大学学报》2010 年第 1 期。

［澳］凯瑟琳·莫顿：《中国非政府组织的兴起及其对国内改革的意义》，王萱编译，《马克思主义与现实》2006 年第 2 期。

［美］莱斯特·M. 萨拉蒙：《新政府治理与公共行为的工具：对中国的启示》，李靖译，《中国行政管理》2009 年第 11 期。

［美］莱斯特·M. 萨拉蒙：《非营利部门的崛起》，谭静译，《马克思主义与现实》2002 年第 3 期。

蓝涛：《志愿者组织的志愿失灵研究——以深圳市义工联合会为例》，硕士学位论文，南京大学，2011 年。

李红艳：《非政府组织的基本理论讨论》，《武汉大学学报》2009 年第 3 期。

李晓明：《国内外非营利组织研究述评》，《西北大学学报》2007 年第 5 期。

林淞、周恩毅：《我国 NPO 志愿失灵的有效治理——兼论与"第四域"的融合》,《华中科技大学学报》2009 年第 3 期。

林震:《非营利组织的发展与我国的对策》,《国家行政学院学报》2002 年第 1 期。

卢霞:《政府工具研究的新进展——对萨拉蒙〈政府工具——新治理指南〉的评介》,《福建行政学院福建经济管理干部学院学报》2005 年第 2 期。

马堃:《中国 NGO 的志愿失灵》《商业文化》2011 年第 6 期。

潘建会:《中国公民社会指数(CSI)实地调研的分析报告》,《清华大学硕士学位论文》。

孙婷:《政府责任视角下志愿失灵原因探析》,《学术界》2011 年第 5 期。

田凯:《西方非营利组织理论述评》,《中国行政管理》2003 年第 6 期。

田凯:《组织外形化:非协调约束下的组织运作》,《社会学研究》2004 年第 4 期。

王立果:《"第三部门缺失"与"志愿失灵":浅析转型时期我国第三部门发展的双重困境》,《科教文汇》2008 年 10 月下旬刊。

王名:《中国的非政府公共部门》(上、下),《中国行政管理》2001 年第 5、6 期。

王伟昌:《"新治理"范式与政府工具研究》,《福建行政学院学报》2008 年第 3 期。

徐宇珊:《霍普金斯全球公民社会指数(GCSI)述评》,《学会》2006 年第 3 期。

徐宇珊、莱斯特·M. 萨拉蒙、S. 沃加斯·索科洛斯基:《全球公民社会:非营利部门国际指数》,《公共管理评论》(第七卷)2008 年第 1 期。

俞可平:《治理与善治引论》,《马克思主义与现实》1999 年第 5 期。

虞维华:《从"志愿失灵"到危机:萨拉蒙非营利组织研究疏议》,《行政论坛》2006 年第 2 期。

著作类

［英］安东尼·吉登斯：《第三条道路及其批评》，孙相东译，中央党校出版社 2002 年版。

［意］安东尼奥·葛兰西：《葛兰西文选（1916—1935）》，李鹏程译，人民出版社 1992 年版。

［意］安东尼奥·葛兰西：《狱中札记》，曹雷雨等译，中国社会科学出版社 2000 年版。

［美］B. 盖伊·彼得斯、弗兰斯·K. M. 冯尼斯潘：《公共政策工具：对公共管理工具的评价》，顾建光译，中国人民大学出版社 2007 年版。

［美］彼得·M. 布劳、W. 理查德·斯科特：《正规组织：一种比较方法》，夏明忠译，东方出版社 2006 年版。

［美］彼德·布劳、［美］马歇尔·梅耶：《现代社会中的科层制》，马戎等译，学林出版社 2001 年版。

［法］查理·路易·孟德斯鸠：《论法的精神》，许明龙译，商务印书馆 2009 年版。

陈炳辉：《后马克思主义的理论》，中国社会科学出版社 2011 年版。

陈炳辉：《西方马克思主义的国家理论》，中央编译出版社 2004 年版。

陈振明：《竞争型政府：市场机制与工商管理技术在公共部门管理中的应用》，中国人民大学出版社 2006 年版。

陈振明：《政府工具导论》，北京大学出版社 2009 年版。

陈振明：《政府再造：西方"新公共管理运动"述评》，中国人民大学出版社 2003 年版。

褚松燕：《中外非政府组织管理体制比较》，国家行政学院出版社 2008 年版。

［美］戴维·奥斯本、特德·盖布勒：《改革政府——企业精神如何改革着公营部门》，东方编译所译，上海译文出版社 1996 年版。

［英］戴维·米勒、［英］韦农波·格丹诺、邓正来编：《布莱克维

尔政治学百科全书》，中国政法大学出版社 1992 年版。

［美］丹尼尔·C. 缪勒：《公共选择理论》，杨春学译，中国社会科学出版社 1999 年版。

邓国胜：《民间组织评估体系：理论、方法与指标体系》，北京大学出版社 2007 年版。

邓正来、杰夫里·亚历山大：《国家与市民社会——一种社会理论的研究途径》，中央编译出版社 2002 年版。

邓正来、景跃进：《建构中国的公民社会》，邓正来主编《国家与市民社会：中国视角》，上海人民出版社 2011 年版。

邓正来：《国家与社会——中国市民社会研究》，四川人民出版社 1998 年版。

邓正来：《市民社会理论研究》，中国政法大学出版 2002 年版。

［英］弗里德利希·冯·哈耶克：《自由秩序原理》，邓正来译，生活·读书·新知三联书店 1997 年版。

［德］黑格尔：《法哲学原理》，范扬、张企泰译，商务印书馆 1961 年版。

何增科：《公民社会与第三部门》，社会科学文献出版社 2000 年版。

黄新华：《当代西方新政治经济学》，上海人民出版社 2008 年版。

黄新华：《公共部门经济学：理论与实践》，厦门大学出版社 2010 年版。

［美］J. L. 费尔南多、A. W. 赫斯顿：《国家、市场和公民社会之间的非政府组织》，何增科《公民社会与第三部门》，社会科学文献出版社 2000 年版。

［美］加布里埃尔·A. 阿尔蒙、西德尼·维巴：《公民文化：五个国家的政治态度和民主制》，徐湘林等译，东方出版社 2008 年版。

贾西津：《第三次改革——中国非营利部门战略研究》，清华大学出版社 2005 年版。

康晓光、冯利：《中国第三部门观察报告（2011）》，社会科学文献出版社 2011 年版。

康晓光：《非营利组织管理》，中国人民大学出版社 2011 年版。

［美］莱斯特·M. 萨拉蒙、赫尔穆特·安海尔：《公民社会部门》，何增科《公民社会与第三部门》，社会科学文献出版社 2000 年版。

［美］莱斯特·M. 萨拉蒙：《公共服务中的伙伴——现代福利国家中政府与非营利组织的关系》，田凯译，商务印书馆 2008 年版。

［美］莱斯特·M. 萨拉蒙：《全球公民社会——非营利部门国际指数》，陈一梅等译，北京大学出版社 2006 年版。

［美］莱斯特·M. 萨拉蒙：《全球公民社会——非营利部门视界》，贾西津译，社会科学文献出版社 2002 年版。

李亚平、于海：《第三域的兴起》，复旦大学出版社 1998 年版。

［美］里贾纳·E. 赫茨琳杰：《非营利组织管理》，北京新华信公司译，中国人民大学出版社 2000 年版。

［美］理查德·H. 霍尔：《组织：结构、过程及结果》，张友星、刘五一、沈勇译，上海财经大学出版社 2003 年版。

［美］罗伯特·达尔：《民主理论的前言》，顾昕等译，生活·读书·新知三联书店 1999 年版。

［美］罗伯特·卡普兰、戴维·诺顿：《平衡积分卡战略实施》，上海博意门咨询有限公司译，中国人民大学出版社 2009 年版。

《马克思恩格斯选集》第 1 卷，人民出版社 1956 年版。

［德］马克斯·韦伯：《经济与社会》（上卷），林荣远译，商务印书馆 1997 年版。

马长山：《国家、市民社会与法治》，商务印书馆 2002 年版。

［美］玛丽莲·泰勒：《影响志愿机构工作的基本要素》，李亚平、于海：《第三域的兴起》，复旦大学出版社 1998 年版。

［加］迈克尔·豪利特、M. 拉米什：《公共政策研究：政策循环与政策子系统》，庞诗等译，生活·读书·新知三联书店 2006 年版。

［美］曼瑟尔·奥尔森：《集体行动的逻辑》，陈郁、郭宇峰、李崇新译，上海三联书店 1995 年版。

［澳］欧文·E. 休斯：《公共管理导论》，张成福译，中国人民大学出版社 2001 年版。

任晓：《中国行政改革》，浙江人民出版社 1998 年版。

［美］塞缪尔·亨廷顿:《第三波——20 世纪后期民主化浪潮》,刘军宁译,上海三联书店 1998 年版。

［英］斯坦利·海曼:《协会管理》,尉晓鸥等译,中国经济出版社1985 年版。

［美］塔尔科特·帕森斯:《现代社会的结构与过程》,梁向阳译,光明日报出版社 1988 年版。

唐士其:《国家与社会的关系——社会主义国家的理论与实践比较研究》,北京大学出版社 1998 年版。

［英］托马斯·霍布斯:《利维坦》,黎思复、黎廷弼译,商务印书馆1985 年版。

［美］W. 理查德·斯格特:《组织理论》,黄洋等译,华夏出版社2002 年版。

王建芹:《非政府组织的理论阐释——兼论我国现行非政府组织法律的冲突与选择》,中国方正出版社 2005 年版。

王名、刘培峰:《民间组织通论》,时事出版社 2004 年版。

王名:《非营利组织管理概论》,中国人民大学出版社 2002 年版。

王名:《社会组织概论》,中国社会出版社 2010 年版。

王名:《中国民间组织 30 年——走向公民社会》,社会科学文献出版社 2008 年版。

王浦劬、［美］莱斯特·M. 萨拉蒙等:《政府向社会组织购买公共服务研究:中国与全球经验分析》,北京大学出版社 2010 年版。

王绍光:《多元与统一——第三部门国家比较研究》,浙江人民出版社 1999 年版。

［美］西奥多·H. 波伊斯特:《公共与非营利组织绩效考评:方法与应用》,中国人民大学出版社 2003 年版。

徐大同:《现代西方政治思想》,人民出版社 2003 年版。

［美］雅米尔·吉瑞赛特:《公共组织管理———理论与实践的演进》,李丹译,上海译文出版社 2003 年版。

［古希腊］亚里士多德:《政治学》,吴寿彭译,商务印书馆 1965年版。

［法］亚历西斯·德·托克维尔：《论美国的民主》，董果良译，商务印书馆 1988 年版。

［德］尤尔根·哈贝马斯：《公共领域的结构转型》，曹卫东、王晓珏、刘北城、宋伟杰译，学林出版社 1999 年版。

于显洋：《组织社会学》，中国人民大学出版社 2001 年版。

俞可平：《中国公民社会的兴起与治理的变迁》，社会科学文献出版社 2002 年版。

［英］约翰·洛克：《政府论下篇》，叶启芳、瞿菊农译，商务印书馆 1964 年版。

［美］詹姆斯·P. 盖拉特：《21 世纪非营利组织管理》，中国人民大学出版社 2003 年版。

［美］詹姆斯·N. 罗西瑙：《没有政府的治理》，张胜军等译，江西人民出版社 2001 年版。

赵黎青、兰天山：《非营利部门与中国发展》，香港社会科学出版社 2001 年版。

中华人民共和国民政部编：《中国民政统计年鉴（2011）》，中国统计出版社 2011 年版。

外文论文类

Adil Najam（2000）The Four-C's of Third Sector-Government Relations：Co-operation，Confrontation，Complementarity， and Co-optation. *Nonprofit Management & Leadership*，Vol. 10，No. 4.

Amy E. Gadsden（2008）Earthquake Rocks China's Civil Society. *Far Eastern Economic Review*，Vol. 171，No. 5.

Andrew Jordan，Rudiger Wurzel and Anthony Zito（2000）Innovating with "New" Environmental Policy Instruments：Convergence Divergence in the European Union. *Paper presented at the Annual Meeting of the American Political Science Association*，31 August-3 September.

Anna C. Vakil（1997）Confronting the Classification Problem：Toward a Taxonomy of NGOs. *World Development*, Vol. 25, No. 12.

Antonin Wagner (2000) Refaming "social origins" Theory: The Structural Transformation of the Public Sphere. *Nonprofit and Voluntary Sector Quarterly*, Vol. 29, No. 4.

Catherine Agg (2006) Trends in Government Support for Non-governmental Organizations: Is the 'Golden Age' of the NGO behind Us? (*Civil Society and Social Movements Program Paper No. 23*). Geneva: UNRISD.

Chao Guo (2007) When Government Becomes the Principal Philanthropist: the Effect of Public Funding on Patterns of Nonprofit governance. *Public Administration Review*, May/June.

Charles C. Ragin (1998) Comments on "Social Origins of Civil Society". *Voluntas: International Journal of Voluntary and Nonprofit Organizations*, Vol. 9, No. 3.

Charles H. Hamilton (2004) of Voluntary Failure and Change toward a New Theory of Voluntary-Government Relationsin Modem Soeiety. *The Philanthropic Enterprise*, Working Paper 10.

Claire Mercer (2002) NGOs, Civil Society and Femocratization: A Critical Review of The Literature. *Progress in Development Studies*, Vol. 2, No. 5.

Clement Chu S. Lau (2009) The Role of NGOs in China. *Quarterly Journal of Ideology*, Vol. 31, No. 3 – 4.

Dennis R. Young (2000) Alternative Models of Government-nonprofit Sector Relations: Theoretical and International Perspectives. *Nonprofit and Voluntary Sector Quarterly*, Vol. 29, No. 1.

Elizabeth Boris, Rachel Mosher-William (1998) Nonprofit Advocacy Organizations: Assessing the Definitions, Classifications, and Data. *Nonprofit and Voluntary Sector Quarterly*, Vol. 27, No. 4.

Eva Kuti (1990) The Possible Role of the Non-profit Sector in Hungary. *Voluntas: International Journal of Voluntary and Nonprofit Organizations*, Vol. 1, No. 1.

Franice Ostrower, Melissa Middleton (2001) Stone Governance Research:

Trends, Gaps, and Prospects for the Future. *Paper presented at the National Meeting of the Association for Research on Nonprofit Organization and Voluntary Action*, Miami, FL.

Gary Young, Rafik I. Beekun, Gregory O. Gin (1992) Governing Board Structure, Business Strategy, and Performance of Acute Care Hospitals: A Contingency Perspective. *Nonprofit and Voluntary Sector Quarterly*, Vol. 27, No. 3.

Gerry Stoker (1998) Governance as Theory: Five Propositions. *International Social Science Journal*, Vol. 50, No. 155.

Gordon White (1993) Propects for Civil Society in China: A Case Study of Xiaoshan City. *The Australian Journal of Chinese Affairs*, No. 29.

Guangyao Chen (2001) China's Nongovernmental Organizations: Status, Government Policies, and Prospects for Further Development. *The International Journal of Not-for-Profit Law*, Vol. 3, No. 3.

H. Brinton Milward, Keith G. Provan (2000) Governing the Hollow State. *Journal of Public Administration Research and Theory*, Vol. 10, No. 2.

Henry Hansmann (1980) The Role of Nonprofit Enterprise. *Yale Law Journal*, No. 89.

Henry Hansmann (1980) Why are Nonprofit Organizations Exempted from Corporate Income Taxation?, in Michelle J. White, *Nonprofit Firms in a Three-Sector Economy*. Washington, D. C.: Urban Institute Press.

Hoode Christopher (1991) A public management for all seasons? *Public Administration*, Vol. 69, No. 1.

Jessica C. Teets (2009) Post-Earthquake Relief and Reconstruction Efforts: The Emergence of Civil Society in China? *The China Quarterly*, No. 198.

Jianguo Li (2005) Plenty of Opportunities for NGOs. *Beijing Review*, Vol. 48, No. 26.

Katherine O' Regan and Sharon Oster (2002) Does Government Funding Alter Nonprofit Governance? Evidence from New York City Nonprofit Contractors. *Journal of Policy Analysis and Management*, Vol. 21, No. 3.

Kathryn L. Chinnock and Lester M. Salamon (2002) Determinants of Nonprofit Impact: A Preliminary Analysis. The Johns Hopkins University Paper presented at the panel session on "Nonprofit Impacts: Evidence from Around the Globe," *Fifth International ISTR Conference*, Cape Town, South Africa.

Kelly LeRoux (2009) Paternalistic or Participatory Governance? Examining Opportunities for Client Participation in Nonprofit Social Service Organizations. *Public Administration Review*, No. 69.

Leon Gordenker, Thomas G. Weiss (1995) Pluralising Global Governance: Analytical Approaches and Dimensions. *Third World Wuarterly*, Vol. 16, No. 3.

Lester M. Salamom (1984) Voluntary Organizations and the Crisis of the Welfare State. *New England Journal of Human Services*, Vol. IV, No. 1.

Lester M. Salamon, Helmut K. Anheier (1993) Measuring the Non-profit Sector Cross-nationally: A Comparative Methodology. *Voluntas: International Journal of Voluntary and Nonprofit Organizations*, Vol. 4, No. 4.

Lester M. Salamon, Leslie C. Hems, Kathryn Chinnock (2000) The Nonprofit Sector: For What and for Whom? *Working Papers of the Johns Hopkins Comparative Nonprofit Sector Project*, No. 37. Baltimore: The Johns Hopkins Center for Civil Society Studies.

Lester M. Salamon, S. Wojciech Sokolowski, Helmut K. Anheier (2000) Social Origins of Civil Society: An Overview. *Working Papers of the Johns Hopkins Comparative Nonprofit Sector Project*, No. 38. Baltimore: The Johns Hopkins Center for Civil Society Studies.

Lester M. Salamon, Stefan Toepler (2000) The Influence of the Legal Environmental of the Development of the Nonprofit Sector. *Center for Civil Society Studies*. The Johns Hopkins University Institute for Policy Studies, Working Paper Series No. 17.

Lester M. Salamon, Stephanie Geller (2009) Impact of the 2007-2009 Economic Recession on Nonprofit Organizations. Listening Post Project Communiqué 14. *Baltimore: The Johns Hopkins Center for Civil Society Stud-*

ies.

Lester M. Salamon, Susan L. Q. Flaherty (1996) Nonprofit Law: Ten Issues In Search of Resolution. *Working Papers of the Johns Hopkins Comparative Nonprofit Sector Project*, No. 20. Baltimore: The Johns Hopkins Institute for Policy Studies.

Lester M. Salamon (1987) of Market Failure, Voluntary Failure, and Third-Party Government: Toward a Theory of Government-Nonprofit Relations in the Modern Welfare State. *Nonprofit and Voluntary Sector Quarterly*. Vol. 16, No. 1 – 2.

Lester M. Salamon (1981) Rethinking Public Management: Third-Party Government and the Changing Forms of Government Action, *Public Policy*, Vol. 29.

Lester M. Salamon, Susan L. Q. Flaherty (1996) "Nonprofit Law: Ten Issues In Search of Resolution. " *Working Papers of the Johns Hopkins Comparative Nonprofit Sector Project*, *no. 20*, edited by Lester M. Salamon and Helmut K. Anheier, Baltimore: The Johns Hopkins Institute for Policy Studies.

Lester M. Salamon (1996) The Crisis of the Nonprofit Sector and the Challenge of Renewal. *National Civic Review*, Vol. 85, No. 4.

Lester M. Salamon (1975) The Money Committees: A Study of the House Banking and Currency Committee and the Senate Banking, Housing, and Urban Affairs Committee. New York: Grossman. (*Prepared in conjunction with the Ralph Nader Congress Project*) .

Lester M. Salamon (1989) The voluntary Sector and the Future of the Welfare State. *Nonprofit and Voluntary Sector Quarterly*, No. 1.

Lester M. Salamon, Government-Nonprofit Relations in International Perspective, in E. T. Boris, C. F. Steuerle (Eds.), Nonprofitsand Government: *Collaboration and Conflict*, pp. 329 – 367. Washington, D. C. : Urban Institute Press, 1999.

Lester M. Salamon, Helmut K. Anheier, Stefan Toepler (2009) Third-Party Government: The New Normal in Government and Nonprofit Opera-

tions. Encyclopedia of Civil Society.

Lester M. Salamon, Helmut K. Anheier (1992) In Search of the Nonprofit Sector I: The Question of Definitions. *Voluntas: International Journal of Voluntary and Nonprofit Organizations*, Vol. 3, No. 3.

Lester M. Salamon, Helmut K. Anheier (1992) In Search of the Non-profit Sector II: The Problem of Classification. *Voluntas: International Journal of Voluntary and Nonprofit Organizations*, Vol. 3, No. 3.

Lester M. Salamon, Helmut K. Anheier (1996) Social Origins of Civil Society: Explaining the Nonprofit Sector Cross-Nationally. *Working Papers of the Johns Hopkins Comparative Nonprofit Sector Project*, No. 22. Baltimore: The Johns Hopkins Institute for Policy Studies.

Lester M. Salamon, Helmut K. Anheier (1996) The International Classification of Nonprofit Organizations—Revision 1. *Working Papers of the Johns Hopkins Comparative Nonprofit Sector Project*, No. 19. Baltimore: The Johns Hopkins Institute for Policy Studies.

Lester M. Salamon, Sarah Dewees (2002) In Search of the Nonpforit Sector: Improving the State of the Art. *American Behavioral Scientist*, Vol. 45, No. 11.

Lester M. Salamon, Wojciech Sokolowski (2001) Volunteering in Cross-National Perspective: Evidence From 24 Countries. *Working Papers of the Johns Hopkins Comparative Nonprofit Sector Project*, No. 40. Baltimore: The Johns Hopkins Center for Civil Society Studies.

Lester M. Salamon (2001) The Third Sector and Volunteering in Global Perspective. *Presentation at the 17th Annual International Association of Volunteer Effort Conference*, Amsterdam, the Netherlands.

Lisa Blomgren Bingham, Tina Nabatchi, Rosemary O'Leary (2005) The New Governance: Practices and Processes for Stakeholder and Citizen Participation in the Work of Government. *Public Administration Review*, Vol. 65, No. 5.

Lorraine M. McDonnell, Richard F. Elmore (1987) Getting the Job Done: Alternative Policy Instruments. *Educational Evaluation and Policy Analysis*, Vol. 9, No. 2.

Louella Moore (2001) Legitimation Issues in the State-nonprofit Relationship. *Nonprofit and Voluntary Sector Quarterly*, Vol. 30, No. 4.

Michael Howlett, M. Ramesh (1993) Patterns of Policy Instrument Choice: Policy Style, Policy Learning and the Privatization Experience. *Policy Studies Review 12.*

Paula Kabalo (2009) A Fifth Nonprofit Regime?: Revisiting Social Origins Theory Using Jewish Associational Life as a New State Model. *Nonprofit and Voluntary Sector Quarterly*, Vol. 38, No. 4.

Peter J. Boettke and David L. Prychitko (2004) Is an independent nonprofit sector prone to failure? Towards an Austrian School interpretation of nonprofit and voluntary action. *Conversations on Philanthrophy 1.*

Philip C. C. Huang (1993) 'Public Sphere' / 'Civil Society' in China? The Third Realm between State and Society. *Modern China*, No. 19.

Ralph M. Kramer (2000) Third Sector in the Third Millennium? *Voluntas: International Journal of Voluntary and Nonprofit Organizations*, Vol. 11, No. 1.

Ralph M. Kramer (1985) Toward a Contingency Model of Board-Executive Relations. *Administration in Social Work*, Vol. 9, No. 3.

Richard Steinberg, Dennis R. Young (1998) A Comment on Salamon and Anheier's "Social Origins of Civil Society". *Voluntas: International Journal of Voluntary and Nonprofit Organizations*, Vol. 9, No. 3.

Robert D. Putnam (1993) The Prosperous Community: Social Capital and Public Life. *The American Prospect*, No. 13.

Robert D. Putnam (1995) Bowling Alone: America's Declining Social Capital. *The Journal of Democracy*, Vol. 6, No. 1.

Sarah Dewees, Lester M. Salamon (2001) West Virginia Nonprofit Employment. Baltimore: Johns Hopkins Center for Civil Society Studies. *Copies of this report are available on the Center for Civil Society Studies Web site* （www. jhu. edu/ ~ ccss）.

Sergej Ljubownikow （2012） Lester M. Salamon：Rethinking Corporate Social Engagement：Lessons from Latin America. *Voluntas：International Journal of Voluntary and Nonprofit Organzations*，Vol. 23，No. 1.

Susan Rose Ackerman （1996） Altruism, Nonprofits, and Economic Theory. *Journal of Economic Literature*，Vol. 34，No. 2.

Susannah Morris （2000） Defining the Non-profit Sector：Some Lessons from History. *Civil Society Working Paper 3.*

William T. Rowe （1990） The Public Shphere in Modern China. *Modern China*，Vol. 16，No. 3.

Ying Xu，Ngan-Pun Ngai （2011） Moral Resources and Political Capital：Theorizing the Relationship between Voluntary Service Organizations and the Development of Civil Society in China. *Nonprofit and Voluntary Sector Quarterly*，Vol. 40，No. 1.

Yuxin Lan （2010） A Discussion of an Index of China's Nonprofit Legal Environment. *The China Nonprofit Review 2.*

外文著作类

Arthur B. Ringeling, Instruments in Four：The Elements of Policy Design, in Pearl Eliadis, Margaret M. Hill, Michael Howlett, Designing Government：From Instruments to Governance. Montreal：McGill-Queen's University Press, 2005.

B. Michael Frolic, State-Led Civil Society, in Timothy Brook and B. Michael Frolic, Civil Society in China. New York：M. E. Sharpe, 1997.

Barrington Moore, Social Origins of Dictatorship and Democracy：Lord and Peasant in the Making of the Modern World. Boston：Beacon Press, 1966.

Benjamin Gidron, Ralph M. Kramer, and Lester M. Salamon, Government and the Third Sector：Emerging Relationships in Welfare States. San Francisco：Jossey-Bass Publishers, 1992.

Brian Dollery, Joe Wallis, Economic Approaches to the Voluntary Sector: A Note on Voluntary Failure and Human Service Delivery. Working Paper Series in Economics, 2001.

Burton Weisbrod, Toward a Theory of the Voluntary Nonprofit Sector in Three-Sector Economy, in E. Phelps, Altruism Morality and Economic Theory. New York: Russel Sage, 1974.

Burton Weisbrod, The Voluntary Nonprofit Sector: An Economic Analysis. Lexington, MA: Heath, 1977.

E. T. Boris, C. F. Steuerle (Eds.), Nonprofitsand Government: Collaboration and Conflict, pp. 329 – 367. Washington, D. C. : Urban Institute Press, 1999.

Étienne Sadi Kirschen, Economic Policy in Our Time. Amsterdam: North-Holland, 1964.

George H. Frederickson, Kevin B. Smith, The Public Administration Theory Primer. Boulder, CO: Westview Press, 2003.

Gosta Esping-Andersen, The Three Worlds of Welfare Capitalism. Princeton: Princeton University Press, 1990.

Helmut K. Anheier, Civil Society: Measurement, Evaluation, Policy. London: Earthscan, 2004.

Helmut K. Anheier, Nonprofit Organizations: Theory, Management, Policy. London & New York: Routledge, 2005.

Hugh Heclo, Lester M. Salamon, The Illusion of Presidential Government. Boulder, Colorado: Westveiw Press, 1981.

John Simon, The Tax Treatment of Nonprofit Organizations: A Review of Federal and State Policies, in Waltern W. Powell (ed.) The Nonprofit Sector: A Research Handbook. New Haven and London: Yale University Press, 1987.

Jude Howell, Bingyao Sun, Market Reform and Civil Society: A Chinese Case Study. Geneva: United Nations Institute for Social Development, 1994.

Julie Fisher, Non governments: NGOs and the political development of the Third World. West Hartford: Kumarian Press, 1998.

Karl Deutsch, The Nerves of Government: Models of Political Communication and Control. New York: Free Press, 1963.

Keping Yu, The Emergence of Chinese Civil Society and Its Significance to Governance. Brighton, U. K. : Institute of Development Studies, 2000.

Lester M. Salamon, Alan J. Abramson, The Federal Budget and the Nonprofit Sector, D. C. : The Urban Institute Press, 1982.

Lester M. Salamon, Alan J. Abramson, The Nonprofit Sector and the New Federal Budget. Washington, D. C. : The Urban Institute Press, 1986.

Lester M. Salamon, David Hornbeck, Human Capital and America's Future: An Economic Strategy for the Nineties. Baltimore: The Johns Hopkins University Press, 1991.

Lester M. Salamon, Helmut K. Anheier, Defining the Nonprofit Sector: A Cross-National Analysis. Manchester, New York: Manchester University Press, 1997.

Lester M. Salamon, Helmut K. Anheier, The Emerging Nonprofit Sector: An Overview. U. K. : Manchester University Press, 1996.

Lester M. Salamon, Helmut K. Anheier, The Nonprofit Sector in the Developing World. Manchester, U. K. : Manchester University Press, 1998.

Lester M. Salamon, Hugh Heclo, The Illusion of Presidential Government. Denver: Westview Press, 1981.

Lester M. Salamon, Michael S. Lund, Beyond Privatization: The Tools of Government Action (Washington, D. C. : The Urban Institute Press, 1989.

Lester M. Salamon, Michael S. Lund, The Reagan Presidency and the Governing of America. Washington, D. C. : The Urban Institute Press, 1985.

Lester M. Salamon, Odus V. Elliot, Tools of Government: A Guide to the New Governance. Oxford: Oxford University Press, 2002.

Lester M. Salamon, S. Wojciech Sokolowski, Global Civil Society: Dimensions of the Nonprofit Sector, Volume II. Bloomfield, CT: Kumarian Press, 2004.

Lester M. Salamon, America's nonprofit sector at a crossroads. New York: The Nathan Cummings Foundation, 1997.

Lester M. Salamon, America's Nonprofit Sector: A Primer (Second Edition).

The Foundation Center, 1999.

Lester M. Salamon, Beyond Privatization: The Tools of Government Action Washington, D. C. : The Urban Institute Press, 1989.

Lester M. Salamon, Land and Minority Enterprise: The Crisis and the Opportunity. Washington: U. S. Government Printing Office, 1976.

Lester M. Salamon, Managing Foundation Assets. New York: The Foundation Center, 1989.

Lester M. Salamon, Rethinking Corporate Social Engagement: Lessons from Latin American. Sterling, VA: Kumarian Press, 2010.

Lester M. Salamon, The International Guide to Nonprofit Law. New York: John Wiley and Sons, 1997.

Lester M. Salamon, The Resilient Sector: The State of Nonprofit America. Washington, D. C. : Brookings Institution Press, 2003.

Lester M. Salamon, The Tools of Government: A Guide to the New Governance. New York: Oxford University Press, 2002.

Lester M. Salamon, Welfare: The Elusive Consensus-Where We Are, How We Got There, and What's Ahead. New York: Praeger Publishers, 1978.

Lester M. Salamon, The Resilient Sector: The State of Nonprofit America. Washington, D. C. : Brookings Institution Press, 2003.

Maha M. Abdelrahman, State-Civil Society Relationships: The Politics of Egyptian NGOs. Netherlands: Hague. Shaker Publishing, 2000.

Michelle J. White, Nonprofit Firms in a Three-Sector Economy. Washington, D. C. : Urban Institute Press, 1980.

Michael O'Neill, The Third America: The Emergence of the Nonprofit Sector in the United States. San Francisco: Jossey-Bass Publishers, 1989.

Qiusha ma (2006) Non-governmental organizations in contemporary China: Paving the Way to Qiusha ma, Non-governmental organizations in contemporary China: Paving the Way to Civil Society? London & New York: Routledge, 2006.

Ralph M. Kramer, Privatization in Four European Countries. New York:

M. E. Sharpe, 1993.

Ralph M. Kramer, Voluntary Agencies in the Welfare State. Berkeley: University of California Press, 1981.

Robert Nisbet, The Quest for Community: A Study in the Ethics of Order and Freedom. New York: Oxford University Press, 1953.

Robert Wuthnow, Between States and Markets: The Voluntary Sector in Comparative Perspective. Princeton, N. J. : Princeton University Press, 1991.

Shamima Ahmed, David M. Potter, NGOs in International Politics. Bloomfield, CT: Kumarian Press, 2006.

Stan Katz, Helmut K. Anheier, Wolfgang Seibel, The third Sector: Comparative Studies of Nonprofit Organizations. Berlin: Walter De Gruyter, 1990.

Stephen P. Osborne, Voluntary Organizations and Innovation in Public Services. London: Routledge, 1998.

Stephen Rathgeb Smith, Michael Lipsky, Nonprofits for Hire: The Welfare State in the Age of Contracting. Cambridge, MA: Harvard University Press, 1993.

Susan Rose Ackerman, The Economics of Nonprofit Institutions: Studies in Structure and Policy. New York: Oxford University Press, 1986.

Theodore Levit, The Third sector: New Tactics for a Responsive Society. New York: Amacom, 1973.

Thomas Wolf, Managing A Nonprofit Organization in the 21st century. New York: Rockefeller Center, 1999.

Yehezkel Dror, Design for Policy Science. New York, London and Amsterdam: Elsevier, 1971.

Yiyi Lu, NGOs in China: Development Dynamics and Challenges. Nottingham, U. K. : China Policy Institute, the University of Nottingham, 2007.

后　记

本书由 2012 年厦门大学博士论文改写。博士毕业之际，方知学术生涯才迈出第一步。

三年寒窗，倾付所有，身心俱疲。读万卷书，行万里路。于是做了个背包客，独自一人走南闯北，游历了 30 多个国家。体验不同的生活，开阔异样的视野，领悟多样的人生。而立之年，我选择了家庭，带父母与孩子们旅行，赋予了我新的生命意义。整整徘徊了六年，永不改的是我对学术的魂牵梦绕。于是毅然重新开始，将多年的汗水集册出版，再次走上学术这条不归路。

记得上中学时，第一次走进敬老院，也是第一次开始接触志愿活动，便在这条路上一发不可收拾。转眼 20 年芳华岁月，从事公益活动，研究公益组织，成了我的兴趣所在。在荷兰学习期间，参加过一个帮助智障儿童的志愿组织，感触与收获满满。定居欧洲后，就一心想在这个领域走得更远些，近日关注中欧的非营利组织比较研究，并期望能在非营利组织的领域中贡献绵薄之力。

无论将来在公益事业的道路上走多远，都离不开家人、朋友和老师们的支持。十分感谢父母的辛苦培养和多年支持。我的父亲是人民教师，一辈子兢兢业业，认真负责，是我学习的楷模。我的母亲是一位农民，坚强不屈，积极向上，这种性格感染了我一生。然而母亲作为家中长女，与学校擦肩而过，这辈子把所有期望托付于我们兄妹三人身上。母亲学习写自己的名字，还源于我在丹麦注册结婚时，母亲作为证婚人需要亲自签字。看着母亲认真的样子，一笔一画写着"张兰"二字，我心里感慨万分。学习是件美好的事情。这些年来我开会或者旅游，都经常带着母亲一起，希望她能够多看看这个世界，圆母亲多年的读书梦想。

也很感谢我先生和宝宝们给予的爱和支持。感谢我的博士导师陈炳辉教授，博士后导师 Lukas Meijs 教授、Taru Salmenkari 副教授，以及其他指导与帮助过我的师友们，在此一并深躬谢过！本书最终能够出版，离不开江西理工大学优秀学术著作出版基金的资助，感谢中国社会科学出版社编辑老师的支持。

2018 年 11 月于德国维尔茨堡